飯田利行編訳

現代語訳
洞門禅文学集

世阿弥・仙馨

国書刊行会

目次

風姿花伝

はしがき

一　世阿弥研究と洞門禅

「風姿花伝」をはじめその他の伝書は、世阿弥が芸人のみち（理・術・法・倫）を後世《こうせい》に伝えんがための申し文《ぶみ》である。さらに芸人ばかりでなく、広く人間形成への道を諭《さと》した教育論ともいえる。そしてこの諭《さと》しを遵守《じゅんしゅ》してきたがために能楽はその役割を果《は》たし、そのうえ貴重な文化財として継承できた。したがって斯《こ》の道の研究書も汗牛充棟《かんぎゅうじゅうとう》。今さらに老生が罷《まか》り出て屋上に屋を架する余地などあろうはずがない。

さらに「沈黙は美徳なり」の格言も万々承知のこと。が、あまりにも低下した我が国の教育事情を座視するにしのびず、正常に戻さねばならぬという一念を世阿弥の言葉を通して諸賢に尋ねてみたいという下心《したごころ》もあっての試みである。

さて、考えてみると、私と世阿弥研究の因縁の絆《きずな》は、ほだし難い。吉田東伍博士が明治四十二年に『世阿弥十六部集』（能楽会刊）を公表してから、小石川茗渓古春園の東京文理科大学国文学科能勢朝治教授、川瀬一馬博士を皮切りに小西甚一、表章《おもてあきら》の教授たちが陸続として世阿弥の研究成果を挙げておられるところへ、漢文学科出身の私も罷り出る。ただし私は曹洞宗研究生として漢文学科へ、また曹洞宗内地留学研究員として京都東方文化研究所経学文学研究室の助手として、吉川幸次郎先生のもとに在った時、青木正児先生の元曲研究会にも臨んでいたため、曹洞宗門に対しても研究の一端を報告すべき責任を感じていた。ために世阿弥研究に仲間入りさせていただき、本書を曹洞宗務庁への報告に加えさせていただくことにした。なお青木正児先生の元曲研究会に出席した報告としては、平成六年、柏書房刊『大モンゴル禅人宰相耶律楚材』（Ⅲの4.「楚材芸術と元曲の発生」）に明示したが、さらに私は、日本の能・狂言の源流に、大モンゴル禅人宰相耶律楚材を探しあてることができたことは望外の幸いである。

この耶律楚材湛然居士は、燕京の万松行秀禅師より法を嗣いだので、浙江省天童山長翁の如浄禅師の法を嗣がれた道元禅師とは、その説法と禅人打成《たじょう》（つくりあげ）の方法もいささか違っていた。

万松行秀禅師の禅は、今の江西省上高県の洞山に在って禅風を挙揚していた高祖洞山良价禅師（八〇七～八六九）に準じ、『宝鏡三昧』から「五位」の思想と学人接得の法を重んじて宗風を挙示《こじ》しておられた。

洞山良价禅師は、学人（修行者）接得の手段として正（真理平等）と偏（事象差別）とを交互にかかわり合わせて五段階（五位）の位を設け、この法によって悟りへの道を学人に説示された。なお「五位」については、『五位顕訣』に「正偏遂位頌」がある。さらに洞山の法嗣曹山本寂《ほんじゃく》に『偏正五位旨訣』『君臣五位旨訣』『洞山五位頌《じゅ》』などがあり、臨済宗の「四料揀《けん》」の学人接得法より評価されていた。のち大陽警玄《きょうげん》（九四二～一〇二七）が臨済宗の浮山法遠（九九一～一〇六七）の学人接得のために示した「十六題」にならって『大陽十六題』があり、この解説を元の耶律楚材は『湛然居士文集』巻七に示している。たとえば、「花伝第七別紙口伝」の冒頭に、

いづれの花か散らで残るべき、散るゆゑによりて、咲く頃あればめずらしきなり。能も、住する所なきを、まづ花と知るべし。住せずして、余の風体《ふうてい》に移れば、めずらしきなり。

とある。
右の「住する所なき」の語は、漢訳の『金剛般若波羅蜜多経』の一句、「応無所住《おうむしょじゅう》、而生其心《にしょうごしん》」（まさに住するところなくして、その心を生ず）による。禅門では、このお経を尊重、さらに仏教全宗派で拠りどころとしている『般若心経』に直結している。したがってこの『金剛経』の一句は、『般若経』の「色即是空、空即是色」に淵源し、さらに湛然居士の『大陽十六題』の「不背捨」（事理にそむかず、縁に随い、悠々として仏法の大道に叶っていること）に七言詩で、

通方の大隠は鄽《てん》に居るを好む、
手段よく火裏の蓮の如し。
九陌の香麈《こうしゅ》は烏帽《うぼう》の底に、
一篙《こう》の春水は白鷗の前。

〔訳〕よく道理に通じた真の隠者は、巷《ちまた》の中に在って一般の人達と共に住むことを好むものである。その手段《てだて》は、凡人の思量《はからい》を絶していて、いってみれば火中に咲く蓮の花のようだといえよう。おさとりのかずかずをその黒い帽子の底に秘め、春の水《かわ》に舟を浮かべて一竿《ひとさし》すれば眼前に白い鷗が飛んでいることよ。

と「空即是色」の世界を示したのに通じていく。そしてさらに世阿弥が、空の境地を身につければ、外部の対象に対し心を奪われたり、執着することなく自由自在に身を処しうるといい、花伝の後段の「花は見る人の心にめずらしきが花なり」に通じてゆくことになる。
また、『大陽十六題』の「死中活」（思慮《はからい》分別を絶したところに大活《おさとり》が現成《げんじょう》すること）の詩に、
百尺の竿頭にすべからく歩を進むべく、無明の鬼窟《きくつ》によろしく身をひくべし。寒灰さだんで爆するも奇味なく、枯

木花開《さ》くも別にこれ春。

〔訳〕 高く昇りつめたところ、つまりおさとりに安住せず、さらに一歩を進めて、魑魅魍魎《ちみもうりょう》の棲みつくいわやのような五欲に踊り狂う迷妄の世界から迷うことなく身を引くべきである。たとえ冷えきったと思われる灰が、きまって爆発したとしても、すこしも不思議はない。また枯れ木に花が咲いたとしても、別条なく、春にちがいはない。つまり寒灰・枯木の世界こそは、煩悩妄想のとり払われた絶対界にほかならない。

と賦《よ》み、寒灰枯木の中にこそ煩悩妄想の取り払われた絶対境《さとり》があると。

また「花伝第二物学条々」の「老人」に「ただ、老木《おいき》に花の咲かんがごとし」、さらに「花伝第七別紙口伝」に「巌に花の咲かんがごとし」と見える。また、『大陽十六題』の「方又円」(言語動作すべてが仏道に没入して差別がなくなった状態のこと。方は対《たい》峙《じ》、円は絶対をいう)の詩には次のように頌《うた》っている。

破船棹を折りて蓑笠《さりゅう》を残し、石女の直鉤《じきこう》波上の月。方士いたずらに誇る銕《てつ》を金となすことを、道人はただ金を銕になさんと欲《ほっ》す。

〔訳〕 棹の折れた破船に、蓑笠《みのかさ》だけが残されており、まるで子を生まぬうまずめのようにこれで魚が釣れるとは思えないような真っ直ぐな釣り針の糸が垂れている。波の上には真如の月が姿を映して、これら謎めいた光景を照らしている。この光景は、はからいを絶した世界のあらわれにほかならない。方術を使う道士は、いたずらに鉄を精製して金となす錬金術を誇って金ばかりを珍重している。ところが仏者は、金のみを絶対視しない。鉄も金と同様の価値をもち、各々に固有の価値を認めるだけである。このように世俗の価値観を越えたところに、方がまた円でありうる世界が現成《げんじょう》するであろう。

以上、『大陽十六題』を賦んだ湛然居士こと耶律楚材は万松行秀の弟子で、臨済宗の『碧巌録』に相当する曹洞宗の『従容《しょうよう》録《ろく》』を編纂し出版した。しかも嗣法の弟子十人を数えうる禅人であり、チンギス汗の宰相となり、当時、世界最強最大のユーラシヤ・モンゴル帝国の建設に深く関わった。

マルコ・ポーロ(一二五四～一三二四)が東方に出向いた理由の一つである、〝東方に神人あり、身の丈八尺〟とは、サマルカンドに駐在していた楚材のこと。またイスラム教理学者ルーミーをして、唯一神の人格神アッラーの信仰を大転換して真如《しんにょ》化せしめたのは、楚材がサマルカンドの幕舎に在って一字不説(文字・言語では一言も説かず)、只管打坐《しかんたざ》(明けても暮れても坐禅三昧)していた偉容に打たれての回信《えしん》であったという。

耶律楚材は、我が道元禅師より十年早く生まれ、十年早く薨じている。不世出の達人世阿弥に「五位」による禅の学人打出の秘法を間接的に伝えたことになる楚材の名も行績も八百年この方日本曹洞宗で不問に付されてきた。その理由は何かと問えば、道元禅師が『正法眼蔵』で「只管打坐」を強調し、五位による学人打出の法を否定していた結果による。即ち『正法眼蔵』「春秋」の巻に、次のように示されている。

仏法もし偏正の商量より相伝せば、いかでか今日にいたらん。………かつて仏法の道閫《どうこん》(仏法を求める切なる根性)を行李《あんり》(日常修行の一切)せざるともがら、あやまりて洞山に偏正等の五位ありて人を接すといふ。これは胡説乱説(でたらめのみだれた論説)なり、見聞すべからず。ただまさに上祖の正法眼蔵あることを参究すべし。

このほか、「仏道」「仏経」の巻においても「五位」による説得法の当を得ざることを強く批判された。

しかるに曹洞宗門では、臨済宗の公案禅とは一線を画して只管打坐《しかんたざ》を掲げて指導するものの、太祖総持寺開山瑩山《けいざん》紹瑾《じょうきん》禅師(一二六八～一三二五)以降、実際の学人接得と在家人教化の方策としては、五位正偏による接得方法に準じていた。

それによって、曹洞士民と称される宗門信者が激増し、結果、各宗を通じて檀信徒、寺院数が世阿弥時代には第一位となるに至った。それは、瑩山紹瑾禅師の能登永光寺《ようこう》の伝燈院開山堂の五老峰に端を発している。総持寺における五院開創、五哲と称される弟子たちの活躍(五位の思想に基づく在家化導法と住持輪住制による)により地方武士階層と農民の帰依をうけ、庶民生活の信心に応じた教化活動と寺院住職の合議制による運営法、本寺末寺制度の充実に宜《よろ》しきを得て江戸末期まで展開していたのである。このような中でたとえば、世阿弥のような芸能人に至るまで、崇敬される僧が全国に散在していたと思われる。そして、世阿弥の頃までは、華厳宗総本山南都東大寺の仏教に対しても、隠然たる力(王法即仏法の旗じるし)を誇示して活動していた。また正偏五位による思想と禅の実践修行を、僧俗を問わずに適用していたのである。

世阿弥が師事した補巌《ふかん》寺二世竹窓智厳《ちくそうちごん》の本師了道真覚(一三三〇〜一三九九)は、曹洞五位の思想を独自に確立し瑩山禅師の宗風を固めた峨山《がざん》韶碩《じょうせき》の法嗣で峨山門下の俊秀五哲の一人、太源宗真の弟子にあたる。なお了道真覚は、大和結崎《ゆうさき》の人。了道真覚の法系にあたる海門興徳は、磯城《しき》郡織田村芝(現在は桜井市)の慶田寺開山である。そしてこの慶田寺二十七世に、私の末弟禅道智光(大竹)が就く。また、この慶田寺の末寺である吉野郡川上村運川寺十七世に『半仙遺稿』の著者である弊師佐田仙馨が就いている。世阿弥との法縁浅からぬことに感じ入っている私である。

現在慶田寺は曹洞宗奈良県随一の寺となっているが、輝かしい由緒ある補巌寺は今や住職の常在しない寒寺となりはてた。しかし、世阿弥の得度した文化財の寺として永く伝えなければならない。要は、補巌寺二世竹窓智厳の宗乗は、道元禅師が口を極めて批判した五位による接得手段であって、この五位の法が世阿弥の芸能生活に浸透していたことを物語る。

さて、従来の研究諸家のうち、香西精《こうさいつとむ》著『世阿弥新考』(昭和三十七年、わんや書店刊)は、「1．世阿弥の出家と帰依」(ふかん寺二代──竹窓智厳のこと──。ふかん寺二代余考)において、曹洞五位説に触れておられる。敬服の至りである。

二　洞門禅の面授と世阿弥の花伝(授伝)

「面授《めんじゅ》」は単伝《たんでん》(仏法を文字・言語によらず直接心から心に、その人だけに伝えること)である。方便としての五位法(仏法の実態を五段階に分けて学人を指導する方法)など入る余地がない。「面授」を抽象化した言葉で「以心伝心《いしんでんしん》」ともいう。現代用語では、人々具有《ぐゆう》の感性との触れ合いを意味する。感性は文字言語では表現不可能。音楽や美術の世界を使えば、あるいは感取《かんしゅ》できるかもしれない。感性つまり心眼《しんがん》を磨きあげた人ならば、後継者として認定できるような弟子に、真実をぶっつけることができる。その瞬間を「啐啄《そったく》の迅機《じんき》」ともいう。

世阿弥が、金春大夫禅竹に送った書状がある。

仏法にも、宗師の参学と申すは得法以後の参学とこそ。補巌寺二代ハ仰せ候《そうらひ》しか。さるほどに、御能ハはや得法の見所《けんじょ》(側で見て判定すること)ハ疑いなく候。……なをなをいかにもいかにも得法の後《のち》を、練《ね》り返《かえ》し練り返し、功を積ませ給《たまひ》候べく候。返々《かえすがえす》、宗師の参学を御心に油断なく持たせ給候べく候。

五月十四日(正長元年の数年後?)　世阿(花押)

金春大夫殿御返報

次に　昭和三十年に発見された幻の書『拾玉得花《しゅうぎょくとくか》』は、正長の年（一四二八）に金春大夫《こんぱるだゆう》禅竹《ぜんちく》に与えたもの。この中にも、たとえば、「五位」に禅的な思想とその表現において、世阿弥の学問の蘊蓄《うんちく》の程も知られ、さらには禅思想の拠《よ》りどころとなった「天台妙釈《てんだいみょうしゃく》」（高麗《こうらい》の諦観《たいかん》著『天台四教儀』の解釈）の知識も窺《うかが》える。また「九位」をはじめ、「却来《きゃらい》」のごときは、世阿弥の重要なテーマであり、禅の世界の行きつくところを示した大命題でもあった。

なお「却来《きゃらい》」の実態は、親方《おやかた》が弟子に免許を与える。その弟子が免許を得てからのちに展開する行動の天衣無縫《てんいむほう》といった自在な様《さま》を「却来《きゃらい》」（この読み方を『広辞苑』をはじめ「きゃくらい」としている辞書が多いが、「きゃらい」でなければならない。訓読なら「かえりきたる」）という。

なお世阿弥は免許を与えることにも厳しく、「たとい一子たりと言ふとも、無器量の者には伝ふべからず。家、家にあらず。継ぐをもて家とす。人、人にあらず、知るをもて人とすと言えり。これ、満徳了達の妙花を極むる所なるべし」と。

曹洞宗門の学者間では抄物《しょうもの》（室町中期から江戸初期にかけて、漢文体の原典を五山の僧や儒家が平易に釈したものの筆録）の語法、元曲にみる俗語の研究も、五位による布教の実状、さらには五位を政治に適用してユーラシア大帝国の隆盛をみたことなどについての研究にも手を染めていない。ましてや『花伝書』の口語訳など及びもつかないことであった。けれども私は、茗渓出身の諸大家の驥尾《きび》に付し、世阿弥の清流に棹さし棹歌《ふなうた》もどきの小論をここに吟じさせていただくことができた光栄を謝する。

なお本書の本文底本は、岩波書店『日本思想大系』24の『世阿弥禅竹』、表章氏の労作によった。ただし、漢字については、出来るだけ常用漢字を採用し明らかな誤用は正した。

風姿花伝

それ、申楽延年の事態《ことわざ》、その源を尋ぬるに、或いは仏《しゃか》在所より起り、或いは神代より伝はるといへども、時移り、代隔《よへだ》たりぬれば、その風を学ぶ力、及びがたし。近《ちか》ごろ、万人のもてあそぶ所は、推古天皇の御宇《ぎょう》に、聖徳太子、秦河勝《はだのかわかつ》に仰《おお》せて、且《かつ》は天下安全のため、且は諸人快楽《けらく》のため、六十六番の遊宴を成して、申《さる》楽《がく》と号せしより以来《このかた》、代々《よよ》の人、風月の景を仮《か》って、この遊びの中だちとせり。その後、かの河勝の遠孫、この芸を相継《あいつ》ぎて、春日《かすが》、日吉《ひえ》の神職たり。よって和州、江州《ごう》の輩《ともがら》両社の神事《じんじ》に従ふ事、今に盛《さか》んなり。

されば、古《ふるき》を学び、新《あたら》しきを賞《め》ずる中にも、全《まった》く風流をよこしまにする事なかれ。たゞ、言葉卑《いや》しからずして、姿幽玄ならんを、うけたる達人とは申すべき哉《や》。

先づ、この道に至らんと思はん者は、非道を行《ぎょう》ずべからず。ただし、歌道は風月延年のかざりなれば、尤《もっと》もこれを用ふべし。

およそ、若年より以来《このかた》見聞《みきき》及ぶ所の稽古《けいこ》の条々、大概《おおよそ》注《しる》し置く処なり。

一、好色《こうしょく》・博奕《ばくえき》・大酒《たいしゅ》。三重戒、これ、古人の掟《おきて》なり。

一、稽古は強かれ、情識は無かれ、となり。

〔訳〕

そもそも、寿福延命を挿《かざ》した猿楽という芸能は、その起源を調べてみると、あるいは釈尊います時代のインドに始まるといい、また日本の神代より伝わるといわれているが、時代が経《た》ってしまったので、当初の芸風を学ぶ力もなく、追求しがたくなっている。近ごろ世の人が賞翫するものは、人皇三十三代推古帝の御代に、聖徳太子が、猿楽の始祖とされている帰化人秦河勝《はだのかわかつ》に命じて、一つには天下太平を祈るため、また一つには世人の娯楽のため、六十六番の芸能を演じさせて、申楽と名づけられてからこのかた、各時代の人々が、花鳥風月の好景を取り入れてこの遊びを楽しむ媒介《なかだち》としたもので、その後、かの河勝の子孫が、この芸を引き継いで、奈良の春日《かすが》神社と近江の日吉《ひえ》神社に奉仕するようになったものである。それ以来、大和猿楽四座と近江猿楽三座の役者たちが両社の神事に従うことは、今に及んで盛んである。

だから、古くからの芸を温め学び、新しい境地をとり入れ賞《め》で演ずる中にも、決して芸の遺風を邪道に陥《おちい》らせてはならない。ひとえに、謡《うたい》の文句が上品で、姿が幽玄である者を伝統を正しく受け継いだ達人と申すべきであろう。

まず、この申楽の道で達人たらんとする役者は、本芸以外の道に手を出してはいけない。ただし、歌道だけは例外で、風月に景をかりる申楽をより美しくするものであるから、大いにやってよろしい。

以下、自分が若い頃からこれまでに見聞してきた稽古のあれこれを、だいたい書きつけておく次第である。

一、好色・博奕《ばくち》・大酒《ふかざけ》。この三つの戒律、これは、先人がとり決めたやってはならない法度《はっと》である。

一、稽古(『書経』「堯典」に「稽古照今」、古をかんがえ今を照らすと。つまり学習研究と実践修行を意味する)は、厳しくあれ、かたくなな競争意識（諍識）は有《も》ってはならない、ということである。

第一　年来稽古条々（各年齢に応じての稽古の筋みち）

七歳

一、この芸に於て、大方七歳を以《も》て初《はじめ》とす。この比《ころ》の能の稽古、かならず、その物自然とし出だす事に、得たる風体《ふうてい》あるべし。舞・はたらきの間《あひだ》、音曲《ぎょく》、若しくは怒れる事などにてもあれ、風度《ふと》し出《い》ださんかゝりを、うちまかせて、心のまゝにせさすべし。さのみに「よき」「悪《あ》しき」とは教ふべからず。あまりにいたく諫《いさ》むれば、童《わらべ》は気を失ひて、能物《もの》くさく成《なり》たちぬれば、やがて能は止《と》まるなり。

たゞ、音曲・はたらき・舞などならではせさすべからず。さのみの物まねは、たとひすべくとも、教ふまじきなり。大場《おほにわ》などの脇の申楽《さるがく》には立つべからず。三番・四番の、時分《じぶん》のよからむずるに、得たらむ風体をせさすべし。

〔訳〕

一、当芸は、およそ七歳ぐらいから稽古をはじめるとよい。この年ごろの能の稽古は、（無理にやらせるのではなく）かならず子供が見よう見まねに自然にやり出すところに、それなりのよさが出てくる。舞ったり演じたり、謡《うた》ったりしている間、あるいは烈《はげ》しいものなどを演じるにしても、ふと無意識のうちにやり出すことを、そのままに、心のままにやらせるのがよろしい。そう一概に為来《しきた》り通りに「善いだの」「悪いだの」と教えこむのはよくない。あまりやかましく文句をつけると、子供はやる気をなくし、能にいや気《け》がさしてきて、やがて能の芸もとまってしまう。

ただ音曲・動作・舞など以外は、やらせてはいけない。相当手のこんだこまかい物まねは、たとえその子供がやりたがっても教えるべきではない。また、広い場所で盛大に興行する時の最初の能などに登場させてはいけない。一日の番組の中ほどで演じる三、四番の適当な頃をみはからって、得意な芸を演じさせるべきである。

十二、三より

この年の比《ころ》よりは、はや、やうやう声も調子にかゝり、能も心づく比《ころ》なれば、次第次第に物数《かず》をも教ふべし。

先づ、童形《とうぎょう》なれば、なにとしたるも幽玄なり。声も立つ頃なり。二《ふた》つの便《たよ》りあれば、悪《わろ》き事は隠《かく》れ、よき事はいよいよ花めけり。大かた、児《ちご》の申楽《さるがく》に、さのみに細かなる物まねなどはせさすべからず。当座も似合はず、能も上《あが》らぬ相《さう》なり。但《ただ》し、堪能《かんのう》に成《なり》ぬれば、なにとしたるもよかるべし。児《ちご》といひ、声といひ、しかも上手《じょうず》ならば、なにかは悪《わる》かるべき。さりながら、この花はまことの花にはあらず、たゞ時分《じぶん》の花なり。されば、この時分の稽古、すべてすべて易《やす》きなり。さる程に、一期《いちご》の能の定めには成るまじきなり。
この比《ころ》の稽古、易《やす》き所を花にあてて、態《わざ》をば大事にすべし。はたらきをも確《たし》やかに、音曲をも文字にさはさはとあたり、舞をも手を定めて、大事にして稽古すべし。

〔訳〕

この年ごろからは、もはや、だんだん声にも調子が出て能についての分別もできてくる頃になるから、だんだんにいろいろな種類の能を教えるべきであろう。

まず、元服《げんぷく》前の垂れ髪の稚児姿だから、なにをやらせても奥ゆかしい。声も引き立つ頃である。幽玄な姿と引き立つ声の二つの取得《とりえ》があるから、悪い点は影に隠れ、善い点は一層花やかに見える。

大体、子供が演ずる申楽では、あまり手のこんだ微妙な物まねなどは、させてはいけない。その場にも不向きだし、能も将来上達しない結果を招くであろう。ただし、技芸にすぐれてくれれば、何を演じさせても差しつかえなかろう。稚児姿で、声もよく、しかも芸も上手ならば、どうしていけないことがあろうか。そうはいうものの、この舞台上の花は、修行を積んだ上での「まことの花」ではなく、若さによる一時《いっとき》の花にすぎない。したがってこの年頃の稽古は、何をするにつけても容易《らく》なのである。だから生涯の能の善悪《よしあし》を判定する基準にはならない。

この年頃の稽古で心掛けておくべき点は、容易に出来て得意なところを花として見せ、裏で基本となる技術面を鍛えさせなければならない。構えや運《はこ》びなどの身のこなしを確実にし、音曲《うたい》も一語一句、明瞭にさわやかに発音し、舞においても基礎の型をきちんと守って、念を入れて稽古すべきである。

十七、八より

この比《ころ》は又、あまりの大事にて、稽古多からず。先づ、声変りぬれば、第一の花失せたり。体も腰《こし》高になれば、かゝり失《う》せて、過ぎし比《ころ》の、声も盛《さか》りに、花やかに、易《やす》かりし時分の移りに、手立《だて》はたと変りぬれば、気を失ふ。結句、見物衆《しゅ》もをかしげなる気色《けしき》見えぬれば、はづかしさと申し、彼れ是れ、こゝにて退屈するなり。

此の頃の稽古には、たゞ、指をさして人に笑はるゝとも、それをばかへりみず、内にては、声の届《とど》かんずる調子にて、宵《よひ》・暁《あかつき》の声をつかひ、心中には願力《ぐわんりき》を起こして、一期《ご》の堺《さかひ》こゝなりと、生涯にかけて能を捨てぬより外《ほか》は、稽古あるべからず、ここにて捨つれば、そのまゝ能は止《と》まるべし。

そうじて、調子は声によるといへども、黄鐘《わうしき》・盤渉《ばんしき》を以《も》て用ふべし。調子にさのみかゝれば、身なりに癖《くせ》出で来《く》る物なり。又、声も年寄《よ》りて損ずる相《さう》なり。

〔訳〕

この年ごろはまた、大層大事なときで、稽古も多くは望めない。まず、声変わりする時期のため、第一の花は失せている。体格も腰が高くなり恰好がつかなくなるから、少年期の初々《ういうい》しい風情《ふぜい》が失《な》くなり、かつての声もよくとおり、華やかに演じやすかった頃に比べて急に勝手が変わってしまうので、当人は意気消沈してしまう。その上、見物人も滑稽に感じているらしい様子を見せるので、はずかしさもつのったりの、あれやこれやで、とどのつまり、いや気がさして気落ちしてしまうのである。

この時期の稽古には、ただもう、たとえ名指しで笑われるようなことがあっても、そんなことにはお構いなく、内々《ないない》の稽古では、自分の声が出る限りの調子で朝晩の発声練習で声を鍛《きた》え、心中には願を発《おこ》し、今が、大成《もの》になるかならぬかの一生の瀬戸ぎわなのだと、能こそ生涯の仕事だと臍《ほぞ》を定《き》めるより外の稽古はない。この時期をあきらめてしまったら、そのまま芸は止まってしまうであろう。

一体に、調子は、その人の生まれつきの声によって定まるものだが、黄鐘調《おうしきちょう》(十二律の黄鐘は洋楽の八調のラ)、盤渉調《ばんしきちょう》(十二律の盤渉は洋楽の八調のシにあたり、黄鐘よりもやや高めの調子)を用うべきである。調子に、むやみにこだわりすぎると、姿勢に悪い癖《くせ》が出てくるものである。また、声も年をとってから痛めてしまう結果となる。

二十四、五

この頃、一期《いちご》の芸能の定まる初めなり。さる程に、稽古の堺《さかひ》なり。声もすでに直《なお》り、体《たい》も定まる時分なり。されば、この道に二つの果報あり。声と身なり。これ二つは、この時分に定《さだ》まるなり。年盛《ざか》りに向かふ芸能の生ずる所なり。

さる程に、よそ目にも、「すは上手出《い》で来たり」とて、人も目に立つるなり。もと名人などなれども、当座の花にめづらしくして、立合《たちあひ》勝負にも一旦勝つ時は、人も思ひ上げ、主《ぬし》も上手と思ひしむるなり。これ、返々《かへすがへす》主《ぬし》のため仇《あだ》なり。これもまことの花にあらず。年の盛りと、見る人の一旦の心のめづらしき花なり。まことの目利《めきき》は見分《わ》くべし。

この頃の花こそ初心と申す頃なるを、極めたるやうに主《ぬし》の思ひて、はや申楽にそばみたる輪説《りんぜつ》をし、至りたる風体《てい》をする事、あさましき事なり。たとひ、人も褒《ほ》め、名人などに勝つとも、これは一旦めづらしき花なりと思ひ悟《さと》りて、いよいよ物まねをも直《すぐ》にし定め、名を得たらん人に事を細《こまか》に問ひて、稽古をいや増しにすべし。されば、時分の花をまことの花と知る心が、真実《しんじち》の花に猶《なほ》遠ざかる心なり。たゞ、人ごとに、この時分の花に迷《まよ》ひて、やがて花の失《う》するをも知らず、初心と申すはこの比《ごろ》の事なり。

一、公案して思ふべし。我が位の程《ほど》を能々《よくよく》心得ぬれば、それ程の花は一期失せず。位より上の上手と思へば、もとありつる位の花も失《う》するなり。よくよく心得《う》べし。

〔訳〕

この年頃は、一生涯の芸の基礎が定まる最初の時期である。だから、この時の本格的な稽古は、生涯の芸の決手《きめて》となる。声もすでに大人の声に定まり、体の恰好もととのう頃である。それゆえに、この芸道における二つの良い成果が挙げられる。それは声と姿とである。この二つは、この時期に出来あがる。そして年齢も盛りに向かうし、よい芸能の生まれる時である。

だから、はためにも、「あれ大変上手な役者が現れた」といって世人も特に注目する。また、古くからの名人と競演しても、若さによる一時的な花の珍しさで、立合勝負に一時、勝つこともある。すると世間の人も立派な役者だと思い、もちあげ、当人も上手になったと思いこむ。だがこれは、かえすがえすも当人のためにはならない。実は、これも「真《まこと》の花」ではなく、ただ年の盛《さか》りと見物人の心にしばらくの間、珍しく見える花にすぎない。本当に目の利く人は、このことを見破るであろう。

この時期に咲く花こそは、初心の美しさというべき頃合いなのに、当人はもう芸道の至境を極めたかのように思いこみ、早くも、能の正道から外《そ》れた勝手な理屈をこね、達人であるかのような風《ふり》をするのは、あきれはてたことである。たとえ、世人が褒め、名人の評判に勝ることがあっても、これは一時の珍しさによる花にすぎないと自覚して、ますます物まねなども正直に練磨習得し、上手な人にも細かに指導を仰いで、稽古に一層励むべきである。であるから、一時的な花を、まことの花であるかのように思いこむその慢心が、真実《まこと》の花になおも遠ざかる原因となるのである。ただ、誰も彼もが、この一時的な花に迷い、やがて花の面白さが失せてゆくものだということに気がつかない。初心というのは、この頃の芸を指しているのである。

一つ、よくよく思いめぐらせてみるがよい。自分の芸力の程度を充分にわきまえているような、それ程の花であれば、一生失せることはない。反対に自分の実力以上に上手だと思ったなら、折角身に備わっていた花までも失うことになるだろう。よくよく心得ておかなくてはいけない。

三十四、五

この頃の能、盛りの極めなり。こゝにて、この条々を極《きは》め悟りて、堪能《かんのう》になれば、定めて天下に許され、名望を得《え》つべし。もし、この時分に、天下《てんか》の許されも不足に、名望も思ふ程もなくば、いかなる上手なりとも、いまだまことの花を極めぬ為手《して》と知るべし。もし極めずば、四十より能は下《さが》るべし。それ、後の証拠《しようこ》なるべし。さる程に、上《あが》るは三十四五までの比《ころ》、下《さが》るは四十以来なり。返々《かへすがへす》、この比《ころ》天下の許されを得ずば、能を極めたりとは思ふべからず。

ここにて猶《なほ》つゝしむべし、この比《ころ》は、過《す》ぎし方《かた》をも覚《おぼ》え、又、行く先の手立《てだて》をも覚《さと》る時分なり。この比極《ころきは》めずば、この後《のち》天下の許されを得《え》ん事、返々《かへすがへす》難《かた》かるべし。

〔訳〕

この年頃の能は、盛りの絶頂である。こうした時期に、これまでの各条の教えを極め覚えて、練達の域に達すれば、きっと天下の人々に上手として認められ、名誉と人気も獲得できるであろう。もしこの時期になっても、天下の受けも不十分で、名誉や人気も思うほどでなければ、たとえどんな芸達者でも、まだ真《まこと》の花を極めていない役者だと知るべきである。もしここで、まことの花を極めていなければ、四十すぎから先の芸はくだるにちがいない。このことは、後になって証明されることだろう。だから、上達するのは、三十四、五までの時期、退歩するのは、四十以後である。幾度も繰り返すようであるが、この年ごろまでに世間から高く評価されなかったならば、能の奥義を究めたなどと思ってはならない。

この時期に至って、なお一層身をつつしむ必要がある。この時期は、これまでに習得してきた芸を忘れないようにするとともに、また、これから将来の在るべき様《よう》にも自覚を持つべき大事な年齢である。この時分に奥義を自分のものにしなければ、これ以後に世間から名人と認められるような能役者になることは、どう考えてみてもむずかしいことである。

四十四、五

此頃よりは、能の手立《てだて》、大かた変るべし。たとひ天下に許され、能に得法したりとも、それにつけても、よき脇の為手《して》を持つべし。能は下《さが》らねども、力なく、やうやう年闌《た》けゆけば、身の花もよそ目の花も失《う》するなり。まづ、すぐれたらん美男は知らず、よき程の人も、直面《ひためん》の申楽《さるがく》は、年寄りては見られぬもの也。さるほどに、此一方は欠けたり。

この比《ころ》よりは、さのみに細《こま》かなる物まねをばすまじきなり。大かた似合ひたる風体《てい》を、やすやすと、骨《ほね》を折らで、脇の為手《して》に花を持たせて、あひしらひのやうに、少《すく》な少《すく》なとすべし。たとひ脇の為手《して》なからんにつけても、いよいよ細かに身を砕く能をばすまじきなり。なにとしても、よそ目《め》花なし。

もし此頃まで失《う》せざらん花こそ、まことの花にてはあるべけれ。それは、五十近くまで失せざらん花を持ちたる為手《して》ならば、四十以前に天下の名望《めいぼう》を得《え》つべし。たとひ天下の許《ゆる》されを得たる為手なりとも、さやうの上手はことに我身《わがみ》を知るべければ、猶《なほ》々脇の為手をたしなみ、さのみに身を砕《くだ》きて難《なん》の見ゆべき能をばすまじきなり。かやうに我身《わがみ》を知る心、得たる人の心なるべし。

〔訳〕

この時期から、能の演じ方、考え方は、大かた変わってゆくべきである。たとえ世間から名人という評判をとっていても、能の奥義に達していても、それでもなお、よい後継の役者《シテ》をもつ必要がある。芸は退歩していなくても、体力はなく、だんだん年をとってゆけば、肉体的な美しさも、観客の目に映る魅力も消えてゆくのである。まず、とびぬけた美男子ならいざしらず、かなりの男まえの役者でも、面なしに素顔で演ずる能は、年とっては見られたものではない。したがって、この直面《ひためん》で演ずるという一面は出来なくなる。

この年頃からは、あまり細《こま》かい所作《しょさ》の物まねは避けるべきである。大たい自分の年齢に似合う姿のものを楽々《らく》と骨を折らないで、脇《かたわら》の役者《シテ》に花をもたせておつき合いのように控え目に演じるのがよろしい。たとえ後《あと》継《つぎ》の役者がいない場合でも、あまり手のこんだ細《こま》かい技《わざ》を苦労してやることはない。なんとしても観客の目につく美しさは失《う》せているのだから。

もしこの年頃まで失せない花があるとしたならば、それこそ「真《まこと》の花」というべきである。そのわけは、五十歳ちかくまでも失せない花をもつているような役者《シテ》ならば、四十歳以前に天下の名声と人気を得ているに違いない。たとえ天下に名だたる役者《シテ》であっても、そのような名人であれば、なおのこと我が身をよく心得ているはずだから、いよいよのこと後継の役者《シテ》を心がけて養成してゆき、自分は表立《おもて》たず、そこまでむやみに身を砕く無理をして、欠点が見えるような能はしないものである。このように、おのれの身を知るという心がけこそ、能の奥義に達した人の心構えというべきである。

五十有余

この頃よりは、大かた、せぬならでは手立《だ》てあるまじ。「麒麟《きりん》も老いては土馬《どば》に劣《をと》る」と申す事あり。さりながら、まことに得たらん能者《じや》ならば、物数《かず》はみなみな失《う》せて、善悪見所《みどころ》は少《すく》なしとも、花は残るべし。(亡父にて候《さふら》ひし者は)、五十二と申し五月十九日に死去せしが、その月の四日の日、駿河《するが》の国浅間《せんげん》の御前《おんまえ》にて法楽仕《ほうらくつかま》つる。その日の申楽ことに花やかにて、見物の上下、一同に褒美《ほうび》せしなり。凡《およ》そその頃、物数《ものかず》をばはや初心に譲《ゆず》りて、やすき所を少《すく》な少《すく》なと色えてせしかども、花はいや増しに見えしなり。これ、まことに得たりし花なるがゆへに、枝葉《えだは》も少なく、老木《おいき》になるまで、花は散らで残りしなり。これ、眼《ま》のあたり、老骨に残りし花の証拠なり。

年来稽古　以上。

〔訳〕

この頃からは、だいたい、何もしないという方針に従う以外には手段《てだて》はあるまい。「一日に千里も走るという名馬も年老いては駄馬にも劣る」(『戦国策』巻九下)というではないか。芸達者も老いては形無しとなる。けれども、真に奥義に達した名人ならば、これまでに演じてきた曲の数々は、みな演じ難くなり、善かれ悪しかれ観客を引きつける見せ場は少なくなっても、芸の魅力だけは残るものである。

亡父(観阿弥清次)は、五十二歳の至徳元年(一三八四)五月十九日に亡くなったが、その月の四日、駿河の国、浅間《せんげん》神社の神前で奉納能を演じなされた。その日の申楽は、殊に花やかで、観客は貴賤を問わず、皆ともに褒めたたえて下さった。五十がらみのその頃、手のこんだ能は、もはや初心の役者《シテ》に譲り、自身は、やさしいところを控えめに彩《いろど》りを添えて演じたのだが、それにもかかわらず花は、いや増して見えたのである。これは真の芸を身につけ得た花なればこそで、その芸は枝葉のような末節のわざが減り、老木のような年齢になるまでも、花の魅力は散らないで残ったのである。これは眼《ま》のあたりにみた亡父の老いの身に残っていた散ることのない花のあかしである。

年来の稽古　以上。

第二　物学《ものまね》条々

物まねの品々《しなじな》、筆に尽《つく》しがたし。さりながら、この道の肝要なれば、その品々を、いかにもいかにもたしなむべし。およそ、なに事をも残さず、よく似せんが本意なり。しかれども、又、事によりて濃《こ》き淡《うす》きを知るべし。

先《ま》づ、国王・大臣より始め奉《たてまつ》りて、公家《くげ》の御《おん》たゝずまひ、武家の御進退は、及ぶべき所にあらざれば、十分ならん事難《かた》し。さりながら、能々《よくよく》言葉を尋ね、品《しな》を求めて、見所《けんじょ》の御《ご》意見を待つべきをや。その外《ほか》、上職の品々、花鳥風月の事態《ことわざ》、いかにもいかにも細《こま》かに似すべし。田夫《でんぷ》・野人《やじん》の事に至りては、さのみに細《こま》かに卑《いや》しげなる態《わざ》をば似すべからず。仮令《けりょう》、木樵《きこり》・草刈《かり》・炭焼《すみやき》・汐汲《しほくみ》などの、風情《ふぜい》にも成《なり》つべき態《わざ》をば、細《こま》かにも似すべきか。それより猶卑《いや》しからん下職をば、さのみには似《に》すまじきなり。これ、上方《じょうほう》の御目《め》に見ゆべからず。もし見えば、あまりに卑《いや》しくて、面白き所あるべからず。この宛《あ》てがひを、よくよく心得《こころふ》べし。

〔訳〕

物まねのしなじなはあまりに多様で文章で表現し尽くすのはむずかしい。しかしながら、この演技こそは能の肝腎要《かんじんかなめ》となるものであるから、それぞれの演目に応じて充分に心がけて稽古しなければならない。すべて、どんな対象に対しても細大もらさず全部似せるというのが本筋である。けれども、また対象によって、まね方に濃淡のあることを知らなければならない。

まず、天皇や大臣をはじめとして、公卿《くげ》の立居振舞、武家の身のこなし方などは、下々《しもじも》の私たちのまねおおせるものではないから、これを充分にまねることはむずかしい。そうは云うものの、できるだけ適切な言葉使いや、立居振舞を探し求めて、見物席の御批判を仰ぐべきであろう。そのほか、高位高官の方々の様子のあれこれ、詩歌管絃などの風雅ないとなみなどは、どんなことがあってもなるべく精細《こまか》に取り入れるべきであろう。反対に無風流な農夫や田舎者の様子については、さほど精細《こまか》にその様子を似せてはならない。たとえば、木樵《きこり》、草刈《くさかり》、炭焼《すみやき》、汐汲《しおくみ》といった風情《ふぜい》を添えるような姿を、こまかに似せるべきであろうか。それよりなお卑《いや》しいとみられる下賤な職業については、あまり似せて見せる必要はない。これ等は、貴人の御眼にかけるわけにはゆかない。万一御覧に入れるとなると、あまりに下品すぎて、面白い風情などあるはずがない。だからこのあんばいをよくよく心得ておかねばならない。

女

およそ、女がかり、若き為手《して》のたしなみに似合《にあ》う事なり。さりながら、これ、一大事也。先づ、仕立《したて》見苦しければ、さらに見所《みどころ》なし。女御《にょうご》・更衣《かうい》などの似事《にせごと》は、輙《たやす》くその御振舞《おふるまい》を見る事なければ、よくよくうかがふべし。衣《きぬ》・袴《はかま》の着様《きやう》、すべて私ならず。尋ぬべし。ただ世の常の女がかりは、常に見慣るゝ事なれば、げには輙《たやす》かるべし。たゞ衣《きぬ》小袖の出立《いでたち》は、大かたの体《てい》、よしよしとあるまでなり。舞・白拍子《しらびょうし》、又は物狂《ぐるゐ》などの女がかり、扇《あふぎ》にてもあれ、かざしにてもあれ、いかにもいかにも弱《よは》々と、持ち定《さだ》めずして持つべし。衣《きぬ》・袴《はかま》などをも長々と踏み含みて、腰・膝《ひざ》は直《すぐ》に、身はたをやかなるべし。顔の持ち様《やう》、あをのけば見目《みめ》悪く見ゆ。うつぶけば後姿悪《わろ》し。さて、首《くび》持ちを強く持てば、女に似ず。いかにもいかにも袖の長き物を着て、手先《さき》をも見すべからず。帯《おび》などをも弱《よわ》々とすべし。

されば、仕立《したて》をたしなめとは、かゝりをよく見せんとなり、いづれの物まねなりとも、仕立《したて》悪くてはよかるべきかなれども、ことさら女がかり、仕立《したて》を以《も》て本《ほん》とす。

〔訳〕

総じて、女ものの風情は、若い役者が稽古をするのに似つかわしいが、極めて重要でありむずかしい。先ず、身ごしらえが見苦しければ、一層みられたものではない。宮中に仕える女御《にょうご》や更衣《こうい》などに扮することは、たやすくその御様子をうかがうこともできないから、充分に伺い調べてみなければならない。着物や袴の着《つ》けかたなども、すべて定められた方式がある。だからよく調べなくてはならない。ただ平生みかけられる女性の様子は、ふだん見なれていることだから、はるかに容易なことであろう。ただ衣小袖の着物の着方はおおよその姿をそれらしくほどよくまねるがよい。

曲舞《くせまい》、白拍子《しらびょうし》、又は物狂いといった女役については、扇であれ、花の枝や笹などの持ち物であれ、できるだけ力を抜いて、かたく持たないで演ずべきである。着物や袴なども、長《なが》めに足がかくれるぐらいに着け、腰や膝は真っ直ぐに、身のこなしはたおやかでなくてはならない。顔の角度は、仰《あお》向き加減であると顔だちが悪くみえる。俯《うつ》向くと、後姿がよく映らない。また、首の据え方が強いと、女らしく見えない。なんとしても袖の裄《ゆき》が長い着物を着て、手先が見えないようにしなくてはならない。帯《おび》なども、柔らかにしめるのがよい。いずれにしても扮装を常に心にかけるということは、身ぶり態度をよくみせるために大切なことである。どんな演技でも、扮装《がいけん》が悪くては、美しいと見てもらうことは出来ないのだが、女役の能にとっては特にそれが大切で、身なりは、基本的な条件となる。

老人

老人の物まね、この道の奥義《あうぎ》なり、能の位、やがてよそ目にあらはるゝ事なれば、これ、第一の大事なり。およそ、能をよき程極めたる為手《して》も、老いたる姿は得ぬ人多し。たとへば、木樵《こり》・汐汲《しほくみ》の態物《わざもの》などの翁形《おきながた》をし寄せぬれば、やがて上手と申す事、これ、校《あやまりたる》批判なり。冠《かぶり》・直衣《なをし》、烏帽子《ゑぼし》・狩衣《かりぎぬ》の老人の姿、得たらむ人ならでは似合ふべからず。稽古の功入りて、位上《のぼ》らでは似合ふべからず。

又、花なくば面白き所あるまじ。およそ、老人の立《たち》振舞、老《お》いぬればとて、腰・膝《ひざ》をかゞめ、身をつむれば、花失《う》せて、古様《こよう》に見ゆるなり。さる程に、面白き所稀《まれ》なり。たゞ、大かた、いかにもいかにもそゞろかで、しとやかに立ち振舞ふべし。

ことさら、老人の舞がかり、無上の大事なり。花はありて年寄《としより》と見ゆるゝ公案、くはしく習ふべし。たゞ、老木《おいき》に花の咲かんがごとし。

〔訳〕

老人の物まねは、能のもっとも奥深く大事なことである。老人に扮すると、役者の芸の位というものが、すぐさま観客の目にわかることだから、これをうまく演ずることが一番大事なことである。

総体的にいって、能を相当に極めた役者でも、老人の姿を満足に熟《こな》すことのできない人が多い。たとえば、木樵・汐汲のような特徴的なわざがあって、まねしやすい老人の姿をそれらしく演ずると、すぐさま上手だとほめるのは、まちがった観かたである。冠《かんむり》・直衣《なおし》・烏帽子《えぼし》・狩衣《かりぎぬ》などを着けた身分のある上品な老人の姿は、態《わざ》を身につけた役者でなければ、それらしく見えない。稽古を年々積みあげて芸の位が高くならないと、こうした役は不向きである。

また、老人の演技とはいっても、花がなかったならば、興《きょう》も起こらない。だいたい、年をとっているからといって、老人のしぐさ、立居振舞に、腰や膝をかがめ、体をすくめては、花が失《な》くなり、古くさく見えてしまうだけである。そうなればおもしろみが乏しくなってしまう。老人を演ずるにはただおおよそのところ、いかにもそこはかとなく、気もそぞろに、しとやかに演ずべきである。

とりわけ、老人の舞いは、もっとも大事である。花があってしかも老人らしく見える工夫については、くわしく習得するべきである。

ひと口にいえば、それは「老木に花が咲く」といった風情が大事である。

直《ひた》面《めん》

これ又大事なり。およそ、もとより俗の身ならば、易《やす》かりぬべき事なれども、ふしぎに、能の位上《あが》らねば、直面《ひためん》は見られぬ物なり。

まづ、これは、仮令《けりやう》、その物その物によりて学ばん事、是非なし。面色《めんしよく》をば似すべき道理もなきを、常の顔に変へて、顔気色《かほけしき》をつくろう事あり。さらに見られぬものなり。振舞《ふるまひ》・風情《ふぜい》をばそのものに似すべし。顔気色《けしき》をば、いかにもいかにも己《をのれ》なりに、つくろはで直《すぐ》に持つべし。

〔訳〕

これもまた大事なことである。すべて、面なしの能は、もともとの俗の素顔《すがお》のままで演ずるのだから、容易なはずであるのに、不思議に、芸の位が高くなっていないと、見るに値する芸とならない。

まず、面なしの能は、たとえば、対象とする人物ごとに学ぶ以外に方法はない。表情まで似せてよいという道理はないのに、演者が不断《ふだん》の顔つきを変えて、表情を変えることがある。なおさら見られたものではない。振舞や風情をその人に似せればよいのである。顔つき・表情は、なんとしてもつくろわず、素直にありのままの自分の顔つきにしているべきである。

物狂

この道の第一の面白づくの芸能なり。物狂の品々《しなじな》多ければ、この一道に得たらん達者は、十方へわたるべし。くり返しくり返し公案の入《いる》べきたしなみなり。

仮令《けりょう》、憑物《つきもの》の品々、神・仏・生霊《いきりょう》・死霊《しりょう》の咎《とが》めなどは、その憑物《つきもの》の体《てい》を学べば、易《やす》く、便《たよ》りあるべし。親に別れ、子を尋ね、夫《おっと》に捨てられ、妻に後《をく》るゝ、かやうの思ひに狂乱する物狂《ものぐるひ》、一大事なり。よき程の為《し》手《て》も、こゝを心に分けずして、たゞ一偏《ぺん》に狂《くる》ひはたらくほどに、見る人の感もなし。思ひゆへの物狂《ものぐるひ》をば、いかにも物思ふ気色《けしき》を本意《ほい》にあてゝ、狂ふ所を花にあてゝ、心を入《いれ》て狂へば、感も、面白き見所《みどころ》も、定めてあるべし。かやうなる手柄《てがら》にて人を泣かする所あらば、無上の上手と知るべし。これを心底《しんてい》によくよく思ひ分くべし。

およそ、物狂の出立《いでたち》、似《に》合ひたるやうに出で立つべき事、是非なし。さりながら、とても物狂に言寄《ことよ》せて、時によりて、なにとも花やかに出で立つべし。時の花に挿頭《かざし》に挿《さ》すべし。

また云はく、物まねなれども、心得《う》べき事あり。物狂は憑物《つきもの》の本意を狂ふといへども、女物狂などに、あるひは修羅闘諍《とうじょう》・鬼神などの憑《つ》く事、これ、なによりも悪《わろ》き事也。憑物《つきもの》の本意《ほんい》をせんとて、女姿にて怒りぬれば、見所似合《みどころにあ》はず、女がかりを本意にすれば、憑物《つきもの》の道理なし。又、男物狂に女などの寄《よ》らん事も、同じ料簡《れうけん》なるべし。所詮《しょせん》、これ体《てい》なる能をばせぬが秘事なり。能作《つく》る人の料簡《れうけん》なきゆへ也。さりながら、この道に長じたらん書手《かきて》の、さやうに似合《にあ》はぬ事を、さのみに書く事はあるまじ。この公案を持つ事、秘事なり。

又、直面《ひためん》の物狂、能を極めてならでは、十分にはあるまじきなり。顔気色《かほけしき》をそれになさねば、物狂に似ず。得たる所なく、顔気色を変ゆれば、見られぬ所あり。物まねの奥義《あうぎ》とも申《まう》しつべし。大事の申楽《さるがく》などには、初心の人、斟酌《しんしゃく》すべし。直面《ひためん》の一大事、物狂の一大事、二色《ふたいろ》を一心になして、面白き所を花にあてん事、いか程の大事ぞや。能々《よくよく》稽古あるべし。

〔訳〕

物狂いは、この芸道のうちで一番の面白さの尽きない能である。物狂いの種類は数が多いから、この道に練達した名手は、あらゆる物まねに通じるであろう。だからくり返しくり返し工夫《くふう》を重ねる心がけが必要である。

たとえば、憑依による物狂いの曲のあれこれ。神仏がのり移《うつ》ったり、生霊《いきりょう》・死霊《しにりょう》などの祟《たた》りで物狂いになるものは、その乗り移った物の姿に似せれば、容易に手がかりが得られるであろう。親に別れ、子を尋ね、夫に捨てられ、妻に先立たれるなど、このような思いの結果、とり乱す物狂いは、大変にむずかしい。相当の役者でも、この点を考慮に入れないで、あれもこれも同じように狂いを演ずるものだから、観客の共感も起こらないのである。思いつめたうえから起こる物狂いを演ずるに当たっては、あくまでも思いつめた様子を曲の中心とし、狂い舞う有様を花として、心をこめて狂うならば、観客の共感も、面白みを感じさせる見どころも、かならず出てくるであろう。このような手腕によって観客を泣かせるところがあれば、この上ない上手というべきである。このことを心の底からよくよく理解するようにつとめなくてはならない。

すべて、物狂いの扮装《いでたち》は、物狂いに似あったようにすべきことは、いうまでもない。しかしながら、なんといっても物狂いなのだから、それにかこつけて、時によって思いきり花やかに扮装すべきである。季節の花を髪飾《かみかざ》りに挿《さ》すのもよいであろう。

また言っておきたいのは、演技として、心得ておくべきことがあるということである。物狂いの能は、のりうつったものの姿を基本にして狂うものであるが、女の物狂いなどに、戦い争って修羅道に落ちている武将や鬼神などが憑《つ》くこと、これは、なによりもまずいことである。憑いているものの真意をとらえようとして、女の姿で怒り狂ったならば、観客の目には不似合《ふにあい》に映る。かといって女の姿を本意にしてしとやかに演じては、物が憑いているという道理が成り立たない。また、男の物狂いに女が憑いて狂わせるなどというのも、同じようによくない。つまるところ、このような能はしないのが秘事《よいこと》である。このような事態が起こるのは、能作者の思慮分別がないからである。とはいえ、老練の能作者ならば、そのようなちぐはぐな曲を書くことは、よもやあるまい。この工夫、つまり無理な趣向の能を演じたり作ったりしないということが秘訣である。

また、面なしで演じる物狂いは、能の奥義を極めた者でなければ、十分に演じうるものではない。顔つきを物狂いらしくしなければ、物狂いに似ない。当を得た所作をせずに、表情を作れば、見られたものではない。直面《ひためん》の物狂いは、演技の極致であるといえよう。大事な晴れの能舞台などには、初心の人は、遠慮してさし控えるべきであろう。面なしが容易ならぬ事、物狂いが容易ならぬ事ではあるが、それだからこそ、この二つを一つにして面白さの花を咲かせることは、どんなに大事なことであろうか。よくよく稽古すべきことである。

法師

これは、この道にありながら、稀《まれ》なれば、さのみの稽古入らず。仮令《けりょう》、荘厳《しょうごん》の僧正《そうじょう》、ならびに僧綱《そうがう》等は、いかにも威儀《いいぎ》を本として、気《け》高き所を学ぶべし。それ以下の法体《ほったい》、遁世《とんせ》・修行の身に至りては、抖擻《とそう》を本とすれば、いかにも思ひ入《いり》たる姿かゝり、肝要たるべし。たゞし、賦物《ふしもの》によりて、思ひの外《ほか》の手数《かず》の入《いる》事もあるべし。

〔訳〕

法師の役は、能の中にあることはあるが、稀《まれ》なものだから、さほど稽古は必要としない。が、たとえば、尊くおごそかな僧位の高い僧正や僧官職などは、なんとしても作法にかなった立居振舞を基本として、けだかい点を習わなければならない。それ以下の僧侶、遁世者、修行中の者においては抖擻《とそう》(邪を払い正を採《と》る純粋経験を積むこと、たとえば坐禅、行脚《あんぎゃ》など)を基本とするものであるから、なんとしても深く仏法に心をかけているという姿や風情《ふぜい》が肝要である。ただし扱《あつか》う曲柄によっては、案外、手数のこんだものもあるのはいうまでもない。

修羅

これ又、一体《てい》の物なり。よくすれども、面白き所稀《まれ》なり。さのみにはすまじきなり。ただし、源平などの名のある人の事を、花鳥風月に作り寄せて、能よければ、何よりもまた面白し。これ、ことに花やかなる所ありたし。

これ体《てい》なる修羅の狂ひ、ややもすれば、鬼の振舞になるなり。又は舞の手にもなるなり。それも、曲舞《くせまい》がかりあらば、少し舞がかりの手づかひ、よろしかるべし。弓・箙《やな》ぐひを携《たずさ》へて、打物《うちもの》を以《も》て厳《かざり》とす。その持ち様《やう》・使ひ様をよくよくうかがひて、その本意《ほんい》をはたらくべし。相構《あひかまへて》々《あひかまへて》、鬼のはたらき、又舞の手になる所を用心すべし。

〔訳〕

生前の悪業により修羅道に堕《お》ちている修羅の能もまた一種独特のものである。これは、上手に演じても、面白いところが少ない。むやみには演じない方がよろしい。ただし、源氏や平家などの有名な武将の物語を、風雅なことに結びつけた曲で、能の演技もよければ、何よりもまた趣が深いものである。こうした能は、特に華やかであってほしい。

面白い所の少ない修羅の激《はげ》しい動作は、ややもすると、鬼のしぐさのように荒々しくなりやすく、また静かにやろうとすると優雅な舞の手になることもある。どちらも感心しないが、それも、音曲面に曲舞《くせ》風の点があるのならば、少しぐらいは舞めいた手ぶりになるのもよいであろう。弓・箙《えびら》(矢を入れるもの)などを持ち、刀やなぎなたを持って武将らしい厳しい感じを出す。その持ち方や使い方を十分に研究して、修羅ものの本意にそった扱いをするべきである。よくよく注意して、鬼の動作になったり、ただの舞の手振りになったりすることのないよう用心しなければならない。

神

およそ、この物まねは鬼がかりなり。なにとなく怒《いか》れるよそほひあれば、神体《しんたい》によりて、鬼がかりにならんも苦しかるまじ。ただし、はたと変れる本意あり。神は舞がかりの風情《ふぜい》によろし。鬼には更に舞がかりの便《たよ》りあるまじ。

神をば、いかにも神体によろしきやうに出で立ちて、気《け》高く、ことさら、出物《でもの》にならでは神といふ事はあるまじければ、衣裳を飾りて、衣文《ゑもん》をつくろひてすべし。

〔訳〕

おしなべて、この演技《ものまね》は鬼の風情を表すものである。なんとなく怒っている気色《けしき》があるから、神の姿によっては、鬼の風情になっても差しつかえないであろう。ただし、神と鬼とは全く違った本質がある。神は舞がかりの風情に適《かな》う。鬼にはことさらに舞いがかりとは縁がない。

神を演じるには、いかにも神体に相応《ふさ》わしいように扮装して、気品高く、とりわけ、舞台上に現れるほかには、神の実体《すがた》は見えないのだから、衣裳を飾り、着付をきちんと整えて演ずべきである。

鬼

これ、ことさら大和の物なり。一大事なり。

すべて、怨霊《おんりょう》・憑物《つきもの》などの鬼は、面白き便りあれば、易《やす》し。あしらひを目がけて、細《こま》かに足・手をつかひて、物頭《かしら》を本《ほん》にしてはたらけば、面白き便《たよ》りあり。

まことの冥途《めいど》の鬼、よく学べば恐ろしきあひだ、面白き所更になし。まことは、あまりの大事の態《わざ》なれば、これを面白くする者、稀《まれ》なるか。

先づ、本意は、強く恐ろしかるべし。強きと、恐ろしきは、面白き心には変れり。そもそも、鬼の物まね、大《おほき》なる大事あり。よくせんにつけて、面白かるまじき道理あり。恐ろしき所、本意なり。恐ろしき心と面白きとは、黒白《こくびやく》の違《ちが》ひなり。されば、鬼の面白き所あらん為手《して》は、極《きは》めたる上手とも申《まう》すべきか。さりながら、それも、鬼ばかりをよくせんものは、ことさら花を知らぬ為手《して》なるべし。されば、若き為手の鬼は、よくしたりとは見ゆれども、更に面白からず。鬼ばかりをよくせんものは、鬼も面白かるまじき道理あるべきか。くはしく習ふべし。ただ、鬼の面白からむたしなみ、巌《いはお》に花の咲かんがごとし。

〔訳〕

鬼は、とりわけ大和《やまと》申楽(世阿弥の所属)が得意とする伝統的な芸である。重要な能である。

すべて怨霊《おんりょう》・憑物《つきもの》などの鬼は、面白く演じる手がかりがあるから、容易である。相手役に対して細かに足や手を使い、頭にかぶる冠《かむり》ものを基準にして演ずれば、おもむきのある見所となる。

本当の地獄の鬼の役は、上手に似せれば、ただ恐ろしいだけで、面白さは少しも起こらない。ほんとのところ、あまりにもむずかしい役なので、これを面白く演じうる者が稀《まれ》なのであろうか。

まず、鬼の本質は、強く恐ろしくなければならない。強くて恐ろしいということは、おもむきがあるという心とは違う。いったいに、鬼の物まねには、重大な問題がある。それは、上手に演ずれば演ずるほどに面白くなくなるという道理が存在するということである。恐ろしさが鬼の本領である。けれども恐ろしさと、面白さとでは黒と白ほどの違いがある。だから、鬼を演じておもむきの深いところがある役者《シテ》であれば、能を極めつくした名人というべきであろう。そうはいうものの、鬼だけが上手であるとしたならば、特に花という能の本質を知らぬ役者というべきであろう。だから、若い役者の鬼は、よしんば上手に演じたように見えても、一向に面白く見えない。鬼ばかりが上手な役者は、その鬼すらも面白くないという道理があるといえようか。くわしく研究してみなくてはならない。ただおそろしい鬼を、おもむきのあるように見せるということは、例えていえば、巌《いわお》に花の咲く風情であるといえよう。

唐《から》事《ごと》

これは、およそ各別の事なれば、定めて稽古すべき形木《かたぎ》もなし。たゞ、肝要、出立《いでたち》なるべし。又、面《おもて》をも、同じ人と申《まう》しながら、模様の変りたらんを着て、一体《てい》異様したるやうに、風体《ふうてい》を持つべし。功入りたる為手《して》に似合ふ物なり。たゞ、出立《いでたち》を唐様《からよう》にするならでは手立《てだて》なし。なにとしても、音曲もはたらきも、唐様《からよう》といふ事は、まことに似《に》せたりとも、面白くもあるまじき風体なれば、たゞ一模様《ひともよう》心得《え》んまでなり。

この、異様したると申《まう》す事など、かりそめながら、諸事にわたる公案なり。なに事か異様《いよう》してよかるべきなれども、およそ唐様《からよう》をばなにとか似すべきなれば、常に振舞に風体変れば、なにとなく唐《から》びたるやうによそ目に見なせば、やがてそれになるなり。

大かた、物まねの条々、以上。この外《ほか》、細《こま》かなる事、紙筆に載《の》せがたし。さりながら、およそ此の条々をよくよく極めたらん人は、をのづから細《こま》かなる事をも心得《ふ》べし。

〔訳〕

この唐事《からごと》(唐の人を主人公とする能)の演技は、全く特殊のものなので、稽古するにも規準となる手本もない。ただ、大切なのは扮装《いでたち》であろう。また面《おもて》も、唐人も同じく人間であるが、趣の変わった面を着け、異国風に姿を保つべきである。年功を積んだ役者に似合う芸である。ただ扮装を唐風にするよりほかに手がない。なんとしても、音曲も仕ぐさも、唐風ということは、本当らしく見せたところで、面白くはないのだから、ただ一点《ひとつ》珍しい装束で、おもしろさを出すような心がけをすることである。

この変わった様子をするということは、ちょっとしたことではあるが、万事に適用してよい工夫《くふう》である。なにごとにおいても異様な様子をしてよいわけはないが、なんとしても唐風に似せたいのだから、普通《いつも》とちがった振舞や姿をしていれば、なんとなく唐風らしく外観がみえ、それがやがて唐風ということになるのである。

あらまし、物まねの条々は、以上のごとくである。詳《くわ》しい事は、文章では表現しがたい。そうはいうものの、すべてこれらの条々をよくよく研究した人であれば、自然《おのず》ともっと詳細な事についても心得えることができるであろう。

第三　問答条々

問ふ。そもそも、申楽《さるがく》を始むるに、当日《たうにち》に臨んで、先づ座敷を見て、吉凶をかねて知る事は、いかなる事ぞや。

答ふ。この事、一大事なり。その道に得たらん人ならでは心得《う》べからず。先づ、その日の庭を見るに、今日《けふ》は能よく出《い》で来《く》べき、悪《あ》しく出《い》で来《く》べき、瑞相《ずいさう》あるべし。これ、申しがたし。しかれども、およその料簡《れうけん》を以《も》て見るに、神事《じんじ》、貴人《きにん》の御前《ごぜん》などの申楽に、人群集《くんじゅ》して、座敷いまだ静《しづ》まらず。さる程に、いかにもいかにも静めて、見物衆《しゅ》、申楽を待《まち》かねて、数万人《すまんにん》の心一同に、遅《おそ》しと楽屋《がくや》を見る所に、時を得て出《い》でて、一声《いっせい》をも上ぐれば、やがて座敷も時の調子に移りて、万人《ばんにん》の心、為手《して》の振舞に和合して、しみじみとなれば、なにとするも、その日の申楽ははや良《よ》し。

さりながら、申楽は、貴人の御出《おんい》でを本《ほん》とすれば、もし早く御出《おんい》である時は、やがて始めずしては叶《かな》はず。さる程に、見物衆の座敷いまだ定《さだ》まらず、或いは後《おく》れ馳《ば》せなどにて、人の立居《ゐ》しどころにして、万人《ばんにん》の心、いまだ能にならず。されば、左右《さう》なくしみじみとなる事なし。さやうならむ時の脇《わき》の能には、物になりて出《い》づるとも、日頃より色々と振《ふ》りをもつくろひ、声をも強々《つよづよ》とつかひ、足踏《あしぶみ》をも少しく高く踏み、立ち振舞ふ風情《ふぜい》をも、人の目に立つやうに生き生きとすべし。これ、座敷を静《しづ》めんためなり。さやうならんに付《つけ》ても、ことさら、その貴人の御《み》心に合ひたらん風体《てい》をすべし。されば、かやうなる時の脇《わき》の能、十分によからん事、返々《かへすがへす》あるまじきなり。しかれども、貴人の御意《ぎょい》にかなへるまでなれば、これ、肝要《かんよう》なり。

なにとしても、座敷のはや静まりて、おのづからしみたるには、悪《わろ》き事なし。されば、座敷の競ひ後《をく》れを勘《かんが》へて見る事、その道に長《ちゃう》ぜざらん人は、左右《さう》なく知るまじきなり。

又云はく、夜の申楽は、はたと変《かは》るなり。夜《よる》は、遅く始まれば、定《さだ》まりて湿《しめ》るなり。されば、昼二番目によき能の体《てい》を、夜の脇にすべし。脇の申楽湿り立ちぬれば、そのまゝ能は直《なを》らず。いかにもいかにも、よき能を利《とく》すべし。夜は、人音怱々《ひとおとそうそう》なれども、一声《いっせい》にてやがて静まるなり。然れば、昼の申楽は後《のち》がよく、夜の申楽は指寄《さしよ》りよし。指寄《さしよ》り湿《しめ》り立ちぬれば、直《なを》る時分、左右《さう》なく無し。

秘義《ひぎ》に云はく、そもそも、一切《さい》は、陰陽の和《くわ》する所の堺《さかひ》を、成就《じょうじゅ》とは知るべし。昼の気は陽気なり。されば、いかにも静めて能をせんと思ふ工《たく》みは、陰気なり。陽気の時分に陰気を生ずる事、陰陽和する心なり。これ、能のよく出《い》で来《く》る成就の始めなり。これ、面白しと見る心なり。夜は又陰なれば、いかにも浮き浮きと、やがてよき能をして、人の心花めくは、陽なり。これ夜《よる》の陰に陽気を和《くわ》する成就なり。されば、陽の気に陽とし、陰の気に陰とせば、和する所あるまじければ、成就もあるまじ。成就なくば、なにか面白《おもしろ》からん。又、昼の内にても、時によりて、なにとやらん、座敷も湿《しめ》りて寂《さび》しきやうならば、これ陰の時と心得て、沈まぬやうに心を入れてすべし。昼は、かやうに、時によりて陰気になることありとも、夜《よる》の気の陽に成らん事、左右《さう》なくあるまじきなり。座敷をかねて見るとは、これなるべし。

〔訳〕

問。いったい、能を演じようとする矢先《やさき》に、その日になって、まず会場の客席の様子を見て、能の出来《でき》の善《よ》し悪《あ》しを予知するというのは、どういうことでしょうか。

答。このことは、大変に大事なことである。これは演能に通じた人でなければわからない。

まず、その日の会場を見ることによって、今日の能は、よく出来そうだとか、うまくゆきそうもないという前兆《きざし》があるはずである。だが、このことは、口では申し上げにくい。けれども、おおよその考えを云ってみると、神事《じんじ》能や貴人の御前能などでは、人がむらがって客席が騒がしいものである。それで、なんとか客が静まるのを待ち、観客一同が演能を待ちかね、多くが一致して、今や遅しと楽屋《がくや》の方に注意を向ける際に、頃合《ころあ》いよく出て行き、第一声を声高らかに謡《うた》い出せば、やがて会場の雰囲気も、その場の曲の調子になって、多くの客の心が役者の演技に相い和して、しんみりとした雰囲気が生まれてくる。こうなればしめたもので、その後、どう演じても、その日の能は、もはや芽出度《めでた》し芽出度《めでた》しとなる。

そうは云うものの、申楽は、貴人の御臨席を規準に始めるものだから、もし早くお出になった時には、すぐ始めなければならない。そういう場合には、客席が未だ落ち着かず、あるいは遅れて入場する者などもあり、人びとが立ったり坐ったり、とり乱していて、みなの心がまだ能をみる気分になっていない。だから容易にしんみりと鑑賞する雰囲気にならない。そうした場合の最初の能には、何かに扮装して登場しても、いつもよりいろいろと身振りも大きめにして、謡《うたい》もしっかりとうたい、足の運びも少し音高く踏み、立ち振舞いの所作《しぐさ》も、客の目を引くように生き生きとしなければならない。これは、客を落ち着かせるための手段である。このような手だてを講じるにしても、一段と、貴人の御意に召すような風情をしなければならない。したがって、こんな時の初番能は、十分にうまくいくことは、どう考えてもありえないことである。けれども、要は貴人の御意に叶えばよいのだから、そのように心得て演じる配慮が大事なのである。

なにはともあれ、客席が、すでに静まって、自然にしんみりとなっている場合には、失敗はないものである。だから、客席が、能を待ち構えている気分になっているか、いないかを見て判断することは、能の道に通じた人でなければ、そう簡単に知るわけにはいかない。

さらに言えば、夜演ずる申楽は、昼のそれとは全く違っている。夜の能は、開演が遅いから、定《きま》って陰気になる。だから、昼の二番目に向く能を、夜の初番にするべきだ。初番の能が滅入《めい》ったものになると、そのまま立ち直《なお》れない。どんなことがあっても、適切な能をきびきびと演ずることが肝要である。夜は、客席がざわついていても、一声《ひとこえ》うたい出せば、やがて静まるものである。であるから、昼間の申楽は、初番より後の方がよく出来るし、夜の申楽は、最初がよい。

最初《はな》から滅入《めい》ったものになれば、立ち直る時分《しお》がそうあるものではない。

秘すべき教えに次のことがある。そもそも、全《すべ》て、陰と陽の気が和合する境地に能の成功があるのだと心得るべきである。つまり昼の気は陽気である。だからなんとしてもしっとりと演じようと工夫をこらす。そのことが陰の気となる。陽の気の時分に、陰の気を生じさせるというのは、陰陽を和合させる心である。これが、能の成功する始《はじ》まりであり、客が面白いと思うわけあいである。夜はまた、陰の気であるから、いかにも浮き浮きとした陽性のおもむきで演じて、客の心が花やぐようにするのが陽の気である。これが、夜の陰に陽の気を和合させてよい出来をもたらすゆえんである。だから、昼の陽の気に陽の演じ方をし、夜の陰気に陰の演じ方をしたならば、異《こと》なる要素が和合するということもないし、能の成功もあり得ない。陰陽の和合が達成しなくて、どうして面白いはずがあろうか。また、昼間でも、時によって、何となく、会場も滅入って寂しそうに感じるならば、これは陰の時だなと心得て、湿《しめ》っぽくならないように特に心をいれて演じなければならない。昼間は、このように、時としては陰気になることがあるけれども、夜の気が陽性になることは、そうはあるはずがない。会場の様子をあらかじめ見て吉凶を知るということは、このような筋合《すじあい》をいうのである。

問ふ。能に、序破急をばなにとか定《さだ》むべきや。

答ふ。これ、易《やす》き定めなり。一切《さい》の事《じ》に序破急あれば、申楽もこれ同じ。能の風情《ふぜい》を以《も》て定むべし。

先づ、脇《わき》の申楽には、いかにも本説《ぜつ》正しき事の、しとやかなるが、さのみに細《こま》かになく、音曲・はたらきも大かたの風体にて、するすると、安くすべし。第一、祝言なるべし。いかによき脇《わき》の申楽なりとも、祝言欠《か》けてはかなふべからず。たとひ能は少《すこ》し次《つぎ》なりとも、祝言ならば苦《くる》しかるまじ。これ、序なるがゆへなり。二番、三番になりては、得《え》たる風体の、よき能をすべし。ことさら、挙句《あげく》急なれば、揉《も》み寄せて、手数《てかず》を入れてすべし。

又、後日《ごにち》の脇の申楽には、昨日《きのふ》の脇に変れる風体をすべし。泣き申楽をば、後日などの中ほどに、よき時分を勘《かんが》へてすべし。

〔訳〕

問。能を演ずる際、序・破・急をどのように当てはめたらよろしいでしょうか。

答。これは、かんたんなきまりである。すべての遊芸に序破急があるが、能楽も同じである。能楽の所作を当てはめてみるべきである。

まず、初番能においては、まことに権威ある古典や有名な説話などに基づいている曲で、上品でしとやかだが、それほど手のこんだものでなく、音曲・所作も一般的な風情《ふぜい》で、するすると平易に演ずべきである。第一条件は、めでたい内容でなければならない。どのように立派な初番能であっても、めでたさが欠けては不適当である。たとえ、能は少し劣っていても、めでたい曲でありさえすれば、初番能としては結構であろう。これは、その日の演能として序に当たるからである。二番目、三番目の出しものになったら得意な役柄や、曲の良い能を演ずべきである。特に、最後の曲は、急の段になるから、畳《たた》みかけて技巧を集中させて演ずべきである。

また、翌日からの初番能は、前日の初番能とは変わった曲がらを演ずべきである。客の涙を誘う人情ものの能を翌日の中ほどに、よい時機を塩梅《あんばい》して演ずるようにするべきである。


問ふ。申楽の勝負の立合《たちあひ》の手立《てだて》はいかに。

答ふ。これ、肝要なり。先づ、能数《かず》を持ちて、敵人《てきじん》の能に変りたる風体《てい》を、違《ちが》へてすべし。序に云ふ「歌道を少《すこ》したしなめ」とは、これなり。この芸能の作者別なれば、いかなる上手《ず》も心のまゝならず。自作なれば、言葉・振舞、案の内なり、されば、能をせん程の者の、和才あらば、申楽を作らん事、易《やす》かるべし。これ、この道の命《いのち》なり。

されば、いかなる上手も、能を持たざらん為手《して》は、一騎当千の強物《つわもの》なりとも、軍陣にて兵具《ひやうぐ》のなからん、これ同じ。されば、手柄《てがら》のせいれひ、立合《たちあひ》に見ゆべし、敵方《てきはう》色めきたる能をすれば、静かに、模様《もよう》変りて、詰《つ》め所のある能をすべし。かやうに、敵人《てき》の申楽に変へてすれば、いかに敵方《はう》の申楽よけれども、さのみには負《ま》くる事なし。もし能よく出で来れば、勝つ事は治定《ちぢやう》あるべし。

然れば、申楽の当座においても、能に上中下の差別《しやべつ》あるべし、本説《ぜつ》正しく、めづらしきが、幽玄にて、面白き所あらんを、よき能とは申すべし。よき能を、よくしたらんが、しかも出で来たらんを、第一とすべし。能はそれ程になけれども、本説《ぜつ》のまゝに、咎《とが》もなく、よくしたらんが、出《い》で来たらむを、第二とすべし。能はゑせ能なれども、本説《ぜつ》の悪き所を中々《なかなか》便《たよ》りにして、骨を折りて、よくしたるを、第三とすべし。

〔訳〕

問。他座と競演して芸の優劣を競う立合勝負で、勝つための手立《てだて》はどのようにしたらよろしいでしょうか。

答。これは重要なことである。まず自作の能の数を多く持っていて、相手の能とは異なった行きかたの能を演ずるように心すべきである。（この『風姿花伝』序に）「歌道を少したしなみなさい」といったのは、このためである。申楽の作者が演者と別人であっては、どんな上手でも、作者の思い通りに能を演ずることはできない。ところが、自作であれば、言葉・所作も思いのままである。だから、能を演じようとする者が、和歌、和文の教養があるなら能を作ることなど容易であろう。能が作れるということは、この芸道の生命ともいうべきものである。

したがって、どのように上手な役者《シテ》でも、自作の能を持たない役者《シテ》は、一騎当千の勇士でも、戦場に臨んで武具を持たないのと、同じようなものである。よって、力量《うでまえ》の優劣は、立合《たちあい》の時に現れるであろう。相手がたが花やかな能を演じたならば、こちらは静かに模様を変えて観せどころのある山場《やまば》の能を演ずべきである。このように、相手がたの能と趣を変えて演ずれば、いかに相手がたの能がよくても、さして負けることはない。もしこちらの能がよく出来れば、勝つに決まっている。

ところで、演能の舞台においても、能に上、中、下の区別は当然ある。典拠が正しく、目新しいものが、また幽玄で、おもむきのあるのが、良い能と申すべきである。このようなよい能を、よく演じて、しかも成功した場合を第一位とすべきである。能はそれほど上出来ではなくても、典拠のままに無難によく演じおおせたなら、第二位とすべきである。能は似て非なる能であっても、典拠のつまらなさを、かえって生かし、苦心してよく演じ生かしたのを第三位とすべきである。

問ふ。これに大《おほ》きなる不審あり。はや功入りたる為手《して》の、しかも名人なるに、只今の若き為手の、立合《たちあひ》に勝つ事なり。

答ふ。これこそ、先に申しつる三十以前の時分の花なれ。古き為手《して》ははや花失《う》せて古様《こやう》なる時分に、めづらしき花にて勝つ事あり。真実《しんじち》の目利《きゝ》は見分くべし。さあらば、目利《きゝ》・目利《きき》かずの、批判の勝負になるべきか。

さりながら、様《やう》あり。五十以来まで花の失《う》せざらん程の為手《して》には、いかなる若き花なりとも、勝つ事はあるまじ。たゞこれ、よき程の上手の、花の失《う》せたるゆへに、負《ま》くる事あり。いかなる名木なりとも、花の咲かぬ時の木をや見ん。犬桜の一重《ひとへ》なりとも、初《はつ》花の色々と咲けるをや見ん。かやうの譬《たと》へを思ふ時は、一旦の花なりとも、立合《たちあひ》に勝つは理《ことはり》なり。

されば、肝要、この道はたゞ花が能の命《いのち》なるを、花の失《う》するをも知らず、もとの名望《めいばう》ばかりを頼《たの》まん事、古《ふる》き為手《して》の、返々《かへすがへす》、過《あやま》りなり。物数《かず》をば似せたりとも、花のある様《やう》を知らざらんは、花咲かぬ時の草木を集めて見んがごとし。万木千草に於《お》いて、花の色もみな異《こと》なれども、面白しと見る心は、同じ花なり。物数《かず》は少なくとも、一方の花を取り極《きは》めたらん為手は、一体《てい》の名望は久しかるべし。されば、主《ぬし》の心には随分花ありと思へども、人の目に見ゆるゝ公案なからんは、田舎《でんしや》の花、藪梅《やぶうめ》などの、いたづらに咲き匂《にほ》はんがごとし。

又、同じ上手なりとも、その内にて重々《ぢゅうぢゅう》あるべし。たとひ随分極《きは》めたる上手・名人なりとも、この花の公案なからん為手《して》は、上手にては通るとも、花は後まではあるまじきなり。公案を極めたらん上手は、たとへ能は下《さが》るとも、花は残るべし。花だに残らば、面白き所は一期《いちご》あるべし。されば、まことの花の残りたる為手《して》には、いかなる若き為手なりとも、勝つ事はあるまじきなり。

〔訳〕

問。ここに大いに不審に思うことがあります。もはや修行を積んだ役者《シテ》で、しかも名人なのに、かけ出しの若い役者《シテ》が、競演で立ちまさり評判をとることがあるということです。

答。これこそ、前に述べた三十歳以前の時分の花にほかならない。年輩の役者は、早くも観客を引きつける美しさも失《う》せ、古くさく感じられる頃、めずらしさという花で若い役者が勝つことがある。だが本当に目の利《き》く観客は見分けるであろう。よって、目が利《き》くか、利《き》かないか、観客の見方の優劣を判定する機会ともなるであろう。

しかしながら、留意すべきことがある。五十すぎまで芸の花の失せないほどの役者《シテ》には、どんなに若さの花をもつ役者《シテ》でも勝つということはあるまい。ただ、かなり上手だといえる程度の役者《シテ》が、年をとり美しさが消えたために負けることがある。どんな名木でも、花の咲いていないときの木をみるであろうか。犬桜《いぬざくら》(桜に類するが桜らしくないので、この名がある。山地に自生)の一重《ひとえ》の花であろうと、咲き初《そ》めた花がいろいろに咲いている方を賞《め》づるであろう。このような譬《たと》えを考えてみれば、たとえ一時的な若い役者《シテ》であろうと、競演に勝ちぬくことがあるのは、道理である。

であるから、肝要なことは、能の芸道では、ただ花《うつくしさ》が能の命であるのに、その花が失せていることにも気づかずに、以前の名声ばかりを頼りにしていることは、古参役者の本当に残念なことである。たとえ物まねは巧みに演じこなしても、花がどんなもので、どう咲かすべきかを知らないでいる役者の能は、花の咲かない時節の草木を集めて見るようなものである。数限りもない草木の花の色はそれぞれ違うけれども、おもむきがあると感じるのは、どれも咲いている花があるからである。たとえ演じる能の数は少なくても、ある方面の花を究めつくした役者《シテ》ならば、究め得た一方面についての名声は久しく続くであろう。だから、自分では、随分花があると思っていても客の目にどう映るかという工夫が足りないならば、山里に咲いた花、藪かげに咲く梅などが、賞《め》ずる人もなくただ咲き匂っているようなものである。

また、同じ上手といっても、その中には色々の役者と段階があるものだ。たとえ芸においては随分と極めつくした上手、名人であっても、内に秘めた芸能を外に開花させる工夫のない役者は、たとえ上手として評価は得ても、その花が後までも保たれることはありえない。この工夫を極めることができた名人ならば、たとえ年をとって能の技倆は落ちても、花は後にまで残るであろう。花さえ残るならば、芸の魅力は、生涯あるに違いない。だから、真《まこと》の花が残っている役者《シテ》には、いかに若さに充ちた役者《シテ》でも、勝つことはあるまい。

問ふ。能に、得手《えて》得手とて、ことの外《ほか》に劣《をと》りたる為手《して》も、一向《ひとむ》き上手に勝《まさ》りたる所あり。これを上手のせぬは、かなはぬやらん、又すまじき事にてせぬやらん。

答ふ。一切の事に、得手得手とて、生得《しやうとく》得《え》たる所あるものなり。位《くらゐ》は勝《まさ》りたれども、これはかなはぬ事なり。さりながら、これもたゞ、よき程の上手の事にての料簡《れうけん》なり。まことに能と工夫との極《きは》まりたらん上手は、などかいづれの向《む》きをもせざらん。されば、能と工夫《くふう》とを極めたる為手《して》、万人が中にも一人もなきゆへなり。なきとは、工夫はなくて、慢心あるゆへなり。

そもそも、上手にも悪《わろ》き所あり、下手《へた》にもよき所かならずあるものなり。これを見る人もなし。主《ぬし》も知らず。上手は、名を頼《たの》み、達者に隠《かく》されて、悪《わろ》き所を知らず。下手《へた》は、もとより工夫なければ、悪《わろ》き所をも知らねば、よき所のたまたまあるをもわきまへず。されば、上手も下手《へた》も、たがひに人に尋《たづ》ぬべし。さりながら、能と工夫を極めたらんは、これを知るべし。

いかなるをかしき為手なりとも、よき所ありと見ば、上手もこれを学ぶべし。これ、第一の手だてなり。

もし、よき所を見たりとも、我より下手《へた》をば似《に》すまじきと思ふ情識あらば、その心に繫縛《けばく》せられて、我が悪《わろ》き所をも、いかさま知るまじきなり。これすなはち、極《きは》めぬ心なるべし。又、下手《へた》も、上手の悪《わろ》き所もし見えば、「上手だにも悪き所あり。いはんや初心の我《われ》なれば、さこそ悪《わろ》き所多かるらめ」と思ひて、これを恐れて、人にも尋ね、工夫をいたさば、いよいよ稽古になりて、能は早く上《あが》るべし。もし、さはなくて、「我はあれ体《てい》に悪き所をばすまじき物を」と慢心《まんしん》あらば、我《わが》よき所をも、真実《しんじち》知らぬ為手《して》なるべし。吉所《よきところ》を知らねば、悪《わろ》き所をも良《よ》しと思ふなり。さる程に、年は行けども、能は上《あが》らぬなり。是れすなはち、下手の心なり。

されば、上手にだにも、上慢《じょうまん》あらば能は下《さが》るべし。いはんやかなはぬ上慢をや。能々《よくよく》公案して思へ。「上手は下手《へた》の手本、下手《へた》は上手の手本なり」と工夫すべし。下手のよき所を取りて、上手の物数《ものかず》に入るゝ事、無上至極《しごく》の理《ことわり》なり。人の悪《わろ》き所を見るだにも、わが手本なり。いはんやよき所をや。「稽古は強かれ、情識はなかれ」とは、これなるべし。

〔訳〕

問。能には、各自の得意芸といって、ことのほか芸のない役者でも、ある一方面だけは、上手と云われている者よりも勝《すぐ》れている点があります。これを上手な役者が自分の芸としてとり入れないのは、それができないからなのでしょうか。それとも、してはいけないことなのでしょうか。

答。能に限らず、万事にあたり、それぞれ得意というものがあって、生まれつき身についているという点もある。芸位からいえば上の役者でも、そこだけは下手《へた》の役者に及ばぬことがある、しかしこれもただ、真の上手ではなく、まずまずの程度の上手である場合に考えられることである。本当に能の技術的な鍛錬と心の工夫とを極めつくした上手ならば、どんな方面の芸でも出来ないはずがあろうか。そうした観点からすれば、下手の得手《えて》に上手が及ばないのは、能の工夫を極めつくした役者《シテ》が万人の中に一人もいないからである。なぜいないのかと云えば、芸の工夫に意を尽くさないで、自分の芸に慢心するからである。

いったいに、上手の者にも欠点はあるし、下手の者にも長所はかならずあるものである。ところが、これを見ぬく人がいないし、御当人も気がつかない。上手の者は、名声を過信し、技倆が達者なことをよいことにして、自分の欠点に気がつかない。また下手《へた》な者は、もともと研究工夫などしないから、欠点も自覚しなければ、自分にたまたまよい所があったとしても、無自覚となる。だから、上手も下手も、互いに他人に尋ねなければならない。しかし、能芸と芸理を極めつくした役者ならば、この理《ことわり》を知っているはずである。

どんなにおかしな役者であっても、よい所が見うけられたら、上手な役者もこれを見習うべきである。これが、上達のための一番よい方法である。もし良い所を発見しても、自分より下手な者の芸なんか手本にしたくないと思う頑固《かたくな》な慢心があれば、その心にとらわれて、自分の欠点をも恐らくは気づかないであろう。こういう点が、つまり能と工夫とを極めぬ心というものなのである。また、下手な者も、上手な者の欠点に気がついたならば、「上手な者ですら欠点はあるものだ。ましてや初心の自分などには、さぞかし欠点が多くあろう」と思い、自覚できない欠点を恐れて、他人にも尋ね、自分でも工夫をこらしたならば、一層の稽古となって、能も速《すみや》かに上達するであろう。もし、そうしないで、「自分だったらあんな風に悪い演じ方はしないのに」と慢心を起こすならば、自分の長所をも、実は分《わか》っていない役者だというべきである。良い所を自覚しなければ、欠点をも良しとしてしまうことになる。そうしているうちに、年はすぎてゆくけれども、能は上達しない。これがいうところの下手な役者の根性《こんじょう》なのである。

それゆえに、上手でさえも、慢心があれば、能は下《くだ》ることになる。ましてや下手な役者の分不相応な慢心の弊害はなおさらのことである。この点をよくよく工夫し反省すべきである。「上手は下手の手本、下手は上手の手本である」と考えて、工夫すべきである。下手の長所を学んで、上手の上演種目に加えることは、まことにこの上なく道理にかなっている。他人の欠点を見るのでさえも、我が手本と相成る次第。ましてやよい点を見ることが勉強になることは言うまでもない。「稽古はしっかり、慢心に基づく頑固はなかれ」という戒めは、この点をいうのである。

問ふ。能に位《くらゐ》の差別《しやべつ》を知る事は、如何《いかん》。

答ふ。これ、目利《きゝ》の眼《まなこ》には、易《やす》く見ゆるなり。凡《およそ》、位の上《あが》るとは、能の重々《ちゆうぢゆう》の事なれども、ふしぎに、十ばかりの能者にも、この位おのれと上《あが》れる風体《ふうてい》あり。但《たゞし》、稽古なからんは、おのれと位ありともいたづら事なり。まづ、稽古の功入りて位のあらんは、常の事なり。又、生得《しやうとく》の位とは、長《たけ》なり。嵩《かさ》と申すは別の物なり。多く、人、長《たけ》と嵩《かさ》とを同じやうに思ふなり。嵩と申すは、ものものしく、勢《いきを》ひのある形《かたち》なり、又いはく、嵩は一さいにわたる義なり。位《くらゐ》・長《たけ》は別の物なり。たとへば、生得《しやうとく》幽玄なる所あり。これ、位なり。しかれども、さらに幽玄にはなき為手《して》の、長《たけ》のあるもあり。これは幽玄ならぬ長《たけ》なり。

又、初心の人思ふべし。稽古に位を心がけんは、返々《かへすがへす》かなふまじ。位はいよいよかなはで、あまつさへ、稽古しつる分《ぶん》も下《さが》るべし。所詮《しよせん》、位・長《たけ》とは生得《しやうとく》の事にて、得《え》ずしては大かたかなふまじ。又、稽古の功入りて、垢《あか》落ちぬれば、この位、おのれと出《い》で来《く》る事あり。稽古とは、音曲・舞・はたらき・物まね、かやうの品々《しなじな》を極《きは》むる形木《かた》なり。よくよく公案して思ふに、幽玄の位は生得の物か。たけたる位は功入りたる所か。心中に案を廻《めぐ》らすべし。

〔訳〕

問。能の芸位(役者の芸の格調)の別を見分ける方法はございましょうか。

答。これは、眼識のある人には、容易に分かることである。すべて、芸の位が上がるとは、能の稽古を積み重ねてだんだんと昇ってゆくことであるが、ふしぎなことに、十歳ぐらいの才能のある者にも、位が自然に高い段階まで上がっている芸風がある。ただし、稽古をおろそかにしては、たとえ生まれつきの位があっても、役に立たない。まず、稽古に年季《ねんき》を入れて、その結果、位がそなわってくるというのが、普通である。また生まれつき身についている位とは、品格のことである。嵩《かさ》というものは、別のものである。多くの人は、長《たけ》と嵩《かさ》とを混同しているように思われる。嵩というのは、堂々として勢いのある姿であり、また別の見方からすれば、嵩とは、芸のすべてにかかわる意味あいがある。

位や長は嵩とは別物である。たとえば、生まれつき幽玄なところを備えているというのは位のことである。けれども一向に奥ゆかしさの感じられない役者でも、風格のある者もいる。これは、幽玄ではない風格というものである。また、初心の人に考えておいてほしいことがある。それは生得《しやうとく》のものである品格をめざして稽古をするのは、くれぐれも叶わぬものを手に入れようとするようなものであるということである。稽古をするほどに位は遠ざかり、そのうえ、過去に稽古した分も、逆に下がってしまうであろう。つまるところ、品格とか風格とかは、生まれつき身にそなわっているもので、身にそなわらなくては、大かたは獲得不可能であろう。また、一生懸命稽古をして欠点が除《のぞ》かれ、洗練されてくれば、この品位が、自然とあらわれてくることがある。稽古とは、音曲・舞・所作《しょさ》・物まね、こうした基本のわざのあれこれを完全にものにする規範である。よくよく思案してみて思うのだが、幽玄な品格というものは天性のものであろうか。それとも風格の高い品というものは、年功を積んだ稽古の結果あらわれるものであろうか。各自の心の中で思案をめぐらしてみるべきことである。

問ふ。文字に当たる風情《ふぜひ》とは、何事ぞや。

答ふ。これ、細《こま》かなる稽古なり。能にもろもろのはたらきとは、これなり。体拝《たいはい》・身づかひと申すも、これなり。

たとへば、言《い》ひ事の文字にまかせて心をやるべし。「見る」といふ事には物を見、「指《さ》す」「引く」など云《いふ》には手を指《さ》し引き、「聞く」「音《をと》する」などには耳を寄せ、あらゆる事にまかせて身をつかへば、をのづからはたらきになるなり。第一、身をつかふ事、第二、手をつかふ事、第三、足をつかふ事なり。節《ふし》とかゝりによりて、身の振舞を料簡《れうけん》すべし。これは筆に見えがたし。その時に至りて、見るまゝ習ふべし。

この文字に当たる事を稽古し極めぬれば、音曲・はたらき、一心になるべし。所詮《しょせん》、音曲・はたらき一心と申す事、これ又得《え》たる所なり。堪能《かんのう》と申さんも、これなるべし。秘事なり。音曲とはたらきとは、二《ふた》つの心なるを、一心になる程達者《たっしゃ》に極めたらんは、無上第一の上手なるべし。これ、まことに強き能なるべし。

又、強き・弱き事、多く、人、紛《まぎ》らかす物なり。能の品《しな》のなきをば強きと心得、弱きをば幽玄なると批判する事、おかしき事なり。なにと見るも見弱りのせぬ為手《して》あるべし。これ、強きなり。なにと見るも花やかなる為手《して》、これ、幽玄なり。されば、この文字に当たる道理をし極めたらんは、音曲・はたらき一心になり、強き、幽玄の境《さかい》、いづれもいずれも、をのづから極めたる為手《して》なるべし。

〔訳〕

問。謡の文句に即した所作《しぐさ》とは、どういうことでございましょうか。

答。これは、細部にわたる稽古のことである。能におけるさまざまのはたらきとは、このことをいう。おじぎのかたち、身のこなしというのもこのことである。

たとえば、謡《うた》う文句の言葉通りに、所作《しぐさ》をするよう心がけるべきである。「見る」という文句があれば、ものを見、「指《さ》す」「引く」などという文句には、手を指し出したり、ひっこめたりし、「聞く」「音する」などの文句には、耳を傾けるなど、あらゆることにわたって身体を使うと、自然に所作《しょさ》になる。第一に、身を動かすこと、第二に、手を使うこと、第三に、足を使うことである。音曲の節《ふし》と、情趣《おもむき》によって、身のこなしに気を配らねばならないこのことは、文字に書き表すことは出来ない。実際に稽古をするときに、師の演じる通りに練習するのがよろしい。

この謡の文句に表現されている意味や心持ちを、稽古し、よくよく理解できれば、謡としぐさとがぴったりとするであろう。つまるところ、謡としぐさがぴったりするというのは、これまた能の奥義を会得《えとく》した境地であって、堪能《かんのう》といわれるのも、これをさすのである。大事な極意《ごくい》である。音曲と所作《しょさ》とは、本来は別々の心づかいのものであるが、それを一つに融合させるほど見事に極めつくした役者は、この上ない第一級の達人といってよい。このような人こそ、まことにしっかりとしたゆるぎない能役者といえよう。
また、強い、弱いという用語は、多くの他《ひと》を誤解させがちのものである。能が荒っぽくて品位のないのを強いと心得たり、弱々しい能を幽玄な能などと批評したりするのは、おかしなことである。何度見ても良い印象が薄《うす》れない役者《シテ》がいるが、こういう役者こそが強いといえるのである。どれほど見ても華麗に見える役者《シテ》、それが幽玄な役者といえるのである。だから、この文字にかかわる道理を体得した人ならば、音曲としぐさが一如《にょ》の境地になり、強い境地も、幽玄の境地も、なにもかも自然に極めつくした役者だといえよう。

問。常の批判にも、「しほれたる」と申す事あり。いかやうなる所ぞや。

答。これは、ことに記すに及ばず。その風情《ふぜい》あらわれまじ。さりながら、まさしく、しほれたる風体《ふうてい》はある物なり。これも、たゞ花によりての風情なり。よくよく案じて見るに、稽古にも振舞にも及びがたし。花を極めたらば知るべきか。されば、あまねく物まねごとになしとも、一方《ひとむき》の花を極めたらん人は、しほれたる所をも知る事あるべし。

然れば、この「しほれたる」と申すこと、花よりもなを上の事にも申しつべし。花なくては、しほれ所《どころ》無益《むやく》なり。それは、「湿《しめ》りたる」になるべし。花のしほれたらんこそ面白けれ。花咲かぬ草木のしほれたらんは、なにか面白かるべき。されば、花を極めん事、一大事なるに、その上とも申すべき事なれば、しほれたる風《ふう》体《てい》、かへすがへす大事なり。さるほどに、譬《たと》へにも申しがたし。

古歌に云はく、

又云はく、
薄霧《うすぎり》の籬《まがき》の花の朝じめり秋は夕と誰か言ひけん
色見えで移ろふものは世の中の人の心の花にぞありける
かやうなる風体にてやあるべき。心中にあてゝ公案すべし。

〔訳〕

問。つね日頃、耳にする批評の言葉に、「しほれたような」と聞くことがございますが、どのようなことを申しているのでございましょうか。

答。このことは、文字に書き現すのはむずかしい。たとえ書いたとしても、その風情を伝えるのはむずかしい。そうは云うものの、まさしく、しおれた風情というものは存在する。これも、芸の花があればこその趣なのである。よくよく考えてみるに、このような美しさは、稽古してみても、しぐさで示そうとしても、及びがたいことである。花を極めつくしたならば自得できることであろうか。それだから、あらゆる物まねについて花を極めていなくても、一方面での花を極めつくした人ならば、しおれた美しさをも知ることがあろう。

したがって、「しほれている」というのは、花よりもなおその上の境地であるというべきであろう。もともと花がなくては、しおれたという意味がない。それは「しおれ」でなくて「湿《しめ》っている」ということになるであろう。美しい花が、しおれている風情《ふぜい》こそ趣があるのであって、花の咲かない草木が、しおれた姿のどこに趣があろうか。だから花を極めることが、重大事であるのに、その一つ上ともいうべきことであるから、しおれた趣は、どう考えても重大事である。それゆえに、譬えによっても説明しがたいことである。

つぎのような古歌がある（『新古今集』秋上、藤原清輔）。

薄い朝霧の中に、まがきの花が、しっとりと咲いている。だのに秋の風情は夕方に限るなどと、一体どなたが言い初めたのであろうか。（朝の風情もこのように捨てがたいものなのに）。

またこのような歌もある（『古今集』恋五、小野小町）。

花が、いつのまにか、散るともなしに散ってしまうように、心変わりしてゆくのが世の人の心というもの。（あなたのお心もそのように、私から他の女《ひと》に移っていってしまったようですね）。

このような古歌にみえる情趣にちかいのではあるまいか。各自の心に照らして工夫参究すべきである。

問ふ。能に花を知る事、この条々を見るに、無上第一なり。肝要なり。又は不審なり(1)。これ、いかにとして心得《え》べきや。

答ふ。この道の奥義を極むる所なるべし。一大事とも秘事とも、たゞこの一道なり。

先づ、大かた、稽古・物学《まね》の条々にくはしく見えたり。時分の花、声の花、幽玄の花、かやうの条々は、人の目にも見えたれども、その態《わざ》より出で来《く》る花なれば、咲く花のごとくなれば、又やがて散る時分あり。されば、久しからねば、天下に名望少なし。たゞ、まことの花は、咲く道理も、心のまゝなるべし。されば久しかるべし。この理《ことはり》を知らむ事、いかゞすべき。もし、別紙の口伝《くでん》にあるべきか。

たゞ、わづらはしくは心得まじきなり。先づ、七歳よりこのかた、年来稽古の条々、物まねの品々《しなじな》を、能々《よく》心中にあてゝ分ち覚《おぼ》えて、能を尽くし、工夫を極めて後、この花の失《う》せぬ所をば知るべし。この物数《かず》を極むる心、即《すなは》ち、花の種なるべし。されば、花を知らんと思はゞ、先づ、種を知るべし。花は心、種は態《わざ》なるべし。

古人云はく、(2)

心地《しんちに》含㆓諸種㆒《もろもろのたねをふくみ》　普《あまねき》雨《あめに》悉皆萠《ことごとくみなきざす》

頓悟花情已《とみにはなのこころをさとりおはれば》　菩提《ぼだいの》果《くわ》自《おのづから》成《なる》

凡《およ》そ、家を守り、芸を重んずるによて、亡父の申し置きし事どもを、心底《しんてい》にさしはさみて、大概を録する所、世の謗《そし》りを忘れて、道の廃《すた》れん事を思ふによりて、全《まつた》く、他人の才覚に及ぼさんとにはあらず。たゞ子孫の庭訓《ていきん》を残すのみなり。

風姿花伝条々　以上。

于時応永七年庚辰卯月十三日

従五位下左衛門大夫《だゆふ》　秦元清書

〔訳〕

問。『風姿花伝』の第一から第三までの条々を考察いたしますと、能においては、花を知ることが、何れもこの上なしの第一義諦《たい》(言葉では表せない窮極の真理)であり、肝心《かんじん》要《かなめ》なことであり、あるいはまた毎朝とりかわす〝お早ようございます〟の挨拶にも似て、欠くことの出来ないものであると存じます。では、この大事をどのようにして身につけたらよろしいのでしょうか。

答。この点こそ、能の道の奥義を極めることがらである。一大事とか、秘事とかいうのも、ただこの花を知るという一点に帰する。

まず、大体のことについては、「年来稽古」篇や「ものまね」篇に詳《くわ》しく述べてある。時分の花、声の花、幽玄の花、このような美しい花の数々は、人の目にも映るけれども、若さや声や姿などその姿かたちから出てくる花であるから、春がくれば咲き、やがて散ってゆく時分がある。つまり、いつまでも咲いている花でなければ天下に名人の評判を立てられることはすくない。ただ、まことの花ともなれば咲かせる方法も思いのままであろう。だからこそ芸の花を久しく保つことができるのである。まことの花の道理を知る方法は、いかがしたものか。ことによると、別紙の口伝(第七別紙口伝)で説くことになろうか。

ただ面倒なものだと思いこんではいけない。まず、七歳で稽古を始めてから後、だんだんと稽古してゆかねばならない条々《ひとつひとつ》や演技《ものまね》のいろいろを、よくよく心に受けとめて覚《おぼ》え分け、能の稽古を一所懸命にし、あれこれと工夫に工夫を重ねてから、この失せることのないまことの花の道理を知るべきである。この物まねや態《わざ》の数々を完全に学び極める心が、花の種となるのである。だから、花の真実を体得しようと思うならば、まず種とは何かということをさとるべきである。花は人の心次第によって咲き、その種となるものは演技によるというべきである。古人が次のようにいっている。

一《ひと》かけらの心の土壌に、仏性《ぶっしょう》というもろもろの種が含まれている。そこへ、別《わけ》へだてなく、あまねく潤《うるお》す仏の慈雨が降れば、心地の仏性は有情、無情を問わずことごとく萌えいでてくる。こうした慈雨に接して咲いた花の実体がなんであったかを悟ることができれば、花の実ともいうべき相対を絶した絶対の菩提《さとり》を求めなくとも自然と向こうからこちらにやってくるものである。

すべて以上は、家を守り、芸を重んずる故に亡父(観阿弥清次)の遺訓を心の底に銘記して、その大要を書き留めたのであり、今の能役者が、世間の非難も忘れて芸道を怠《おこた》り、このままでは道が絶えてしまうことを恐れたからである。他人の才能や学識にまでちょっかいしようなどという気持ちは毛頭もない。ただ子孫への家訓として残しておきたいだけである。

風姿花伝条々　以上。

于時《ときに》応永七年(一四〇〇)庚辰《かのえたつ》卯(四)月十三日

従五位下左衛門大夫《だいふ》　秦《はた》元清　書

(1)「不審」という禅門の挨拶語が、八百年の伝統を受け嗣いでいる越前の曹洞宗大本山永平寺の承陽殿(道元禅師の霊廟)に生きている。ここに随侍している僧は、夜、霊廟の幕を閉《と》ざす時に「珍重《ちんちょう》」と唱え、朝、幕を掲《かか》げる時には「不審《ふしん》」と唱えてお茶を供える。つまり「夜間珍重《おやすみなさい》、早晨不審《おはようございます》」は、挨拶語として伝唱されている。さらに茶道の表千家の「不審庵」、裏千家の「今日庵」にこの語の名残りをとどめている。だが、この語は、『広辞苑』にも見えない。なお東洋史学の貝塚茂樹博士(元京都大学人文研教授)が永平寺へ参籠した時に、道元禅師が現に在《いま》すかのように早晨の儀礼としての御挨拶を唱えている情景に打たれた一文を「師を思う心」と題して昭和三十五年十一月二十三日付東京新聞夕刊に寄稿している。

(2)唐の六祖慧能禅師の『六祖法宝壇経』。

第四　神儀ニ云ハク

一、申楽《さるがく》、神代《かみよ》の始まりと云っぱ、天照太神《あまてるおほんがみ》、天《あま》の岩戸に籠《こも》り給ひし時、天下《てんが》常闇《とこやみ》に成《なり》しに、八百万《やをよろず》の神達《かんたち》、天香具《あまのかぐ》山に集り、大神《おほんがみ》の御心をとらんとて、神楽《かぐら》を奏し、細男《せいなう》を始め給ふ。中にも、天《あま》の鈿女《うずめ》の尊《みこと》、進み出《い》で給《たま》ひて、榊《さかき》の枝に幣《しで》を付けて、声を上げ、火処焼《ほどろやき》、踏《ふ》み轟《とどろ》かし、神懸《かんがゝ》りすと、歌ひ舞奏《まひかな》で給ふ。その御声ひそかに聞《きこ》えければ、大神、岩戸を少《すこ》し開き給ふ。国土また明白たり。神達の御面白《おんおもしろ》かりけり。その時の御《おん》遊び、申楽の始めと、云々《うんぬん》。くはしくは口伝《くでん》にあるべし。

〔訳〕

一、申楽が、神代より始まった由来は、天照大神が天の岩戸にお隠《かく》れになった時、世間がいつまでも暗黒に鎖《とざ》されたので、多くの神々たちが、天《あま》の香具山にお集まりになって、大神の御機嫌を癒《い》やし給おうと、神楽を演奏し、滑稽な演技細男《せいのう》をお始めになった。中でも、天《あま》の鈿女《うずめ》の尊《みこと》が、お進みなされて、榊《さかき》の枝に幣《しで》(神垂)を付け、歌をうたい、庭火(篝火《かがりび》)をたき、足踏みの音をとどろかし、神憑《がか》りさながらに歌いつ舞いつされた。その声が、岩戸の中までかすかに聞こえたので、大神は、岩戸を少しお開けになられた。すると世間の内外が再び明るくなり出した。神様たちの面《おもて》も白くはっきりとしてきた。その時の歌舞による御遊芸が、申楽の始めだと云う。詳細は口伝にある通りである。

一、仏在所には、須達《しゅだつ》長者、祇園精舎《ぎおんしょうじゃ》を建てゝ供養《くやう》の時、釈迦如来、御説法ありしに、提婆《だいば》、一万人の外道《げだう》を伴《ともな》ひ、木の枝・篠《しの》の葉に幣《しで》を付《つ》けて踊り叫《さけ》めば、御供養伸《の》べがたかりしに、仏、舎利弗《しゃりほつ》に御《お》目を加へ給へば、仏力を受け、御後戸《うしろど》にて、鼓《つゞみ》・唱歌をとゝのへ、阿難の才覚、舎利弗《しゃりほつ》の知恵、富楼那《ふるな》の弁説にて、六十六番の物まねをし給へば、外道《げだう》、笛・鼓の音を聞きて、後戸に集《あつま》り、これを見て静まりぬ。(1)その隙《ひま》に、如来供養を伸《の》べ給へり。それより、天竺《てんじく》に此の道は始まるなり。

〔訳〕

一、釈尊在世のときに、インド舎衛《しゃえ》城の長者須達《しゅだつ》が、釈尊に帰依《きえ》して祇園精舎《ぎおんしょうじゃ》を建立《こんりゅう》したその落慶式のおり、釈尊が御説法をなされる時に提婆達多《だいばだった》(釈尊の従兄でライバル)が、一万人の異教徒を連れてきて、木の枝、篠の葉に幣《しで》をつけて踊りながら罵《ののし》り叫んだので、法要を営みにくくした。そこで釈尊は、知恵第一の弟子舎利弗に目くばせをなさると、釈尊の威力を受け、法堂の裏手にある堂で、鼓《つづみ》、笛、歌を奏《かな》で、多聞第一の弟子阿難の機転と舎利弗《しゃりほつ》の機知と弁説第一の富楼那《ふるな》の舌振りで六十六番の演技を展開したところ、異教徒たちは、楽器の音を聞いて、後の堂に集まってゆき、これらの演技を見て静粛になった。その隙《すき》に釈尊は法要を終えられた。以来、インドでこの申楽の道が起源となったのである。

(1) 楽曲技芸の道こそ戈《ほこ》を止める武の力となることを裏書きした。(中国においても士大夫の教養六課目において礼と楽が射・御[馬術]・書・数の上位に位す)。

一、日本国に於いては、欽明天皇の御代に、大和国《やまとの》泊瀬《はつせ》の河に洪水の折節《をりふし》、河上より一の壺流れ下《くだ》る。三《み》輪《わ》の杉の鳥居のほとりにて、雲客《うんかく》この壺を取る。中に嬰児《みどりご》あり。かたち柔和《にゅうわ》にして玉のごとし。これ、降人《ふりびと》なるがゆへに、内裏《だいり》に奏聞《そうもん》す。その夜、御門《みかど》の御夢にみどり子の云はく、「我はこれ、大国秦始皇《しんのしくわう》の再誕《さいたん》なり。日域《にちいき》に機縁《きえん》ありて今現在す」と云ふ。御門《みかど》奇特に思《おぼ》しめし、殿上《てんじゃう》に召《め》される。成人《せいじん》に従ひて、才智人に越えば、年十五にて大臣の位に上《のぼ》り、秦《しん》の姓を下さるゝ。「秦」といふ文字「はだ」なるがゆへに、秦河勝《はだのかわかつ》これなり。

上宮太子《じょうぐうたいし》、天下《てんが》少《すこ》し障《さは》りありし時、神代・仏在所の吉例に任《まか》せて、六十六番の物まねを彼の河勝に仰せて、同じく六十六番の面を御作にて、すなはち河勝に与へ給ふ。橘の内裏紫宸殿《ししんでん》にてこれを勤《きん》ず。天下治《おさ》まり、国静かなり。上宮太子、末代のため、神楽《かぐら》なりしを、「神」といふ文字の片《へん》を除《の》けて、旁《つくり》を残し給ふ。これ、日暦《ひよみ》の「申《さる》」なるがゆへに、「申楽」と名づく。すなはち、「楽《たの》しみを申《まう》す」によりてなり。又は神楽を分《わ》くればなり。

彼の河勝、欽明《きんめい》・敏達《びたつ》・用明・崇峻《すしゅん》・推古・上宮太子に仕へ奉《たてまつ》り、この芸をば子孫に伝へ、「化人《けにん》」跡を留《と》めぬによりて、摂津《せっつ》国難波《なには》の浦より、うつほ舟に乗りて、風にまかせて西海《さいかい》に出づ。播磨《はりま》の国坂越《しゃくし》の浦に着く。浦人舟を上《あ》げて見れば、かたち人間に変れり。諸人に憑《つ》き祟《たゝ》りて奇瑞をなす。すなはち、神と崇《あが》めて、国豊《ゆたか》なり。「大きに荒《あ》るゝ」と書きて、大荒《たいこう》大明神と名付く。今の代《よ》に霊験《れいげん》あらたなり。本地《ほんち》毘沙門天王にてまします。守屋《もりや》の逆臣《げきしん》を平《たい》らげ給ひし時も、かの河勝が神通《じんづうりき》方便の手にかゝりて守屋は失《う》せぬ、と云々《うんぬん》。

〔訳〕

一、日本国においては、欽明天皇の御代《みよ》に、大和の国の泊瀬《はつせ》河に洪水が出た折《おり》、河上から一つの壺が流れてきた。三輪明神の杉の鳥居のあたりで、殿上人《てんじょうびと》がこの壺を拾いあげた。壺の中に嬰児《みどりご》がいた。容貌も柔和《にゅうわ》で玉のように美しかった。これは、天から降ってきた人だというので、宮中に申し上げた。その夜、天皇の御夢に嬰児が現れて奏上するのに「私は、大陸秦の始皇帝の生まれ代わりです。日本にふとした縁があって、このように現れて参りました」とのこと。天皇は珍しいことだと思《おぼ》し召され、宮中にお召しなされた。成人するにつれ、才智人にすぐれ、十五歳で大臣の位に昇り、秦という姓を賜わった。「秦」という字は「はだ」と訓《よ》むゆえに秦《はだ》の河勝と名乗られた。

聖徳太子の御代に、天下に少し乱れがでた折、太子は、神代やインドにおける吉例《きちれい》(めでたいしきたり)に依って、六十六番の劇をせよと河勝に御下命になり、同じく六十六番分の面《めん》をお作りなさって、自《みずか》ら河勝にお授《さず》けなされた。今の橘寺あたりに在った内裏《だいり》の紫宸殿《ししんでん》で劇を演じた。すると天下が泰平となり、国土が安穏となった。そこで聖徳太子は、後の世のために、もともと「神楽」であったのを、「神」という字の偏《へん》を除き旁《つくり》を残して、申楽とせられた。これは、暦《こよみ》の上で十二支の申《さる》に当るので「申楽《さるがく》」と名づけられた。つまり、「楽しみを申す」ということである。あるいはまた　神楽とは別にしたからである。

彼の河勝は、欽明・用明・崇峻《すしゅん》・推古天皇・聖徳太子にお仕《つか》えし、この申楽を子孫に伝え、化生《けしょう》の人(母胎によらず、超自然的に生れた人)は、跡を残さないというので、摂津の国の難波の浦から、くり抜き舟に乗って、風のまにまに西海へと乗り出し、播磨の国の坂越《しゃくし》(さこし)の海岸に着いた。岸辺の人が舟を引き上げてみると、様子が人間と違っていた。それが多くの人に憑《つ》き祟《たた》って不思議な現象を起こした。そこで、これを恐れて神として崇《あが》め祭ったところ、国が豊《ゆた》かとなった。そこで「大いに荒れる」と書いて、大荒大明神と名付けた。それが現代に至るまで霊験《れいげん》あらたかである。この神の前生《しょう》は、仏法の守護神、毘舎《びしゃ》門天王であられる。聖徳太子が、守屋の逆臣を征伐なされたときも、かの河勝の神通力の手だてにかかって、守屋は討《う》たれたということである。

一、平《たひら》の都にしては、村上天皇の御宇に、昔の上宮太子の御筆《ぎょひつ》の申楽延年の記を叡覧《ゑいらん》なるに、先づ、神代・仏在所の始まり、月氏《ぐわっし》・震旦《しんたん》・日域に伝はる狂言綺語を以《も》て、讃仏転法輪の因縁を守り、魔縁を退《しりぞ》け、福祐《ゆう》を招く。申楽舞を奏すれば、国穏《おだや》かに、民静かに、寿命長遠《をん》なりと、太子の御筆あらたなるによって、村上天皇、申楽を以《も》て天下の御祈禱たるべきとて、その頃、彼の河勝この申楽の芸を伝ふる子孫、秦氏安《はたのうじやす》なり。六十六番申楽を紫宸殿にて仕《つかま》る。その比《ころ》、紀の権《ごん》の守《かみ》と申す人、才智の人なりけり。これは、かの氏安が妹《いもうと》婿《むこ》なり。これをも相伴《あいともな》ひて申楽をす。

その後、六十六番までは一日に勤《つと》めがたしとて、その中を選《えら》びて、稲経《いなつみ》の翁《おきな》(翁面)、代経《よなつみの》翁(三番申楽)、父助《ちゝのぜう》、これ三を定《さだ》む。今の代の式三番《ば》、これなり。すなわち、法・報・応の三身《じん》の如来をかたどり奉《たてまつ》る所なり。式三番の口《く》伝、別紙にあるべし。

秦氏安より、光《みつ》太郎・金春《こんぱる》まで、廿九代の遠孫なり。これ、大和国円満井《ゑんまんゐ》の座なり。同じく、氏安より相ひ伝へたる聖徳太子の御作の鬼面、春日《かすが》の御神影《ごしんゑい》、仏舎利《ぶっしゃり》、これ三つ、この家に伝はる所なり。

〔訳〕

一、平安京においては、村上天皇(「弁散楽」の策問の著者)の御代に、天皇が昔の聖徳太子のお書《かき》になられた『申楽延年の記』を御覧になると、最初に、神代・インドにおける起源から中央アジアの月氏国、シナ、日本に伝わった狂言綺語(滑稽な表現様式)で、仏徳を賛《たた》え、仏法を弘める因と縁を守り、悪魔を退参させ、福縁を招くもので、申楽舞を演奏すると、国土安穏に人民平静に寿命長久になると、太子の御筆にこと新しく記されているので、村上天皇は、申楽をもって天下太平の御祈禱と致すべきだと思《おぼ》し召された。その頃、彼の河勝がこの芸を伝えた子孫に当たる秦の氏安《うじやす》がいた。そして六十六番の申楽を紫宸殿で演じた。その頃、紀の権守《ごんのかみ》という人がいて、才智にたけていた。この人は、氏安の妹婿《むこ》であったが、この人と一緒に申楽を奏した。

その後、六十六番を一日では演じきれないというので、その中から選んで、稲経《いなつみ》の翁(翁面)、代経《よなつみ》の翁(三番申楽)、父助《ちちのじょう》と、この三番を定めた。今日の式三番というのがこれである。つまり仏法の法身《ほっしん》・報身《ほうじん》・応身《おうじん》の三身の如来を象徴されたものである。式三番についての口伝は、別紙に述べることになっている。

秦氏安から(金春)光太郎を経て(当代)金春(弥三郎＝禅竹の父)までは、二十九代つづきである。これが、大和国の円満井《えんまんい》の座である。同じく、当家には氏安から伝えられた聖徳太子の御作の鬼の面、春日の御神影、仏舎利、この三つが伝わっている。

一、当代に於ひて、南都《なら》興福寺の維摩会《ゆいまゑ》に、講堂にて法味を行ひ給ふ折節《おりふし》、食堂《じき》にて舞延年あり。外道《げだう》を和《やは》らげ、魔縁を静む。その間に、食堂《じき》前にて彼《かの》御経を講じ給ふ。すなはち祇園精舎の吉例なり。

然れば、大和国春日興福寺神事行ひとは、二月二日、同五日、宮寺《みやでら》に於ひて、四座の申楽、一年中の御神事始めなり。天下太平の御祈禱なり。

（訳）省略。

一、大和国春日御神事相随《やまとのくにかすがのごじんじにあひしたがふ》申楽四座。

外山《（とび）》　結崎《（ゆうざき）》　坂戸《（さかど）》　円満井《（ゑんまんゐ）》

一、江州《ごうしう》日吉《ひえの》御神事相随申楽三座。

山階《（やましな）》　下坂《（しもさか）》　比叡《（ひゑ）》

一、伊勢、主司《しゅし》、二座。

一、法勝寺《（ほつしょうじ）》　御修正《（みしゅしゃう）》　参勤申楽三座。

（河内住）新座　（丹波）本座　（摂津）法性寺《ほふじやうじ》

此三座、同《おなじく》賀茂・住吉御神事にも相随《（あいしたがふ）》。

（訳）省略。

第五　奥義ニ云ハク

そもそも、風姿花伝の条々、大方《おほかた》、外見の憚《はばかり》、子孫の庭訓《ていきん》のため注《しる》すといへども、たゞ望む所の本意とは、当世、この道の輩《ともがら》を見るに、芸のたしなみはおろそかにて、非道のみ行《ぎやう》じ、たまたま学芸に至る時も、たゞ、一夕《せき》の戯笑《けせう》、一旦の名利《みやうり》に染《そ》みて、源《みなもと》を忘れて流れを失ふ事、道すでに廃《すた》る時節かと、これを嘆《なげ》くのみなり。然れば、道をたしなみ、芸を重んずる所私《わたくし》なくば、などか其の徳を得ざらん。殊更、この芸、その風を継《つ》ぐといへども、自力《じりき》より出づる振舞あれば、語にも及びがたし。その風《ふう》を得て、心より心に伝ふる花なれば、風姿花伝と名付く。

〔訳〕

いったい、風姿花伝の諸項目は、大体、他人に見られることを恐れ、子孫への教えさとしのために書き記したものであるが、ただ願うところの本意は、当世、申楽にたずさわる連中を見ると、芸の修行はおろそかで、門外のことばかりやりたがり、たまたま当芸道に取り組むことができるようになっても、ただ一夕《せき》の観客の好評や、一朝《かりそめ》の名声にとらわれて、本源を忘れ、本流を見失っているので、我が芸道もすでに廃退の時節当来かと、ただこのことを嘆かわしく思うからである。とは云え、芸道を修行し、尊重してゆくのに、私心を捨てなければ、どうして芸道の功徳をつかむことができようか。ことにこの能という芸は、伝統の継承を根本としながらも、自分の工夫から生まれ出る振舞も必要なので、それは言葉では説き尽くせない。先人の芸風を会得して、心から心に伝えてゆく花芸だから、この伝書を『風姿花伝』と名付けたのである。

およそ、この道、和州・江州において風体《ふうてい》変れり。江州には、幽玄の境《さかひ》を取り立てゝ、物まねを次にして、かゝりを本《もと》とす。和州には、先ず物まねを取り立てゝ、物数《かず》を尽くして、しかも幽玄の風体ならんとなり。然れども(真実の上手は、いづれの風体なりとも)と洩《も》れたる所あるまじきなり。一向《ひとむ》きの風体ばかりをせん物は、まこと得《え》ぬ人の態《わざ》なるべし。されば、和州の風体、物まね・儀理を本として、あるひは長《たけ》のあるよそほひ、あるひは怒《いか》れる振舞、かくのごとくの物数《かず》を、得たる所と人も心得、たしなみも是れ専《もっぱら》なれども、亡父の名を得し盛《さか》り、静《しづか》が舞の能《のう》、嵯峨の大念仏の女物狂《ものぐるい》の物まね、殊々《ことにこと》に得たりし風体なれば、天下《てんが》の褒美《ほうび》・名望《めいぼう》を得し事、世以《も》て隠《かく》れなし。これ、幽玄無上の風体なり。

又、田楽《でんがく》の風体、ことに各別の事にて、見所《けんじょ》も、申楽の風体には批判にも及ばぬと、みなみな思ひ慣《な》れたれども、近代にこの道の聖《ひじり》とも聞《きこ》えし本座の一忠、ことにことに物数《かず》を尽くしける中にも、鬼神の物まね、怒《いか》れるよそほひ、洩《も》れたる風体なかりけるとこそ承《うけたま》はりしか。然れば、亡父は、常々《つねづね》、一忠が事を、「我が風体の師なり」と、まさしく申しなり。

されば、たゞ、人ごとに、或は情識、或は得ぬゆへに、一向《ひとむ》きの風体ばかりを得て、十体《じってい》にわたる所を知らで、よその風体を嫌《きら》うなり。これは、嫌うにはあらず、たゞかなはぬ情識なり。されば、かなはぬゆへに、一体得《ていえ》たる程の名望を、一旦は得たれども、久しき花なければ、天下に許されず。堪能《かんのう》にて、天下の許されを得ん程の者、いづれの風体をするとも、面白かるべし。風体・形木《かたぎ》は面《めん》々各々なれども、面白き所はいづれにもわたるべし。この面白しと見るは花なるべし。これ、和州・江州、又は田楽の能にも洩《も》れぬ所なり。されば洩れぬ所を持ちたる為手《して》ならでは、天下の許されを得ん事、あるべからず。

又いはく、ことごとく物数を極《きは》めずとも、仮令《けりょう》、十分に七八分極《きは》めたらん上手の、その中にことに得たる風体を、我が門弟の形木にし極《きは》めたらんが、しかも工夫あらば、これ又、天下の名望を得《え》つべし。さりながら、げには、十分に足らぬ所あらば、都鄙《とひ》・上下に於ひて、見所《けんじょ》の褒貶《ほうへん》の沙汰あるべし。

〔訳〕

およそ、申楽の道は、大和と近江とでは芸風が違っている。近江では、幽玄の境地を重視し、物まねの面白さは二次的に扱い、余情的な美のたゆたいを基本とした。大和申楽では、まず物まねの面白さを取り立てて、各種の能の役をことごとく演じ、しかも優美な芸風を得ようと努めるのである。けれども、本当の名人は、どちらの芸風をも洩れなく備えているはずである。一方的な芸しか演じられないのでは、この道の真髄を欠いた人の芸ということになる。

だから、大和の芸風、物まねは、筋道とか意味の面白さを基本として、品格のある風姿、あるいはまた激しい怒りを表現するもの等の数々《かず》を演じるのが得意芸だと他《ひと》も心得、演者も十分心得ているが、亡父観阿弥が人気の盛りの頃、静《しずか》(御前)の舞の能や嵯峨の大念仏の女物狂いの物まねなどは、ことさらに得意芸であったので、天下から絶賛を博し名声を得たことは、世にかくれのない事実である。これらの能は、この上ない幽玄優美な芸風である。

また、田楽の芸風は、これとは全く別種のもので、客も、申楽の芸風とは同列に批判などできないと、誰しも思いこんでいるが、近頃この道の神様ともうたわれている本座（新座に対して、もとから存在した座）の一忠は、実に多くの曲数を究めているが、なかでも、鬼神の物まね、怒りの修羅ものなど、どれ一つとしてできないものは無いと聞きおよんでいる。だから、亡父観阿弥は、いつも、一忠のことを、「我が芸の師である」と正しくそう申しておられた。

さて、ただ、誰も彼《かれ》も、頑固《かたくな》さからか、または自分にはできないからか、ただ一方面の芸ばかりを覚《おぼ》え、すべての芸風にわたって習い究めることを知らず、他の芸風を嫌う。これは、嫌うのではなく単に、自分には出来ないだけなのに、頑固《かたくな》なのである。これだから諸芸に達することができないので、一体を身につけた程度の賞賛を一旦は博するが、いつまでも散らない花をもたないので天下に認められない。すぐれた役者で、天下に認められるほどの人は、どんな役柄を演じても、面白いはずである。その芸風と、基礎となる演技の型とは、それぞれ違っていても、面白いと感じる点は、いずれにも共通している。この面白いと感ずる点が、つまり「花」なのである。この点、大和、近江、または田楽の能でも例外なしである。したがって、すべての芸風を心得た役者でなければ、天下に名声をうることは不可能である。

またこうも云える。全部の方面をことごとく究め尽くさなくても、たとえば、十中の七、八分まで極めている上手が、彼が極めた中で特に得意とする芸風を自分の門弟に教える規範とするぐらい極め、さらに工夫をこらせば、これまた天下の名声をうるであろう。そうはいうものの、実は十分に極め尽くしてない点があるならば、都と地方、貴と賤との差により、見物席から褒《ほう》と貶《へん》の両様の批判をうけるであろう。

およそ、能の名望を得る事、品々《しなじな》多し。上手は目利《めき》かずの心にあひかなふ事難《かた》し。下手《へた》は目利《きゝ》の眼《まなこ》に合ふ事なし。下手にて目利の眼にかなはぬは、不審《ふしん》あるべからず。上手の目利かずの心に合はぬ事、これは、目利かずの眼《まなこ》の及ばぬ所なれども、得たる上手にて工夫《くふう》あらん為手《して》ならば、又、目利《き》かずの眼《まなこ》にも面白しと見るやうに能をすべし。この工夫と達者とを極めたらん為手《して》をば、花を極めたるとや申すべき。されば、この位に至らん為手は、いかに年寄りたりとも、若き花に劣《おと》る事あるべからず。されば、この位を得たらん上手こそ、天下《てんが》にも許され、又、遠国《をんごく》・田舎《でんしゃ》の人までも、あまねく面白しとは見るべけれ。この工夫を得たらん為手は、和州へも江州へも、もしくは田楽《でんがく》の風体までも、人の好み・望みによりて、いづれにもわたる上手なるべし。このたしなみの本意をあらはさんがため、風姿花伝を作するなり。

かやうに申せばとて、我が風体《ふうてい》の形木《かたぎ》おろそかならむは、ことにことに能の命あるべからず。これ、弱き為手なるべし。我が風体の形木を極めてこそ、あまねき風体をも知りたるにてはあるべけれ。あまねき風体《てい》を心にかけんとて、我が形木に入らざらん為手は、我が風体を知らぬのみならず、よその風体をも、確《たし》かにはまして知るまじきなり。されば、能弱くて、久しく花はあるべからず。久しく花のなからんは、いづれの風体をも知らぬに同じかるべし。然れば、花伝の花の段に、「物数《ものかず》を尽くし、工夫を極めて後、花の失《う》せぬ所をば知るべし」と言へり。

秘義に云はく、「そもそも芸能とは、諸人の心を和《やは》らげて、上下の感をなさむ事、寿福増長の基《もとひ》、遐齢《かれい》延年の方《ほう》なるべし。極《きは》め極めては、諸道ことごとく寿福延長ならん」となり。殊更この芸、位を極めて、家名を残す事、これ、天下の許《ゆる》されなり。これ、寿福増長なり。

しかれども、ことに故実あり。上根上智の眼《まなこ》に見ゆるゝ所、長《たけ》・位《くらゐ》の極まりたる為手《して》に於きては、相応至《し》極《ごく》なれば、是非なし。およそ、愚《おろ》かなる輩《ともがら》、遠国《をんごく》・田舎《でんしゃ》の卑《いや》しき眼には、この長《たけ》・位の上れる風体、及びがたし。これをいかゞすべき。この芸とは、衆人愛敬《ぎゃう》を以《も》て、一座建立《こんりゅう》の寿福とせり。故に、あまり及ばぬ風体のみなれば、又諸人の褒美欠けたり。このために、能に初心を忘れずして、時に応じ、所によりて、愚《おろ》かなる眼にもげにもと思ふやうに能をせん事、これ寿福なり。よくよくこの風俗の極《きは》めを見るに、貴所・山寺《やまでら》、田舎・遠国、諸社の祭礼に至るまで、をしなべて謗《そし》りを得ざらんを、寿福達人の為手《して》とや申すべきや。されば、いかなる上手なりとも、衆人愛敬欠《か》けたる所あらむをば、寿福増長の為手《して》とは申しがたし。しかれば、亡父は、いかなる田舎・山里の片辺《かたほとり》にても、その心を受けて、所の風義を一大事にかけて、芸をせしなり。

かやうに申せばとて、初心の人、それ程はなにとて左右《さう》なく極むべきとて、退屈の儀はあるべからず。この条々を心底《しんてい》に宛《あ》てゝ、その理《ことわり》をちゝと取りて、了簡《れうけん》を以《も》て、我が分力《ぶんりき》に引き合はせて、工夫をいたすべし。

〔訳〕

すべて、能で名声を博するには、種々《いろいろ》の条件がある。上手な役者の舞台は、目の利かない観客には、とかく向かない。下手な役者の演能は、目の利く観客にはぴんとこない。下手な役者が目の利く観客にぴんとこないのは、疑うまでもないことなのだが、上手が目が利かない観客にぴったりとこないのは、目利かずには眼識が至らないためであるが、芸に達した上手の者で、稽古研修を怠らない役者ならば、やはり目の利かない者の眼にも面白いと感じるように能を演ずるはずである。この工夫に加えて技芸の熟達を極め得た役者をこそ「花を極めたる人」と言うべきである。だから、この位にまで到達できた役者は、どんなに老年になっても、若い役者の魅力に負けるなどということはありえない。したがって、この芸位に至り得た上手こそは、天下に名人として認められ、また、遠国や田舎《いなか》の観客にも、すべてにわたり面白い芸だと鑑賞してもらえるであろう。こうした工夫をこらしえた役者は、大和風でも、近江風でも、あるいは田楽の芸風でも、観客の好みや希望に応じて、どこの芸風にも応じて演じ得る上手であるはずである。この一切の花を極めるための稽古の本道を説きあかしたいがために、風姿花伝を記したのである。

このように申したからといって、己が座の芸風の基本がおろそかであったならば、絶対に能の生命というものはありえない。これこそは、見劣りする至らぬ役者《シテ》というべきである。己れの芸風の基本をよく身につけてこそ、あらゆる芸風をも知ることが出来るのである。万般の芸風に通じようと心がけて、己が芸風に徹底できない役者は、自分の芸風を熟知しないばかりか、よその芸風に通じるなどということも絶対に出来ないことは、確《たし》かである。そうであれば、能が弱くて、恒久的な花などあるはずもない。久しく花が保てないなら、どの芸風も知らないのと同じようなものである。だから本書の「花の段」において「多くの曲を研修し、工夫をしつくして後《のち》、この、芸の花が失せない道理を知ることができよう」と述べた次第である。

秘義にこう云われている。「いったいに、芸能というものは、多くの人々の心を和らげ、上下貴賤の別なく、多くの人々を感動させることが目的で、それが寿福増長の基になり、実際に長生きもできる方法なのである。

道を極め極めて行けば、芸道は何れも全《すべ》て長寿と幸福を増そうとすることにある」と。特にわが申楽は、高い芸位に上《のぼ》りきり、名声を天下に残すことが、つまり、世間に仰がれることとなり、幸福を増すこととなるのである。

けれども、ここに、こういう心得がある。能力・智力のすぐれた観客に見てもらう場合は、芸格・芸位の奥儀に達した役者においては、眼力と芸力が理想的に釣り合っているから別に問題はないのだが、だいたいのところ、愚かな連中や、遠国や田舎《いなか》の庶民の眼には、この品格や風情の高い芸風は、理解されにくい。これをどのように対処したものであろうか。この芸においては、大衆に愛されることが、一座をすえ永く幸せにたちゆかせる上で大事なことといえる。だから、あまりに高級で一般大衆にわかりにくい芸ばかりを演じては、もてはやされにくい。このために、能の初心を忘れず時に応じ、処によって、庶民の眼にもなるほどと思うように演じること、これが、寿福につながることになる。この観客と演者の関係についてつらつら思案をつくしてみると、貴人の御前の能、山寺の能、田舎、遠国、諸社の祭礼の申楽にいたるすべてにわたって非難の言葉をかけられないような役者こそ、寿福を増進させる達人の役者《シテ》といえよう。したがって、どんなに上手な役者でも、一般大衆に愛好されなかったら、寿福増長の役者とは称しがたい。そういえば亡父観阿弥は、いかなる田舎や山里の一角の演能であっても観客の気持ちをのみこんで、その土地の風俗・習慣を大事に心がけて芸を演じたものである。

このように申したからといって、初心の役者は、そこまで極めることは、どうして簡単にできようかと、気力を失うことがあってはならない。これまで述べてきた諸事項《ひとつひとつ》を心の底におき、その道理を我がものとし、自分なりに考えて各自の力量に応じて工夫をこらすべきである。

およそ、今の条々・工夫は、初心の人よりは猶上手に於きての故実・工夫なり。たまたま得たる上手になりたる為手《して》も、身を頼み、名に化《ば》かされて、この故実なくて、いたづらに名望ほどは寿福欠《か》けたる人多きゆへに、これを嘆《なげ》くなり。得たる所あれども、工夫なくてはかなはず。得て工夫を極めたらんは、花に種を添へたらんがごとし。

たとひ、天下《てんが》に許され得たる程の為手《して》も、力なき因果にて、万一少し廃《すた》るゝ時分ありとも、田舎《でんしや》・遠国《をんごく》の褒美《ほうび》の花失《う》せずば、ふっと道の絶ふる事はあるべからず。道絶えずば、又天下の時に合ふ事あるべし。

一、この寿福増長のたしなみと申せばとて、ひたすら世間の理《ことわり》にかゝりて、もし欲心に任せば、これ、第一、道の廃《すた》るべき因縁《いんねん》なり。道のためのたしなみには、寿福増長あるべし。寿福のためのたしなみには、道まさに廃《すた》るべし。道廃《すた》らば、寿福をのづから滅すべし。正直円明《しやうじきゑんみやう》にして世上万徳《まんとく》の妙花を開く因縁なりと、たしなむべし。

〔訳〕

すべて、今までに述べてきた各条項《ひとつひとつ》は、初心の役者よりもっと上手な役者の心得るべき配慮であり工夫である。たまたま芸を修得して上手になった役者でありながら、自分を過信し、名声に惑《まど》わされて、前に述べた心得を怠り、やたらに名声が高いわりには寿福に欠けた役者が多いので、その点を歎《なげ》かわしく思うのである。芸の上では実力があっても、寿福をもたらす工夫がなければ駄目である。芸を心得てなお芸の道に工夫をつくす役者ならば、花もあり、さらにつぎつぎと花を咲かせる種をも持っているようなものである。

よしんば、天下で他に追随を許さないような役者でも、人力ではいかんともすることの出来ない因果《いんが》によって、万が一、少し人気の落ちる時機があっても、田舎・遠国《ちほう》での人気が衰えなければ、ぷっつりとその人の芸道が絶えてしまうことはありえない。その断絶がなければ、やがてまた天下の都で好機にめぐりあうこともあるだろう。

一、この寿福増長の心掛けを持つべきだといっても、ひたすらに世俗的な道理に関《かか》わって、もしも物欲の打算にのみ執着すれば、これこそが、芸道のすたれる何よりの原因となる。芸道のための心得には、おのずから寿福増長が伴《ともな》うことになるが、寿福増長を目的とした心掛けであれば、まさに芸道はすたれてしまうであろう。芸道が落ちぶれたならば、演者にとっての寿福《しあわせ》も自然と消滅してしまうことになる。正直円満を旨とする芸風が、因となり世間万般に徳という妙《たえ》なる花を咲かせる結果になるのだと心得て、世間のすみずみまで吹きわたる徳風という妙法蓮華《たえなるはな》を咲かせる因縁《ことわり》を心得て、芸道にはげむべきである。

〔訳〕
およそ、花伝の中、年来稽古より始めて、この条々を注《しる》す所、全《まった》く自力より出づる才学ならず。幼少より以来《このかた》、亡父の力を得て人と成りしより、廿余年が間《あひだ》、目に触《ふ》れ、耳に聞き置《おき》しまま、その風《ふう》を受けて、道のため、家のため、これを作する所、私《わたくし》あらむものか。
于時《ときに》応永第九之暦暮春二日 馳レ筆畢《ふでをはせをはんぬ》

すべて、風姿花伝の中で、「年来稽古」より始めて、この各条項を記し得たのは、すべて自分一人の力で考え出した才覚によるものではない。ただ云えることは、幼少時《おさない》から亡父観阿弥の力ぞえを得て成人して以後、二十余年間、見聞《みきき》したままに、その芸風を受け継ぎ、芸道のため、家道のために、著作したのであって、私的なはからいなど毛頭ありはしない。

時に応永九年(一四〇二)三月二日　筆を擱《お》く。

第六　花修ニ云ハク

一、能の本《ほん》を書く事、この道の命なり。極《きわ》めたる才学の力《ちから》なけれども、たゞ、工《たく》みによりて、よき能にはなるものなり。

大かたの風体《ふうてい》、序破急の段に見えたり。ことさら、脇《わき》の申楽《さるがく》、本説《ほんぜつ》正しくて、開口《かいく》より、その謂《いわ》れと、やがて人の知るごとくならんずる来歴を書くべし。さのみに細《こま》かなる風体《ふうてい》を尽《つ》くさずとも、大かたのかゝり直《すぐ》に下《くだ》りたらんが、指寄《さしよ》り花々《はなばな》とあるやうに、脇の申楽をば書くべし。又、番数《ばんかず》に至りぬれば、いかにもいかにも、言葉・風体を尽くして、細《こま》かに書くべし。

仮令《けりょう》、名所・旧跡の題目ならば、その所によりたらんずる詩歌《しいか》の、言葉の耳近《ちか》からんを、能の詰《つ》め所に寄《よ》すべし。為手《して》の言葉にも風情《ふぜい》にもかからざらん所には、肝要《かんようふ》の言葉をば載《の》すべからず。なにとしても、見物衆は、見る所も聞く所も、上手をならでは心にかけず。さるほどに、棟梁《とうりょう》の面白き言葉・振り、目にさゝぎり、心に浮かめば、見聞く人、すなはち感を催《もよを》すなり。これ、第一、能を作る手立《てだて》なり。

たゞ、優《やさ》しくて、理《ことはり》のすなはちに聞《きこ》ゆるやうならんずる、詩歌《しいか》の言葉を取るべし。優しき言葉を振りに合わすれば、ふしぎに、をのづから、人体も幽玄の風情《ふぜい》になる物なり。硬《こわ》りたる言葉は、振りに応ぜず。しかあれども、硬《こわ》き言葉の耳遠《みゝどを》きが、又よき所あるべし。それは、本木《もとぎ》の人体《じんたい》よりて似合《にあ》ふべし。漢家《かんか》・本朝の来歴に従って心得分《わ》くべし。たゞ、卑《いや》しく俗なる言葉、風体悪《ふうていわる》き能になる物なり。

しかれば、よき能と申すは、本説《ほんぜつ》正しく、めづらしき風体にて、詰《つ》め所ありて、かゝり幽玄ならんを、第一とすべし。風体はめづらしからねども、わづらはしくもなく、直《すぐ》に下《くだ》りたるが、面白き所あらんを、第二とすべし。これは、おほよその定《さだ》めなり。たゞ、能は、一風情《ひとふぜい》、上手の手にかゝり、便《たよ》りだにあらば、面白かるべし。番数《ばんかず》を尽くし、日を重《かさ》ぬれば、たとひ悪き能も、めづらしくし替《か》へ替《か》へ色《いろ》取れば、面白く見ゆべし。されば、能は、たゞ、時分・入れ場《ば》なり。悪き能とて捨つべからず。為手《して》の心づかいなるべし。

たゞし、こゝに様《やう》あり。善悪《ぜんなく》にすまじき能あるべし。いかなる物まねなればとて、仮令《けりやう》、老尼・姥《うば》・老僧などの形にて、さのみは狂い怒《いか》る事あるべからず。又、怒れる人体《てい》にて、幽玄の物まね、これ同じ。これを、まことのゐせ能、きやうさうとは申すべし。この心、二の巻の物狂《ぐるい》の段に申したり。

又、一さいの事《じ》に、相応なくば成就《じやうじゆ》あるべからず。よき本木《もとぎ》の能を、上手のしたらんが、しかも出で来たらんを、相応《さうおう》とは申すべし。されば、よき能を上手のせん事、などか出で来《き》ざらんと、皆《みな》人思ひ慣《な》れたれ共《ども》、ふしぎに、出で来《こ》ぬことある物なり。これを、目利《めきゝ》は見分けて、為手の咎《とが》もなき事を知れども、たゞ大かたの人は、能も悪く、為手《して》もそれほどにはなしと見るなり。そもそも、よき能を上手のせん事、なにとて出で来《こ》ぬやらんと工夫《くふう》するに、もし、時分の陰陽の和《くわ》せぬ所か。又は花の公案なきゆへか。不審《ふしん》なを残れり。

〔訳〕

一、台本となる謡曲を書くことが、能の道の命《いのち》である。特段の文学的な才能はなくても、ひとえに脚色の巧みさによって、良い能が出来あがるのである。

能のおよその感じは、序・破・急の段に書いた通りである。特に最初に演じる脇能では、古典や人々によく知られている説話などに基づいたもので、冒頭《のっけ》から、「ああ、あの話だ」と、すぐに人が解《わか》るような由来を書くべきである。それほど細かな演技を盛りこむ必要はなく、ひと通りの趣《おもむき》が、曲にさらりと流れていて、初手《しょて》から花やかな感じになるよう、初番の能を書くべきである。また二番目、三番目と番数が進んだら、できるだけことばや曲柄の面白さを盛り込んで、詳細《こまか》に書くべきである。

たとえば、名所や旧跡が題になっている曲ならば、その土地に因《ちな》んで詠《よ》まれた詩歌で聞き覚《おぼ》えのあるようなものを一曲の山場《さわり》に配して書くべきである。役者《シテ》の謡や所作にかかわりのない部分には、最も大事な言葉を使ってはならない。なんといっても客は、見るにつけ聞くにつけ、上手《シテ》でなくては心にかけない。だから一座の棟梁である役者《シテ》の趣のある謡や演技が、客の眼に映り、心に響けば、即座に感動を誘ってしまうのである。つまり、役者《シテ》を引き立てるように能を作ることが最も大事なことである。

ただ能を作る際に、優雅で、耳に聞いて意味がすぐわかるような詩歌の文句《ことば》を用いるべきである。優雅な文《こと》句《ば》を身振《みぶ》りに合わせると、不思議と、自然に、役者の体つきも幽玄の風情をにじませるものである。硬い言葉は、能の所作に合わない。けれども、聞き馴《な》れない硬い言葉が、良い場合もある。その曲の主人公の性格によっては、それもぴったりするようである。中国に由来したものか、日本のものかによって言葉を使い分けるのがよいであろう。ただ、卑俗な言葉が入ると、見《み》ばも品のない能になってしまうものである。したがって、良い能というのは、よりどころの出典が正しく、曲がらも珍しく、山場《さわり》があり、幽玄な風情が感じられるものを第一とすべきである。芸風は、別に珍しくなくても、これといった欠点もなく、すらりと曲趣が一貫していて、面白い所があるのを第二とすべきである。これは、大体の標準を示したものである。ただ能は、どこか一つでも、すぐれた役者《シテ》の手が入って、その曲が上手に生かされていれば、面白くなるであろう。番数も多く演じ、幾日も続ければ、たとえ拙《つたな》い作の能でも、演出を少しづつ目新しく変えて潤色すれば、面白く見られるであろう。このように考えると能というものは、ただ演じる時期と、番組のどこに位置づけられるかによって効果が左右されるもので、作の拙い能だからといって見捨ててしまってはならない。それを生かすことは、役者の心づかいであろう。

ただし、ここに留意すべきことがある。それは善悪にかかわらず絶対にしてはならない能がある。いかに物まねだからといって、たとえば、老尼・姥《うば》・老僧などに扮して、むやみに狂い怒るといったことは、あってはならないし、また猛々《たけだけ》しい姿で幽玄なしぐさを演じるというのも同様である。このようなのを本当の似非《エセ》能とか、狂相《ちぐはぐ》の能と言うべきである。この心得については、第二巻の「物狂」の段で述べておいたはずである。

また一切のことに、釣り合いがなければ、成功はありえない。よい素材《そざい》の能を、上手な役者《シテ》が演じて、しかも十分に効果を発揮し得れば釣り合いがとれているといえる。上手な役者《シテ》が演じているのにどうして成功しないのかと、みな思いこんでいるようであるが、不思議と成功しないこともあるものなのである。このことを眼ききの鑑賞者は、ちゃんと見分けて、演者の咎《せい》ではないと理解するけれども、一般の観客は、能も悪く、役者《シテ》もあまり上手ではないと考える。一体、良い能を上手な役者《シテ》が演ずるのに、どうして成功しないのであろうか、とよくよく考えてみると、あるいは、上演の好機がまだ陰陽和合していないということであろうか。それとも花である上手な役者《シテ》の、思案・工夫がないためであろうか。

花についての禅の公案(花伝第二の鬼。花伝第七の口伝の「花」。何れも花に仏法を擬す)に対決した経験がないためであろうか。いぶかしい点がなお残っている。

一、作者の思ひ分《わ》くべき事あり。ひたすら静かなる本木《もとぎ》の音曲《おんぎょく》ばかりなると、又、舞・はたらきのみなるとは、一向《ひとむ》きなれば、書きよき物なり。音曲にてはたらく能あるべし。これ一大事なり。真実面白しと感をなすは、これなり。聞く所は耳近《ちか》に、面白き言葉にて、節《ふし》のかかりよくて、文字移《うつ》りの美しく続《つゞ》きたらんが、ことさら、風情《ふぜい》をもちたる詰《つ》めをたしなみて書くべし。この数々《かず》相応する所にて、諸人一同に感をなすなり。

さるほどに、細《こ》まかに知るべきことあり。風情を博士《はかせ》にて音曲をする為手《して》は、初心の所なり。音曲よりはたらきの生ずるは、功入りたるゆへなり。音曲は聞く所、風体《てい》は見る所なり。一さいの事は、謂《いわ》れを道にしてこそ、よろづの風情にはなるべき理《ことはり》なれ。謂《いわ》れをあらはすは言葉《ことば》なり。さるほどに、音曲は体《たい》なり、風情は用《ゆう》なり。しかれば、音曲よりはたらきの生ずるは、順なり。はたらきにて、音曲をするは、逆なり。諸道・諸事において、順・逆とこそ下《くだ》るべけれ。逆・順とはあるべからず。返々《かへすがへす》、音曲の言葉の便《たよ》りを以《も》て、風体を色どり給《たまふ》べきなり。これ、音曲・はたらき一心になる稽古なり。

さるほどに、能を書く所に又工夫あり。音曲よりはたらきを生《しやう》ぜさせんがため、書く所をば、風情を本《ほん》に書くべし。風情を本に書きて、さてその言葉を謡《うた》ふ時には、風情をのづから生ずべし。しかれば、書く所をば、風情を先立《さき》てゝ、しかも謡《うた》の節《ふし》・かかりよきやうにたしなむべし。さて、当座の芸能に至る時は、又、音曲を先《さき》とすべし。かやうにたしなみて、功入りぬれば、謡《うた》ふも風情、舞ふも音曲になりて、万曲一心たる達者となるべし。これ又、作者の高名《かうみやう》なり。

〔訳〕

一、能作者が分別しなければならないことがある。動きの少ない静かな素材で、もっぱら音曲が主体の能と、また舞・所作を主とした曲などは、一面的であるから、書きやすいものである。謡《うたい》がおもしろさの中心となる能がある。これを書くのは容易ならぬことであるが、本当に面白いと感じさせる能は、この種の作品である。観客の耳に訴えるものは聞き馴《な》れた、おもむきのある文句《ことば》で、節の流れもよく、言葉と言葉との続き具合も美しく、特に面白い所作を伴《ともな》い、山場が作れるように配慮して書かねばならない。この言葉・節・文字移り・所作などの諸要素《いろいろ》が調和すると、だれもかれもがみな感動するのである。

さて、作者として、もっと詳細に心得ておくべきことがある。能を演じる際に、所作《しょさ》を基準として謡《うた》う役者は、まだ初歩の段階である。音曲より所作が自然に出てくるというのは、年功を積んだ結果である。謡は聞くもの、所作《しぐさ》は見るものであるが、すべての能の演技は、何らかの意味に基づいて生まれる。曲の節は、謡の文句《ことば》で表現されるのであるから、謡が本体であり、所作はその結果生ずるはたらきである。したがって、謡から所作を生みだすのが順である。所作があって謡が後からついていくのは逆である。諸道、諸事において、順から逆へと移るはずで、逆から順へと進むことはあり得ない。再三再四くり返すことであるが、謡の文句《ことば》を手掛りとして、演技を色どるように工夫をするべきである。こうすることが、音曲と所作とが一つ心になる稽古というものである。

さて、能を書くに際し、さらに工夫《くふう》すべきことがある。謡から所作を引き出すために、書く文章《ことば》は、所作を生むことを大事にして書くべきだという点である。そうして書かれた能は、実際に文章《ことば》を謡《うた》ってみれば、自然に所作が生みだされるものである。だから書く際には、所作をまず考えに入れて、しかも謡の曲節《メロディー》・おもむきがよいように心がけるべきである。さて演能の場に臨んだ時は、また謡を先に演ずべきである。このように心掛けて、稽古の年功を積むなら、謡《うた》っても風情があり、舞っても謡と一体となって、すべての謡(音曲)が心のままの達人となることができよう。これはまた、能を書いた作者の手柄でもある。

一、能に、強き・幽玄、弱き・荒きを知る事。大かたは見えたることなれば、たやすきやうなれども、真実これを知らぬによりて、弱く、荒き為手《して》多し。

まづ、一さいの物まねに、偽《いつは》る所にて、荒くも弱くもなると知るべし。この堺《さかひ》、よきほどの工夫にては紛《まぎ》るべし。よくよく、心底《しんてい》を分けて案じ納《をさ》むべき事なり。

まづ、弱かるべき事を強くするは、偽《いつは》りなれば、これ荒きなり。強かるべき事に強きは、これ強きなり。荒きにはあらず。もし、強かるべきことを幽玄にせんとて、物まね似たらずば、幽玄にはなくて、これ弱きなり。さるほどに、たゞ物まねにまかせて、その物になり入りて、偽《いつは》りなくば、荒くも弱くもあるまじきなり。

又、強かるべき理《ことはり》過ぎて強きは、ことさら荒きなり。幽玄の風体よりなを優《やさ》しくせんとせば、これ、ことさら弱きなり。

この分け目をよくよく見るに、幽玄と強きと、別《べち》にあるものと心得《う》るゆへに、迷ふなり。この二つは、その物の体にあり。たとへば、人に於いては、女御《にょうご》・更衣《かうい》、又は遊女・好色《しょく》・美男、草木には花の類《たぐひ》、かやうの数《かず》々は、その形幽玄の物なり。又、あるいは武士《もののふ》・荒夷《あらゑびす》、あるいは鬼・神、草木にも松・杉、かやうの数々の類《たぐひ》は、強き物と申すべきか。かやうの万物の品々《しなじな》を、よくし似せたらんは、幽玄の物まねは幽玄になり。強きはをのづから強かるべし。この分け目をば宛《あ》てがはずして、たゞ幽玄にせんと斗《ばかり》心得て、物まねおろそかなれば、それに似ず。似ぬをば知らで、幽玄にするぞと思ふ心、これ弱きなり。されば、遊女・美男などの物まねをよく似せたらば、をのづから幽玄なるべし。たゞ、似せんと斗《ばかり》思ふべし。又、強き事をも、よく似せたらんは、をのづから強かるべし。

たゞし、心得べき事あり。力なく、この道は見所《けんじょ》を本《ほん》にする態《わざ》なれば、その当世当世《とうせい》の風儀にて、幽玄をもてあそぶ見物衆《しゅ》の前にては、強き方《かた》をば、少し物まねにはづるゝとも、幽玄の方へは遣《や》らせ給《たま》ふべし。この工夫《くふう》を以《も》て、作者又心得べきことあり。いかにも、申楽の本木《もとぎ》には、幽玄ならん人体《じんたい》、まして心・言葉をも優《やさ》しからんを、たしなみて書くべし。それに偽《いつは》りなくば、をのづから幽玄の為手《して》と見ゆべし。幽玄の理《ことはり》を知り極めぬれば、をのれと強き所をも知るべし。されば、一さいの似せ事をよく似すれば、よそ目に危き所なし。危《あやう》からぬは強きなり。

しかれば、ちゝとある言葉の響《ひゞ》きにも、「靡《なび》き」「臥《ふ》す」「帰《かへ》る」「寄《よ》る」などいふ言葉は、柔《やわら》かなれば、をのづから余情《よせい》になるやうなり。「落つる」「崩《くづ》るゝ」「破《やぶ》るゝ」「転《ころ》ぶ」など申すは、強き響《ひび》きなれば、振りも強かるべし。

さるほどに、強き・幽玄と申すは、別《べち》にあるものにあらず、たゞ物まねの直《すぐ》なる所、弱き、荒《あら》きは、物まねにははづるゝ所と知るべし。

この宛てがいを以《も》て、作者も、発端《ほたん》の句、一声・和歌などに、人体の物まねによりて、いかにも幽玄なる余情《よせい》・便りを求むる所に、荒き言葉を書き入れ、思ひの外《ほか》にいりほがなる梵語・漢音などを載せたらんは、作者の僻事《ひがごと》なり。定めて、言葉のまゝに風情をせば、人体に似合はぬ所あるべし。たゞし、堪《かん》能の人は、この違《ちが》い目を心得て、けうがる故実にて、なだらかなるやうにしなすべし。それは為手の高名《かうみょう》なり。作者の僻《ひが》事は逃《のが》るべからず。又、作者は心得て書けども、もし為手の心なからんに至りては、沙汰の外なるべし。これはかくのごとし。

又、能によりて、さして細かに言葉・義理にかゝらで、大様《おゝやう》にすべき能あるべし。さやうの能をば、直《すぐ》に舞い謡《うた》い、振りをもするするとなだらかにすべし。かやうなる能を又細かにするは、下手《へた》の態《わざ》なり。これ又能の下《さが》る所と知るべし。しかれば、よき言葉・余情《よせい》を求むるも、義理・詰め所のなくてはかなはぬ能に至りての事なり。直《すぐ》なる能には、たとひ、幽玄の人体にて硬《こわ》き言葉を謡《うた》ふとも、音曲のかゝりだに確《たし》やかならば、これ、よかるべし。これすなわち、能の本様《やう》と心得べき事なり。たゞ、返々《かへすがへす》、かやうの条々を極め尽くして、さて大様《おゝやう》にするならでは、能の庭訓《きん》あるべからず。

〔訳〕

一、能の表現に強さ・幽玄さ、弱さ・荒さのあることを弁《わきま》えることとは、大体は目に見えていることだから、容易《かんたん》に見わけられそうであるが、実際には、まことにこの点を知らないために、演技に弱さ、荒さが目立つ役《シ》者《テ》が多い。

そこでまず、あらゆる物まねにおいて、対象に似せきっていないために荒くなったり弱くなったりするものだと知るべきである。この区別は、いい加減な考えようではわからなくなってしまう。よくよく心の奥底で分析し、考えぬいて納得しておくべきことである。

まず、第一に弱いはずの役を強く演ずるというのは、偽《いつわ》りごとであるから、これは荒いのである。強いはずの役を強く演ずる、これは力強い演技なのである。荒いのではない。もしも、強いはずのことを幽玄にしようとして、物まねが似ないならば、それは幽玄には到らないで、弱い演技となるのである。したがって、物まねのやり方通りに演じて、手抜きがなければ、荒くも弱くもなるはずがない。だからといって、強さの程度を超えて、強すぎるのも、わざとらしい荒さである。幽玄の役柄よりさらに優しく演じようとすれば、これも、わざとする弱い演技なのである。

この(正しい物まねと偽りの物まねの)区別をよくよく考えてみると、幽玄と強さとが、別にあるものと心得るから、わからなくなるのである。この二つは、それぞれのもとになる状態によって異なる。たとえば、人に例をとれば、女御《にょうご》・更衣《こうい》または遊女・美女・美男、草木でいえば花等々の類《たぐい》は、その姿かたちからして幽玄なものにあたる。あるいはまた武士、野蛮な東国人、あるいは鬼・神、草木でいえば松・杉、このようなものは大体《おおかた》強い部類のものといってよいだろう。こうしたさまざまな対象を、ぴたっと似せたならば、幽玄な物まねは幽玄になり、強いものは自然と強くみえるであろう。この本質的な区分けを配慮しないで、ただ幽玄に演じようとばかり心得て、物まねをおろそかにすると、対象に似ない。そのことに気付かないで、ただ幽玄に演じようと思う心が弱いのである。だから、遊女や美男などの物まねをよく似せたならば、自然と幽玄となるのであろう。役者はひたすら似せようということばかり念頭におけばよろしいのである。また強い役も、よく似せることができたならば、自然と強い能になるのである。

ただし、心得ておくべきことがある。やむをえないことであるが、この申楽は、観客を基盤として存在している芸であるから、その時代時代の風潮で、幽玄を慰めとし、愛好する観客の前では、強い方面の芸は、少し物まねの立て前から外《はず》れても、幽玄の方へ傾《かた》むけて演じなさるのが宜《よ》いであろう。

この配慮をもって、能の作者としてもまた心得ていなければならないことがある。申楽の素材には、いかにも幽玄な主人公のものを採るようにし、加えて、筋合いや言葉も優雅なようにと、心がけて書かなければならない。それに偽《いつわ》りがなければ、自然と幽玄な役者《シテ》と見えるであろう。幽玄の風体になる道理を知り尽くせば、おのずと強さを表現するには、どのようにしたらよいものかもわかるであろう。つまり、すべての似せごとをよく似せおおせれば、観客からみても危《あぶ》なげがない。あぶなげのないということは、強い芸だということになる。

したがって、一寸した言葉の響きでも、「靡《なび》き」「臥《ふ》す」「寄る」などという言葉は、柔らかな響きをもつ言葉であるから、自然としんみりとした言外の情趣を残すようであるし、「落つる」「崩《くづ》るる」「破るる」「転《ころ》ぶ」などという言葉は、強いひびきだから、所作《しぐさ》も強くなくてはならない。

さて、強さとか、幽玄さとかは、別に存在するものではない。ただ物まねの忠実さから生まれるものであり、弱さとか、荒さとかは、物まねの不徹底さから生れるものと理解するべきである。

以上の言葉の響きと、所作《しぐさ》のかかわりに基づいて、作者も、役者が登場して最初に云う文句《ことば》とか、ひときわ高く張り上げて歌う一声とか、引用の和歌などに心すべき点がある。人体による物まねのしぐさで、できる限り幽玄な余情やその手がかりとなる文句《ことば》を探して書くべきであるのに、荒っぽい言葉を書き入れたり、思いの外にひねくった仏典の陀羅尼音や漢字音などを入れたりすることは、作者としての心得違いである。恐らく、そのような言葉のままに所作《しぐさ》をしたなら、役柄に似合わない点が出てくるであろう。ただし、上手な役者《シテ》ならば、この人体《うごき》と言葉の不似合な点を心得て、非凡な工夫で、違いが目立たないようになだらかに演じこなすであろう。それは、役者《シテ》の手柄である。だが作者の失敗は許されない。又、作者は、上述の点を心得て書いているのに、もしも役者《シテ》が不心得ときては、お話にならない。これら作者と役者の問題点は、右の通りである。

又、能によっては、それほど細かに言葉や筋立てにとらわれないで、大様《おおよう》に演ずべき能もある。そのような能は、素直に舞い謡《うた》い、所作《しぐさ》もするするとなだらかに演ずべきである。このような能をさらに細かに演ずることは、下手のやることで、そのようなことをしていると、能の腕前もさがるものだと知るべきである。だから、よい言葉や余韻ある所作を求めるのも、筋立てや、見せどころに重点をおく能についてのことである。技巧的でない能については、たとえ幽玄な主人公が、硬い言葉を謡《うた》っても謡の趣《おもむき》さえしっかりとしていれば、これはこれでよいことである。これこそがとりも直さず、能の本来の姿だと心得べきことである。ただ、かえすがえすも、以上のような各条《ひとつひとつ》の注意を極め尽くして、その上で、大様《おおよう》に演ずるというのでなくては、能の家の慈訓をうけたとはいえない。

一、能のよき・悪《あ》しきにつけて、為手《して》の位によりて、相応の所を知るべきなり。文字・風体を求めずして、大様《おゝやう》なる能の、本説《ほんぜつ》ことに正《たゞ》しくて、大きに位の上れる能あるべし。かやうなる能は、見所《みどころ》さほど細かになき事あり。これには、よきほどの上手も似合《に》はぬ事あり。たとひ、これに相応するほどの無上の上手なりとも、又、目利《きゝ》、大所《たいしょ》にてなくば、よく出で来《く》る事あるべからず。これ、能の位、為手の位、目利・在所・時分、ことごとく相応せずば、出で来る事は左右《さう》なくあるまじきなり。

又、小さき能の、さしたる本説《ほんぜつ》にてはなけれども、幽玄なるが、細々《ほそぼそ》としたる能あり。これは、初心の為手にも似合うものなり。在所も、自然、方辺《かたほと》りの神事《じんじ》、夜などの庭に相応すべし。よきほどの見手《みて》も、能の為手《して》も、これに迷ひて、自然、田舎《でんしゃ》・小所《せうしょ》の庭にて面白ければ、その心慣《な》らひにて、押し出だしたる大所《たいしょ》、貴人の御前などにて、あるいはひいき興行《こうぎょう》して、思ひの外《ほか》に能悪《わる》ければ、為手にも名を折らせ、我《われ》も面目《めんぼく》なき事ある物なり。

しかれば、かやうなる品《しな》々・所々を限らで、甲乙なからんほどの為手ならでは、無上の花を極めたる上手とは申すべからず。さるほどに、いかなる座敷にも相応するほどの上手に至りては、是非なし。

又、為手によりて、上手ほどは能を知らぬ為手もあり。能よりは能を知るもあり。貴所・大所などにて、上手なれども、能をし違《たが》へ、ちゝのあるは、能を知らぬゆへなり。

又、それほどに達者にもなく、物少《すく》なゝる為手の、申さば初心なるが、大庭《おゝにわ》にても花失《う》せず、諸人の褒美《ほうび》いや増しにて、さのみに斑《むら》のなからんは、為手よりは能を知りたるゆへなるべし。

さるほどに、この両様の為手を、とりどりに申す事あり。しかれども、貴所・大庭などにて、あまねく能のよからんは、名望長久なるべし。さあらんにとりては、上手の、達者ほどは我が能を知らざらんよりは、少し足らぬ為手なりとも、能を知りたらんは、一座建立《こんりゅう》の棟梁《とうりやう》には勝るべきか。能を知りたる為手は、我が手柄の足らぬ所をも知るゆへに、大事の能に、かなはぬ事をば斟酌《しんしやく》して、得たる風体ばかりを先立《さき》てゝ、仕立よければ、見所《けんじょ》の褒美かならずあるべし。さて、かなはぬ所をば、小所《せうしょ》・片辺《かたほと》りの能にし慣《な》らふべし。かやうに稽古すれば、かなはぬ所も、功入れば、自然自然にかなふ時分あるべし。さるほどに、終《つゐ》には、能に嵩《かさ》も出で来《き》、垢《あか》も落ちて、いよいよ名望《めいぼう》も一座も繁昌《はんじょう》する時は、定めて、年《とし》行くまで花は残るべし。これ、初心より能を知るゆへなり。能を知る心にて、公案を尽くして見ば、花の種を知るべし。しかれども、この両様は、あまねく人の心々《こころ》にて、勝負をば定め給《たま》ふべし。

花修　已上《いじょう》。

此条々、心ざしの芸人より外は、一見をも許すべからず。

世　阿(花押)

〔訳〕

一、演能にあたり能のよし、あしについては、役者の芸位によって、つり合《あい》のとれる場所を考えなければならない。

大様《おおまか》な能で、台本の文章や芸風の面白さを求めないで、典拠が格別に正しくて、大変に品格の高い能があるものだ。このような能は、見せ場もそれほど細やかにはない場合がある。このような能になると、相当な上手が演じてもうまくぴったりとしないことがある。よしんば、この曲にふさわしく最上の名人が演じても、それとともに観客が目利きで、演ずる場所も、貴人などの見ている晴れの舞台でなくては、成功することはない。つまり能の格調、役者《シテ》の芸位、鑑賞眼、演じる場所や時期といったすべてが相応《ふさわ》しくなければ、成功することは滅多にありえないものだ。

また、小ぢんまりした能で大した出典によったものでなくても、幽玄で、どうにか続いている能がある。こういう能は、初心の役者《シテ》でも似合うものである。演能する土地、場所も自然と片田舎の祭礼、夜の能などにふさわしい。かなりに目の利く観客も、能の役者《シテ》も、こうした環境に判断力を失ってしまい、田舎や小さな場所の庭先で演じて面白かったりすれば、同じようなつもりになって、晴れがましい大きな会場や貴人の御前で演じたり、また特定の役者を引き立てるための催しをして、期待に反して能が悪かったりすれば、役者《シテ》の名も傷《きず》つき、主催者の自分も面目を失うことになるものである。

だから、このような演目や演能場所の違いにかかわらず、優劣をつけられないような役者《シテ》でなければ、この上ない花を極めた達人とはいえない。そのようなわけで、どんな見物席でもそれに応じて演じうる達人になれば、問題がない。

また、役者によっては、能の技倆がすぐれている割には能の本質を知らない者もあり、能の技倆《うでまえ》以上に能の本質《ほんね》を知っている者もある。貴人の御前や晴れの舞台などで、技倆は上手であるけれども、曲目の選択を誤り、手違いをきたすのは、能の本質を知らないがためである。

また、それほど技倆も上手でなく、演じうる曲目が少ししかない役者が、いわば初心程度の人が、晴れの舞台でも立派に演じ、多くの観客により一層褒められ、さほどの斑《むら》もなく安定しているというのは、役者としての技倆以上に能の本質をわきまえているためであろう。

そこで、世の人々も、この両様の役者《シテ》について、どちらが勝《まさ》るかについての評価が一様ではない。けれども貴人の御前や晴れの舞台などで、いつでも出来がよい役者《シテ》は、その高い名声と人望が長く久しくつづくであろう。そうなると、上手で、技倆すぐれた役者であっても能を知らない上手よりも、少しは技倆が不足の役者《シテ》でも、能の在り方を知っている者の方が、一座を背負って立つ棟梁としては、勝《まさ》っていると言うべきであろう。能の本質を知っている役者は、自分の腕前の不足も知っているからこそ大事な演能の際には、演じこなせないことは差し控え、得意とする芸だけを表に出して演じ、仕上げもうまいので、観客の賞賛はかならず得られるであろう。そして、不得手なところを小さな場所や片田舎の能などの際に何度《なんど》も演じて稽古すべきである。このようにして稽古を積めば、不得手なところも、稽古の取りこみようで、自然自然にできるようになる時機もくるであろう。そうすると、最後には、能に幅《はば》も高さも出てきて、洗練され、益々、名声もあがり、一座も繁昌《はんじょう》するようになれば、きっと老齢になるまで芸の花は失《う》せないであろう。これは、初心時代より能の在り方を知っていたからである。能を知るほどの聡明な心で当面する問題点を追求し尽くしてみれば、芸能の花を咲かせる種の道理をも知ることができよう。そうはいうものの、この両者のどちらが良いかは、人それぞれに考えがあろうから、各自で考えぬいて優劣を定めるのがよろしいであろう。

花修　完《おわり》。

花修の奥書にみる条々は、心ざしを立てた芸人以外には、だれにも一見たりとも許してはならない。

世　阿（花押）

第七　別紙口伝

コノ口伝《ク》ニ花ヲ知ルコト。マヅ、仮令《ケリヤウ》、花ノ咲クヲ見テ、ヨロヅニ花トタトエ始メシ理《コトワリ》ヲワキマウベシ。

ソモソモ、花トイフニ、万木千草《バンボクセンソウ》ニ於イテ、四季折節《ヲリフシ》ニ咲ク物ナレバ、ソノ時ヲ得《エ》テメヅラシキユヱニ、モテアソブナリ。申楽モ、人ノ心ニメヅラシキト知ル所、スナハチ面白キ心ナリ。花ト、面白キト、メヅラシキト、コレ三ツハ同ジ心ナリ。イヅレノ花カ散ラデ残ルベキ。散ルユヱニヨリテ、咲ク頃アレバメヅラシキナリ。能モ、住スル所ナキヲ、マヅ花ト知ルベシ。住セズシテ、余ノ風体ニ移レバ、メヅラシキナリ。

タダシ、様《ヤウ》アリ。メヅラシキト言エバトテ、世ニナキ風体《フウテイ》ヲシ出《イ》ダスニテハアルベカラズ。花伝《クワデン》ニ出《イ》ダス所ノ条々ヲ、コトゴトク稽古シ終リテ、サテ申楽ヲセン時ニ、ソノ物数《モノカズ》ヲ、用々《ヨウヨウ》ニ従《シタガ》イテ取リ出《イ》ダスベシ。

花ト申スモ、ヨロヅノ草木ニ於イテ、イヅレカ四季折節《ヲリフシ》ノ時ノ花ノ外《ホカ》ニメヅラシキ花ノアルベキ。ソノゴトクニ、習イ覚エツル品《シナ》々ヲ極メヌレバ、時折節《ヲリフシ》ノ当世《タウセイ》ヲ心得テ、時ノ人ノ好ミノ品《シナ》ニヨリテ、ソノ風体ヲ取リ出《イ》ダス、コレ、時ノ花ノ咲クヲ見ンガゴトシ。花ト申スモ、去年《コソ》咲キシ種《タネ》ナリ。能モ、モト見シ風体ナレドモ、物数《モノカズ》ヲ極メヌレバ、ソノ数《カズ》ヲ尽クスホド久《ヒサ》シ。久シクシテ見レバ、マタメズラシキナリ。

ソノウエ、人ノ好ミモ色々ニシテ、音曲《ギョク》・振舞《フルマイ》・物マネ、所《ショ》々ニ変リテトリドリナレバ、イヅレノ風体ヲモ残シテハカナフマジキナリ。シカレバ、物数《カズ》ヲ極メ尽《ツ》クシタラン為手《シテ》ハ、初春《ハツ》ノ梅ヨリ、秋ノ菊ノ花ノ咲キ果《ハ》ツルマデ、一年中ノ花ノ種ヲモチタランガゴトシ。イヅレノ花ナリトモ、人ノ望ミ、時ニヨリテ、取リ出《イ》ダスベシ。物数《カズ》ヲ極メズバ、時ニヨリテ花ヲ失ウコトアルベシ。タトヘバ、春ノ花ノ頃過ギテ、夏草ノ花ヲ賞翫《シャウグワン》センズル時分ニ、春ノ花ノ風体バカリヲ得《エ》タラン為手《シテ》ガ、夏草ノ花ハナクテ、過ギシ春ノ花ヲマタ持チテ出《イ》デタランハ、時ノ花ニ合《ア》フベシヤ。コレニテ知ルベシ。

タダ、花ハ、見ル人ノ心ニメヅラシキガ花ナリ。シカレバ、花伝《クワデン》ノ花ノ段ニ、「物数《カズ》ヲ極メテ、工夫《クフウ》ヲ尽クシテ後、花ノ失セヌ所ヲバ知ルベシ」トアルハ、コノ口伝《クデン》ナリ。サレバ、花トテ別《ベチ》ニハナキモノナリ。物数《カズ》ヲ尽クシテ、工夫《クフウ》ヲ得テ、メヅラシキ感ヲ心得《ウ》ルガ花ナリ。「花ハ心、種ハ態《ワザ》」ト書ケルモ、コレナリ。

物マネノ鬼ノ段ニ、「鬼バカリヲヨクセン者ハ、鬼ノ面白キ所ヲモ知ルマジキ」トモ申シタルナリ。物数ヲ尽クシテ、鬼ヲメヅラシク出《イ》ダシタランハ、メヅラシキ所《トコロ》花ナルベキホドニ、面白カルベシ。余ノ風体ハナクテ、鬼バカリヲスル上手ト思ハバ、ヨクシタリトハ見ユルルトモ、メヅラシキ心アルマジケレバ、見所《ミドコロ》ニ花ハアルベカラズ。「巌《イワヲ》ニ花ノ咲カンガゴトシ」(1)ト申シタルモ、鬼ヲバ、強ク、恐ロシク、肝《キモ》ヲ消《ケ》スヤウニスルナラデハ、ヲヨソノ風体ナシ。コレ、巌《イワヲ》ナリ。花トイフハ、余ノ風体ヲ残サズシテ、幽玄至極《シゴク》ノ上手と人ノ思イ慣《ナ》レタル所ニ、思イノ外ニ鬼ヲスレバ、メヅラシク見ユル所、コレ花ナリ。シカレバ、鬼バカリヲセンズル為手《シテ》ハ、巌《イワヲ》バカリニテ、花ハアルベカラズ。

〔訳〕

一、この別紙口伝(秘伝)においては、能の花とはなにかを知ることである。まず、たとえてみれば、花の咲くのを見てあらゆる現象を花にたとえてみた理由を十分に理解しなければならない。

そもそもありとあらゆる草木の花というものは、四季の折々に咲くものであるが、花の咲く時期は一時だけであるからこそ、目新しく感じ、人々が愛《め》ずるのである。申楽においても、観客の心に新鮮だと感ずるところに、面白さがあるのである。花をめずる心と、面白さを感じ、目新しさを感ずるというこの三つの心は、同じである。どんな花でも、散らないで残っているものがあろうか。散るからこそ咲いている時がめずらしいのである。能においても、『金剛経』(応無所住、而生其心)に説かれているように、ひとつ所に停滞しない、つまり移ろう点が、まず花と同じなのだと知るべきである。一つの型にとらわれないで、他の芸風に新しい表現を求めるようにすれば、目新らしくなるわけである。

ただし、注意すべきことがある。いくら目新らしさだといっても、世の中にあり得ない姿、形を演じ、創作してよいというのではない。『風姿花伝』に示された条々《もろもろ》をすべて稽古しつくして、さて演能しようという時に、体得したさまざまの曲を、それぞれの用いどころに応じて演ずるべきである。花といったところで、いろいろな草木が、四季おりおりに咲かせる花のほかに、別にめずらしい花があるわけではあるまい。それと同様に、習い覚えたさまざまな演目を習得し尽くしたら、その折りの流行を察して、その時の人の好みそうな演目によって、その役柄を演じること。それは、ちょうど四季折々の花を眺めるようなものである。また、花といっても、去年咲いた花の種である。能も、以前に見た型であっても、たくさんの演目をこなしつくしていると、その数をこなす分だけ時間がかかるわけで、しばらく経《た》ってから見れば、同じ演目であっても、また目新らしさが感じられるものである。

そのうえ、人の好みも千差万別で、謡あり舞あり演技ありと、場所ごとに好みも違い、各地各様であるから、どんな芸風のものでも演じないものがあってはぐあいがわるい。したがって、多くの演目を演じつくした役者《シテ》は、初春の梅から、秋の菊花がしぼむまでの一年中の花の種を持っているようなものである。どんな花でも、観客の望みに応じて、自在に取り出してみせられるようでなければならない。だから、たくさんの演目を十分に身につけていないと、時によっては、芸の花を失ってしまうことがある。例えば、春の花の時節が過ぎて、夏草の花を愛《め》でようとする時分に、春の花の芸しかできないシテが、夏草の花を持たないために、やむなく過ぎた春の花を再び持ち出したとしたなら、時節に適《かな》った花だといえようか。このたとえで分かるであろう。

ただ言えることは、花は、観客の心に目新らしく映るものだけが、花なのだということである。であるから花伝の花の段に、「多くの演目を身につけ、稽古をつくした後で、はじめて、いつまでも花が失《う》せない方法を知るべきである」と述べているのは、こうした意味からである。だから、花といっても、何も特別なものが稽古の対象として存在するわけではない。多くの演目の稽古を極めつくし、工夫をこらして、目新らしい感じを出す方法を心得ているのが花である。「花は心、種は態《わざ》」と書いたのも、このことである。ものまね篇の鬼の段で、「鬼能ばかりを得意とする役者は、その鬼能の面白さもわからないであろう」とも、申し述べた。役者が多くの演目をこなすなかで、鬼を目新らしく演じたならば、その目新らしい点が、花なのだから、面白く映るであろう。だが、あの役者は、他の演目をやらず、鬼ばかりが得意だ、と観客に思わせたら、鬼をうまく演じたと認められはしても、目新らしい感じは起こらないから、観客の目には、花があるとは映らない。また鬼の段に「巌《いわお》に花の咲くようなものだ」と述べたのもそれで、鬼を演ずるならば、強く恐ろしく、肝《きも》をつぶすように演じなくては、鬼らしい風情《ふぜい》がでない。この点を巌にたとえたわけである。ところが、花というものは、他のどのようなかたちともちがって、幽玄この上ない上手な役者だと観客が思いこんでいるところへ、意外にも鬼を演ずるから目新らしく感じられるというところにある。こうしたことが花といえることなのである。だから鬼ばかりを演ずる役者は、巌ばかりで、花の魅力はあるはずがない。

(1) 第二の「鬼」にも見える「巌に花の咲かんがごとし」は、宋の投子義青《とうすぎせい》の『投子青禅師語録』巻之上「浮山和尚出十六題令師頌」の「死中活(寒灰枯木の中にこそ煩悩妄想のとり払われた絶対境《さとり》がある)」にある「鳥　華を銜《くわ》えて碧巌の前に落とす」による。そして唐の洞山良价禅師の「五位説」に準じて「五位」を説いている。

一、細《コマ》カナル口伝ニ云ハク。音曲・舞・ハタラキ・振リ・風情《フゼイ》、コレマタ同心《オナジ》ナリ。コレハ、イツモノ風情・音曲ナレバ、「サヤウニゾアランズラン」ト、人ノ思イ慣《ナ》レタル所ヲ、サノミニ住セズシテ、心根《ネ》ニ、同ジ振リナガラ、モトヨリハ軽《カル》々ト風体《フウテイ》ヲタシナミ、イツモノ音曲ナレドモ、ナヲ故実ヲメグラシテ、曲ヲ色ドリ、声色《コワイロ》ヲタシナミテ、我ガ心ニモ「今ホドニ執《シツ》スルコトナシ」ト、大事ニシテコノ態《ワザ》ヲスレバ、見聞《ミキ》ク人、「常ヨリモナヲ面白キ」ナド、批判ニ合《ア》フコトアリ。コレハ、見聞《ミキ》ク人ノタメ、メヅラシキ心ニアラズヤ。

シカアレバ、同ジ音曲・風情ヲスルトモ、上手《ズ》ノシタランハ、別《ベチ》ニ面白カルベシ。下手《ヘタ》ハ、モトヨリ習イ覚《ヲボ》エツル節博士《フシハカセ》ノ分《ブン》ナレバ、メヅラシキ思《ヲモ》ヒナシ。上手《ズ》ト申スハ、同ジ節《フシ》ガカリナレドモ、曲ヲ心得タリ。曲トイウハ、節《フシ》ノ上ノ花ナリ。同ジ上手、同ジ花ノ内ニテモ、無上ノ公案ヲ極メタランハ、ナヲ勝ツ花ヲ知ルベシ。ヲヨソ、音曲ニモ節ハ定マレル形木《カタギ》、曲ハ上手ノモノナリ。舞ニモ、手ハ習ヘル形木《カタギ》、品《シナ》カカリハ上手ノ物ナリ。

〔訳〕

一、詳細な口伝につぎのように書いた。謡・舞・ハタラキ（具体的に容《かたち》のある動きで抽象美の「舞」に対して使う）・所作《みのこなし》・風情、これらも同じ心の働きから生ずるものである。これは、いつものしぐさや謡だから「こうこうであろう」と観客が思いこんでいるところへ、いつものやり方にとらわれないで、心の底では、同じ舞のふりでも、以前《いつも》よりはさらっと、演じてみようと思い、いつもの謡であっても、これまでのならわしを工夫して、謡も文《あや》に美しく、声の調子に心がけて、我ながら「今度《こんど》ほど、気を入れてやったことはない」と思えるほど大事に演じてみると、観客から、「いつもよりずっと面白い」などと、評価をうけることがある。これは、観客の心に目新しい感じを与えたことになるのではないか。

それゆえ、同じ謡をうたい、同じしぐさをしても、達人が演じれば、格別に趣が深いであろう。未熟な役者は、もともと、習いおぼえた節付《ふしづけ》通りに歌っているのがせいぜいで、目新しい感じがない。達人というのは、同じ節廻《ふしまわ》しで歌ってはいるが、曲というものを心得ている。曲というのは、節《ふし》まわしの上に咲く花である。同じ達人、つまり同じ花のうちでも、節《ふし》は定まった型《かた》であり、曲は達人によってひびくものなのである。また、舞においても、舞の手《て》は定まった型であるが、その品格や風趣は、達人の芸によって生じるものである。

一、物マネニ、似セヌ位《クライ》アルベシ。物マネヲ極メテ、ソノ物ニマコトニ成リ入リヌレバ、似セント思フ心ナシ。サルホドニ、面白キ所バカリヲタシナメバ、ナドカ花ナカルベキ。タトヘバ、老人ノ物マネナラバ、得タラン上手ノ心ニハ、タダ、素人《シラウト》ノ老人ガ風流延年ナンドニ身ヲ飾《カザ》リテ舞イ奏《カナ》デンガゴトシ。モトヨリ己《オノ》ガ身ガ年寄ナラバ、年寄《トシヨリ》ニ似セント思ウ心ハアルベカラズ。タダソノ時ノ物マネノ人《ジン》体バカリヲコソタシナムベケレ。

マタ、老人ノ、花ハアリテ年寄《トシヨリ》ト見ユル口伝トイフハ、マヅ、善悪、老《ラウ》シタル風情《フゼイ》ヲバ心ニカケマジキナリ。ソモソモ、舞・ハタラキト申スハ、ヨロヅニ、楽《ガク》ノ拍子《ヒヤウシ》ニ合《ア》ワセテ、足ヲ踏《フ》ミ、手ヲ指シ引キ、振リ、風情ヲ拍子《ヒヤウシ》ニ当テテスルモノナリ。年寄リヌレバ、ソノ拍子ノ当テ所、太鼓《タイコ》・歌・鼓《ツヾミ》ノ頭《カシラ》ヨリハ、チチト遅《オソ》ク足ヲ踏ミ、手ヲモ差シ引キ、ヲヨソノ振リ・風情ヲモ、拍子ニ少シ後《ヲク》ルルヤウニアルモノナリ。コノ故実、ナニヨリモ年寄ノ形木《カタギ》ナリ。コノ宛《ア》テガイバカリヲ心中ニ持チテ、ソノ外《ホカ》ヲバ、タダ世ノ常ニ、イカニモイカニモ花ヤカニスベシ。マヅ、仮令《ケリョウ》モ、年寄ノ心ニハ、何事ヲモ若クシタガルモノナリ。サリナガラ、力《チカラ》ナク、五体モ重ク、耳モ遅《ヲソ》ケレバ、心ハ行ケドモ振舞ノカナハヌナリ。コノ理《コトワリ》ヲ知ルコト、マコトノ物マネナリ。態《ワザ》ヲバ、年寄ノ望ミノゴトク、若キ風情ヲスベシ。コレ、年寄ノ若キコトヲ羨《ウラヤ》メル心・風情ヲ学ブニテハナシヤ。年寄ハ、イカニ若振舞《ワカブルマイ》ヲスレドモ、コノ拍子《ヒヤウシ》ニ後《ヲク》ルルコトハ、力《チカラ》ナク、カナハヌ理《コトワリ》ナリ。年寄ノ若振舞、メヅラシキ理《コトワリ》ナリ。老木《ヲイキ》ニ花ノ咲カンガゴトシ。

〔訳〕

一、物まねに、似せようとする意識が無くなる芸位がある。物まねの神髄を極めて、主人公に全《まった》くなりきってしまうと、似せようとする意識さえなくなる。そうして、いかに面白くするかだけを心掛けるのだから、どうして花が咲かせられないことがあろうか。たとえば、老人役の物まねでいえば、芸を極めた達人の心理は、役者でないごく普通《あたりまえ》の老人が、風流延年の舞などで、晴れの衣装をつけて、舞い謡うようなものである。もとより自分自身が老人なのだから、老人に似せようとする意識のあろうはずがない。ただその時の物まねの対象となる人物になりきることだけは心がけているべきである。

また、老人を演ずるとき、花はありながら老人らしく見える口伝は、まず絶対に、老人らしい振舞を念頭においてはいけないということである。一体に、舞やハタラキというものは、万事につけ、お囃《はやし》の拍子に合わせて、足を踏んだり手を出したり引いたりと、動作や所作《しぐさ》を拍子《ひょうし》に合わせて演ずるものである。老人になると、その拍子のとりかたが、太鼓や謡《うたい》や鼓の出だしからすこしおくれて足を踏み、手も出したり引いたりし、おしなべて動作や所作が、拍子にすこし遅れぎみになるものである。この手だてが、何よりも老人の物まねの基準なのである。この配慮だけをしっかりと腹に据《す》え、その他のことは、ただ普通《あたりまえ》に、さも花やかに演ずるのがよい。まあ、大体のところ、老人の心理というものは、なにごとにつけても若《わか》々しくしたがるものであるけれども、どうしようもなく、五体も重く、耳も遠くなっているから、心ははやるが、振舞《ふるまい》がともなわないのである。この道理を知ることが、まことの物まねである。動作を年寄り好みのように若々しい風情にするべきである。これこそ、年寄りが、若さをうらやましがる心理と振舞を学ぶことではあるまいか。老人が、どのように若々しい振舞をしても、この拍子に遅れるということは、やむをえない困ったわけあいなのである。だが、老人の若やいだ振舞というものは、目新しさを生むゆえんなのである。「老木に花が咲いたさま」にも擬《に》ている。

一、能ニ十体《ジツテイ》ヲ得《ウ》ベキコト。十体ヲ得タラン為手《シテ》ハ、同ジコトヲ一廻《ヒトマワ》リ一廻リヅツスルトモ、ソノ一通リノ間《アイダ》久シカルベケレバ、メヅラシカルベシ。十体ヲ得タラン人ハ、ソノ内ノ故実・工夫ニテハ、百色《モモイロ》ニモワタルベシ。マヅ、五年・三年ノ内ニ一遍ヅツモ、メヅラシクシ替《カ》ウルヤウナランズル宛《ア》テガイヲ持ツベシ。コレハ、大《ヲウ》キナル安立《アンリフ》ナリ。マタハ、一年ノ内、四季折節《オリフシ》ヲモ心ニカクベシ。マタ、日ヲ重《カサ》ネ(たる申楽、一日《ひとひ》の内は申《まうす》に及ばず、風体の品々《しなじな》を色どるべし。かやうに、大綱《かう》より初《はじめ》て、ちゝとあることまでも、自然自然に心にかくれば、一期《ご》、花は失せまじきなり)。

(又、云《いわく》、十体《じつてい》を知らんよりは、年々去来の花を忘るべからず。年々去来の花とは、たとへば、十体とは物まねの)品々ナリ。年々去来トハ、幼ナカリシ時ノヨソオイ、初心ノ時分ノ態《ワザ》、手盛《テザカ》リノ振舞、年寄リテノ風体《フウテイ》、コノ、時分時分ノ、ヲノレト身ニアリシ風体ヲ、ミナ当芸ニ一度ニ持ツコトナリ。アル時ハ児《チゴ》・若族《ニヤクゾク》ノ能カト見エ、アル時ハ年盛リノ為手《シテ》カト覚《オボ》エ、マタハ、イカホドモ臈《ラウ》タケテ、功《コウ》入リタルヤウニ見エテ、同ジ主《ヌシ》トモ見エヌヤウニ能ヲスベシ。コレスナハチ、幼少ノ時ヨリ老後マデノ芸ヲ、一度ニ持ツ理《コトワリ》ナリ。サルホドニ、年《トシ》々去リ来《キタ》ル花トハ言ヘリ。

タダシ、コノ位ニ至レル為手《シテ》、上代・末代ニ、見モ聞キモ及バズ。亡父ノ若盛《ザカ》リノ能コソ、臈《ラウ》タケタル風体、コトニ得タリケルナド、聞キ及ビシカ。四十有余《ユウヨ》ノ時分ヨリハ、見慣《ミナ》レシコトナレバ、疑イナシ。自然《ジネン》居士《コジ》ノ物マネニ、高座《カウザ》ノ上ニテノ振舞ヲ、時ノ人、「十六七ノ人体《ニンテイ》ニ見ヱシ」ナンド、沙汰アリシナリ。コレハ、マサシク人モ申シ、身ニモ見タリシコトナレバ、コノ位ニ相応シタリシ達者カト覚エシナリ。カヤウニ、若キ時分ニハ行ク末ノ年々去来ノ風体ヲ得、年寄リテハ過ギシ方ノ風体ヲ身ニ残ス為手、二人トモ、見モ聞キモ及バザリシナリ。

サレバ、初心ヨリノコノカタノ、芸能ノ品々《シナジナ》ヲ忘レズシテ、ソノ時《トキ》々、用々ニ従ツテ取リ出《イ》ダスベシ。若クテハ年寄ノ風体、年寄リテハ盛リノ風体ヲ残スコト、メヅラシキニアラズヤ。シカレバ、芸能ノ位アガレバ過ギシ風体ヲシ捨テ捨テ忘ルルコト、ヒタスラ花ノ種ヲ失フナルベシ。ソノ時々ニアリシ花ノママニテ、種ナケレバ、手折《タヲ》レル枝ノ花ノゴトシ。種アラバ、年々時々ノ頃ニ、ナドカ逢《ア》ハザラン。タダ、返ス返ス、初心ヲ忘ルベカラズ。サレバ、常ノ批判ニモ、若キ為手ヲバ、「早ク上《アガ》リタル」「功入リタル」ナド褒《ホ》メ、年寄リタルヲバ、「若ヤギタル」ナド批判スルナリ。コレ、メヅラシキ理《コトワリ》ナラズヤ。十体《ジッテイ》ノウチヲ色ドラバ、百色《モモイロ》ニモナルベシ。ソノ上ニ、年々去来ノ品々ヲ一身当芸ニ持チタランハ、イカホドノ花ゾヤ。

〔訳〕

一、能における十体ともいうべきものを心得るべきである。十体を身につけたと思われる役者《シテ》ならば、同じ曲目を巡繰《じゅんぐ》りに演じていっても、その一廻《ひとまわ》りする期間が長いわけだから、観客には目新しく感じられるであろう。また、十体を身につけたと思われる役者は、その中の典例《てんれい》に考察を加えることによって、百種にも推し及ぼされるであろう。まず、五年から三年の間に一遍というように目新らしく演出を変えて見せようとする気構えが大切である。これは大事なことで、どんな場合にもゆるぎない安心立命の基《もとい》となるものである。また一年の中でも、四季折々との兼ね合いも考慮して、演じなければならない。また、数日間にわたる演能では（一日における演目の選定はいうまでもなく）、番組にもさまざまの彩《いろど》りを配慮しなければならない。このようにして、根本的な点からはじめて、細目《さいもく》に及ぶまで、その場に応じて演出に心がければ、生涯にわたって、演者の花は失《う》せることはないであろう。

また、云えることは、十体を知ることも大事だが、それ以上に大事なことは、年々歳々その季節を忘れずに咲く花のなんたるかを忘れてはならないということである。その年々去来の花とは、たとえば、十体とは、物まねのさまざまな演目のことである。年々去来とは、幼い頃の風姿、初心の頃の技《わざ》、芸に脂《あぶら》の乗っている時期の振舞《やりかた》、年寄ってからの風体《ありよう》、それぞれの時期に自然と身についた芸風が、すべて現在に包括していることである。ある時は稚子、若者の能かと見え、ある時は壮年の役者《シテ》かと思われ、あるいはまた大変に洗練され年季が入っているように見えて、同じ演者とも思われないように能を演ずべきである。これがすなわち、幼少の時より老後に至るまでの芸を同時に備えもつわけあいであり、これであるからこそ、年々歳々、咲くことを忘れない花といえるのである。

ただし、こうした芸位に到達した役者は、昔から今にいたるまで、見聞きしたこともない。亡父観阿弥の若い盛りの頃の能こそ、上品で洗練された芸風で、特に堂に入ったものであったと、聞き及んでいることである。四十の坂を越してからは、いつも見慣れていたから疑いもない事実である。観阿弥作の能である自然居士の演技で高座の上での振舞を観た当時の人が、「一六七歳の姿に見えた」などと、うわさをした。

これは、正真正銘、他人《ひと》も云い、自分も見たことがあるのだから、年々去来の花を一身に持つ芸位にふさわしかった達人であったとおもわれる。このように、若い時分には、将来身についてくるはずの年配者向きの風姿をもち、年寄りになってからは、若い時分の風姿を身につけているという役者、一人で二人分を身につけた者は、亡父以外には見も聞きもしたことがない。

よって、初心の頃からのさまざまな芸能の数かずを忘れないで、その時々の必要に応じて活用すればよいのである。若い頃でも年寄りの風姿を、年寄っては、若い頃の風姿を残しておくことは、めずらしいことではあるまいか。だから芸能の位が上がるにつれて、これまで身につけてきた芸を捨て去って忘れてしまうのは、せっかくの花の種をすっかり失《な》くしてしまうことになる。その時々に花を咲かせたまでで、再び花を咲かせる配慮、つまり種子がなければ手折《たお》った枝についている花のようなものである。種さえあれば、毎年その時期になれば開花できるはずである。だから、ひとえに幾度でもくり返して云うが、初心時代の芸を忘れてはならない。さて、日頃よく聞く批評にも、若い役者《シテ》に対しては、「早く芸が身についた」とか「年季が入った」などと褒め、年寄りの演者に対しては「若々しさがある」などと褒めあげる。こうした現象も「めづらしきが花」の道理を示したことではあるまいか。十体の手のうちをさまざまにとり合わせて目新しさをねらえば、百種《いろ》にも及ぶであろう。その上に、年齢的な芸風の変化のかずかずを、わが身一身の現在の芸として身につけていたなら、どれほど多くの種類の花となることであろうか。

一、能ニ、ヨロヅ用心ヲ持ツベキコト。仮令《ケリヤウ》、怒《イカ》レル風体《テイ》ニセン時ハ、柔《ヤワラ》カナル心ヲ忘ルベカラズ。コレ、イカニ怒ルトモ、荒カルマジキ手立《ダテ》ナリ。怒レルニ柔カナル心ヲ持ツコト、メヅラシキ理《コトハリ》ナリ。マタ、幽玄ノ物マネニ、強キ理ヲ忘ルベカラズ。コレ、一サイ、舞・ハタラキ・物マネ、アラユルコトニ住セヌ理ナリ。マタ、身ヲツカウ内《ウチ》ニモ心根《ネ》アルベシ。身ヲ強ク動カス時ハ、足踏《アシブミ》ヲ盗《ヌス》ムベシ。足ヲ強ク踏ム時ハ、身ヲバ静カニ持ツベシ。コレハ筆ニ見エガタシ。相対《アイ》シテノ口伝ナリ。（コレハ花習ノ題目ニクワシク見エタリ）。

〔訳〕

一、能において、万事に心を配《くば》るべきこと。たとえば、怒りの役柄を演じようとする時は、柔和な心でいることを忘れてはならない。これは、いかに怒る動作をしても、荒くならないようにする手段である。怒りながらも柔和な心をもつことは、めずらしさを生む方法でもある。また幽玄の物まねにもそれを表現する上での確固とした筋道のあることを忘れてはならない。

これらの注意は、一切の舞・動作・物まね等々、あらゆることにいえることだが、一つところに留まり、かたよってはならないという道理である。これは「住スル所ナキヲ先ヅ花ト知ルベシ」ということである。

また、身《からだ》を動かすことのなかにも、心づかいが必要である。身《からだ》を強く動かすときは、足踏みをそっとすべきであり、足を強く踏む時は、身を静かに保つようにしなければならない。こういった点は、筆で書き現すのはむずかしい。互いに向き合って授けるべき口伝である。（この件は、花習の題目の箇条書きに詳しく書いてある）。

一、秘スル花ヲ知ルコト。「秘スレバ花ナリ。秘セズバ花ナルベカラズ」トナリ。コノ分ケ目ヲ知ルコト、肝要ノ花ナリ。

ソモソモ、一サイノ事、諸道芸ニ於イテ、ソノ家々ニ秘事ト申スハ、秘スルニヨリテ大用《ダイユウ》アルガユヱナリ。シカレバ、秘事トイフコトヲアラハセバ、サセルコトニテモナキモノナリ。コレヲ、「サセルコトニテモナシ」ト言フ人ハ、イマダ秘事トイフコトノ大用ヲ知ラヌガユヱナリ。

マヅ、コノ花ノ口伝ニ於キテモ、タダメヅラシキガ花ゾト皆人知ルナラバ、「サテハメヅラシキコトアルベシ」ト思イ設《マウ》ケタラン見物衆ノ前ニテハ、タトイメヅラシキコトヲスルトモ、見手《ミテ》ノ心ニメヅラシキ感ハアルベカラズ。見ル人ノタメ花ゾトモ知ラデコソ、為手ノ花ニハナルベケレ。サレバ、見ル人ハ、タダ思イノ外ニ面白キ上手トバカリ見テ、コレハ花ゾトモ知ラヌガ、為手ノ花ナリ。サルホドニ、人ノ心ニ思イモ寄ラヌ感ヲ催《モヨ》ヲス手立《ダテ》、コレ花ナリ。

　タトヘバ、弓矢ノ道ノ手立《ダテ》ニモ、名将ノ案・計《ハカ》ライニテ、思イノ外《ホカ》ナル手立ニテ、強敵《ガウテキ》ニモ勝ツコトアリ。コレ、負《マ》クル方《カタ》ノタメニハ、メヅラシキ理《コトハリ》ニ化《バ》カサレテ破ラルルニテハアラズヤ。コレ、一サイノ事、諸道芸ニ於イテ、勝負ニ勝ツ理ナリ。カヤウノ手立テモ、事落居《コトラッキョ》シテ、カカル計《ハカ》リ事ヨト知リヌレバ、ソノ後《ノチ》ハタヤスケレドモ、イマダ知ラザリツルユヱニ負《マ》クルナリ。サルホドニ、秘事トテ、一ツヲバ我ガ家ニ残スナリ。

　ココヲ以テ知ルベシ。タトヘアラハサズトモ、カカル秘事ヲ知レル人ヨトモ、人ニハ知ラレマジキナリ。人ニ心ヲ知ラレヌレバ、敵人《ジン》油断セズシテ用心ヲ持テバ、カヱテ敵《カタキ》ニ心ヲツクル相《サウ》ナリ。敵方《カタ》用心ヲセヌ時ハ、コナタノ勝ツコト、ナホタヤスカルベシ。人ニ油断ヲサセテ勝ツコトヲ得《ウ》ルハ、メヅラシキ理《コトハリ》ノ大用《ダイユウ》ナルニテハアラズヤ。サルホドニ、我ガ家ノ秘事トテ、人ニ知ラセヌヲ以《モ》テ、生涯ノ主《ヌシ》ニナル花トス。秘スレバ花、秘セネバ花ナルベカラズ。

〔訳〕

　一、秘める花の道理を知ること。「秘すればこそ花なのである。秘密にすることがなければ花ではありえない」ということが、それなのだ。この区別を知ることは、花にとって重要なことである。そもそも諸々の道芸におけるいっさいのことについて言えることだが、その家ごとに伝えられる秘事というものは、秘密にしておくことによって大事な手だてとはたらきが生ずるからである。したがって、秘事を暴露してしまえば、別にかくしておくほどのものがある理《ことわり》でもない、何でもないことなのである。だからといって、これを「秘するほどのことではない」という人がいるなら、まだ秘事ということの大事なはたらきと手だてを知らないからである。

さて、この花の口伝においても、目新らしさが花であると皆《みな》が知っているなら、「きっと珍しいことをやるに違いない」と、あらかじめ期待しているに違いない観客の前では、たとえ珍しいことを演じても、観客の心に新鮮な感銘を与えられるものではない。観客が、これは花なのだと知らないでいてこそ、役者《シテ》も花になりうるのである。だから、観客は、ただ思いのほか趣の深い巧者だと感じはしても、これは花だとも気づかないのが、役者《シテ》の花というものである。このようにして、観客の心に思いもよらない感銘を与える手立てをするのが、いうところの花なのである。

たとえば、武道におけるかけ引きでも、名将の妙案と計略によって、意表を衝いたやり方で強敵に勝つことがある。これは、敗れた側にとってみれば、予想外の計略に虚を突かれて敗れたことになるのではなかろうか。こうした一切合切《いっさいがっさい》のことが、もろもろの技芸の道で競争に勝つための理《ことわり》である。こうした手立ても、事が落ち着いてから、このような計略であったのだと知れば、その後は難なく出来ることだが、それを知らなかったがために敗けたのである。このようなわけだから、秘事として、一つだけを我が家に残しておくのである。

以上のことから次のことを知ってほしい。たとえ秘事を明かすことはないとしても、その秘事を知っている人だと、他人に気づかれてもならない。他人にこちらの心を知られてしまうと、相手が油断せず、用心するようになるので、かえって相手に警戒心を持たせる結果となるからである。相手が用心をしないでいるときに、こちらが勝つのは、より一層容易であろう。相手に油断させておいて勝つということは、目新しさを引き出す原理から生まれる大事なはたらきと手だてというべきではないか。こんな理《わけ》で、我が家の秘事ということで、他に知らせないことをもって、生涯花の持主であるためのものとする。秘すれば花、秘せねば花ではありえない。

一、因果ノ花ヲ知ルコト、極メナルベシ。一サイミナ因果ナリ。初心ヨリノ芸能ノ数《カズ》々ハ因ナリ。能ヲ極メ、名ヲ得ルコトハ果ナリ。シカレバ、稽古スル所ノ因ヲロソカナレバ、果《クワ》ヲ果《ハ》タスコトモ難《カタ》シ。コレヲヨクヨク知ルベシ。

マタ、時分ニモ恐ルベシ。去年《コソ》盛《サカ》リアラバ、今年ハ花ナカルベキコトヲ知ルベシ。時ノ間《マ》ニモ、男《ヲ》時《ドキ》・女《メ》時《ドキ》トテアルベシ。イカニスレドモ、能ニモ、ヨキ時アレバ、カナラズ悪キコトマタアルベシ。コレ、力《チカラ》ナキ因果ナリ。コレヲ心得テ、サノミニ大事ニナカラン時ノ申楽ニハ、立合《タチアヒ》勝負ニ、ソレホドニ我意執《ガイシウ》ヲ起コサズ、骨《ホネ》ヲモ折ラデ、勝負ニ負クルトモ心ニカケズ、手ヲ貯《タバ》イテ、少《スク》ナ少ナト能ヲスレバ、見物衆モ、「コレハイカヤウナルゾ」ト思イ醒《サ》メタル所ニ、大事ノ申楽ノ日、手立《テダテ》ヲ変《カ》エテ、得手《エテ》ノ能ヲシテ、セイレイヲ出《イ》ダセバ、コレマタ、見ル人ノ思イノ外ナル心出《イ》デ来《ク》レバ、肝要ノ立合《タチアヒ》、大事ノ勝負ニ、定メテ勝ツコトアリ。コレ、メヅラシキ大用《ダイユウ》ナリ。コノホド悪《ワル》カリツル因果ニ、マタヨキナリ。

ヲヨソ、三日ニ三庭《テイ》ノ申楽アラン時ハ、指寄《サシヨ》リノ一日《ヒトヒ》ナンドハ、手ヲ貯《タバ》イテアイシライテ、三日ノ内ニコトニ折角《セッカク》ノ日ト覚《ヲボ》シカラン時、ヨキ能ノ、得手《エテ》ニ向キタランヲ、眼精《ガンぜイ》ヲ出《イ》ダシテスベシ。一日《ヒトヒ》ノ内ニテモ、立合《タチアヒ》ナンドニ、自然、女時《メドキ》ニ取リ合イタラバ、初メヲバ手ヲ貯《タバ》イテ、敵《カタキ》ノ男時《ヲドキ》、女時《メドキ》ニ下《サガ》ル時分《ジブン》、ヨキ能ヲ揉《モ》ミ寄セテスベシ。ソノ時分《ジブン》、マタコナタノ男時《ヲドキ》ニ返《カエ》ル時分ナリ。ココニテ能ヨク出《イ》デ来《キ》ヌレバ、ソノ日ノ第一ヲスベシ。

コノ男時《ヲドキ》・女時《メドキ》トハ、一サイノ勝負ニ、定メテ、一方色《イロ》メキテヨキ時分《ジブン》ニナルコトアリ。コレヲ男時ト心得《ウ》ベシ。勝負ノ物数《モノカズ》久シケレバ、両方へ移リ変リ移リ変リスベシ。アルモノニ云ハク、「勝負神《ジン》トテ、勝ツ神・負クル神、勝負ノ座敷ヲ定メテ守ラセ給フベシ」。弓矢ノ道ニ宗《ムネ》ト秘スルコトナリ。敵方《ハウ》ノ申楽ヨク出《イ》デ来タラバ、勝神《セウジン》アナタニマシマスト心得テ、マヅ恐レヲナスベシ。コレ、時ノ間《マ》ノ因果ノ二神ニテマシマセバ、両方へ移リ変リ移リ変リテ、マタ我ガ方《カタ》ノ時分ニナルト思ハン時ニ、頼《タノ》ミタル能ヲスベシ。コレスナハチ、座敷ノ内ノ因果ナリ。返《カエ》ス返《ガエ》ス、ヲロソカニ思フベカラズ。信アレバ、徳アルベシ。

〔訳〕

一、花の因果の道理を知ることが、花を知る上での極意といえよう。いっさいの現象は、何《いず》れも原因があっての結果である。初心の頃から稽古してきた多くの芸は、原因である。能の奥義を極め、名声を博することは結果である。したがって、稽古という要因をおろそかにすれば、良い結果をもたらすこともむずかしい。この点をよくよく知っておかなければならない。

また、時という運《めぐ》り合わせについても恐れ慎《つつし》まなければならない。去年盛んに咲いたならば、今年の花は期待できないと思うべきである。また短い期間においても、ついている時(男時)とついていない時(女時)というものがあるではないか。どのようにしていても、能にも、出来のよい時もあれば、また悪い時もあるものである。これは、人力ではどうにもできない因果の道理である。こういう点を心得て、それほど大事でない場合の申楽には、優劣をきそう競演でも、ぜひ勝とうとする執着心を持たず、苦心《くしん》をせず、たとえ勝負に敗けることがあっても、気にかけず、技を出しきらずに残しておいて、控え目に演ずると、観客も「これは、どうしたことか」と、興《きょう》ざめする。そんなところに、大事な演能の日に、手法を変え、得意の能を演じ、一生懸命に演じたならば、これでまた、観客が意外な感興を覚えてきて、肝腎な競演、大事な勝負に間違いなく勝つことがある。これは、めずらしさの大きなはたらきである。これまで良くなかった因果に、よいめぐり合せがきたわけである。

だいたい、三日間にわたり三回催される能会で、最初の一日などは、技を控え目にして、ほどよく相手をして、三日の内で一番大事な日と思う時の演能に、得意とする芸にかなった演目を精魂をこめて演ずべきである。一日の内でも、競演の能などに、もしも女時《めどき》にぶつかったならば、初めのうちは技を控え目に演じ、先方の男時《おどき》が、女時に後退する頃、曲柄《がら》の善い能をたたみかけてぐいぐいと演ずるがよろしい。その頃、またこちらの男時に立ち返ってくる頃となる。このあたりで能の出来がよければ、その日のとっておきの能を出すべきである。

この男時・女時というのは、あらゆる勝負において、定《きま》って、一方が調子づいて形勢の良くなる時期がある。これを男時と心得れば、よい。勝負の番数《ものかず》が多くて長時間にわたる時は、男時・女時は、敵味方の双方へ行ったり来たりするはずである。

　あるものにつぎのように書かれている。「勝負の神といって、勝つ神と敗ける神とがあり、勝負の場に席を定めて、成りゆきを見守っておられるはずである」と。武道の方で、特に秘事としていることである。相手の申楽が好調になって来たならば、勝神が相手方におられるのだと心得て、まず慎《つつし》みの心をもたなければならない。これは、少しの間の運・不運を支配する神であらせられるから、敵と味方の両方へ転々と移動され、またこちらへ移ってこられたと思う時分に、自信を持っている能を演ずるのがよい。これがとりもなおさず、演能の場における因果の道理である。くれぐれも、なおざりにしてはいけない。信ずる心があれば、かならず功徳はあるものである。

一、ソモソモ、因果トテ、ヨキ・悪《ア》シキ時ノアルモ、公案ヲ尽クシテ見ルニ、タダ、メヅラシキ・メヅラシカラヌノ二ツナリ。同ジ上手ニテ、同ジ能ヲ、昨日《キノウ》・今日《ケウ》見レドモ、面白ヤト見ユルコトノ、今マタ面白クモナキ時ノアルハ、昨日面白カリツル心慣《ナ》ライ、今日ハメヅラシカラヌニヨリテ、悪《ア》シト見ルナリ。ソノ後マタヨキ時ノアルハ、先ニ悪《ワル》カリツルモノヲト思ウ心、マタメヅラシキニカヘリテ、面白クナルナリ。サレバ、コノ道ヲ極メ終リテ見レバ、花トテ別ニハナキモノナリ。奥義《アウギ》ヲ極メテ、ヨロヅニメヅラシキ理《コトハリ》ヲ我レト知ルナラデハ、花ハアルベカラズ。
　経《キヤウ》ニ云ハク、「善悪不二《フニ》、邪正一如《イチニョ》」トアリ。本来ヨリヨキ・悪《ア》シキトハ、ナニヲ以《モ》テ定ムベキヤ。タダ、時ニヨリテ、用足《タ》ル物ヲバヨキ物トシ、用足ラヌヲ悪《ア》シキ物トス。コノ風体《テイ》ノ品々《シナジナ》モ、当世《タウセイ》ノ数人《シュニン》、所々ニワタリテ、ソノ時ノアマネキ好ミニヨリテ取リ出ダス風体《テイ》、コレ、用足ルタメノ花ナルベシ。ココニコノ風体ヲモテアソメバ、カシコニマタ余ノ風体ヲ賞翫《シャウグワン》ス。コレ、人々心々《ココロゴコロ》ノ花ナリ。イヅレヲマコトニセンヤ。タダ、時ニ用《モチ》ユルヲ以《モ》テ花ト知ルベシ。

［訳］

一、いったい、因果の道理といっても、良い時、悪い時があるが、このことについて、どう考えてみても単にめずらしいか、めずらしくないかの二つがあるだけである。同じぐらい上手な役者の同じ能を、昨日、今日と二日間連続して見た時でも、昨日は面白いと見えた能が、今日は面白くないと思う現象があるのは、昨日は面白かったという心の慣れがあるところに、今日は目新しさが感じられないため、出来が悪いと感じられるのである。その後またよいと感じられることがあるのは、前に悪かったと思う印象により、また新鮮に感じるようになって、面白く感ずるのである。したがって、この芸道を極めつくしてみれば、花といっても特別なものではない。能の奥義を極め尽くして、あらゆる場合に目新しいと感じさせる道理を、我と我が身に徹して理解する以外には、花というものは存在しないのである。

『維摩《ゆいま》経』「入不二法門品《ぼん》」に「善と悪は、対待を絶したさとりの境地に立てば二つにあらず、邪も正も同じく一如である」とある。もともと善悪というものは、なにを基準として決定すべきものなのか。常識的には、ただ御都合《ごつごう》次第で、自分の必要に応じるものを善とし、応じないものを悪とするだけのことである。我が能の演技・芸風の数かずも、最近の多くの観客や演ずる場所柄などの諸条件を考慮してとりあげるべきで、その時その場に集まった観客の最も広範囲な好みにあわせてとりあげる芸風こそが、役に立つ花となりうるはずである。この場所でこの芸風を珍重するかと思えば、彼の場所では、また別の芸風を珍重する。つまり、人それぞれの心に応じた別々の花が存在するということである。いずれの花がまことの花だと決《き》められようか。ただその時その時に人々に珍重され、役に立つのが、花であると心得るべきである。

一、この別紙の口伝、当芸ニ於イテ、家ノ大事、一代一人ノ相伝ナリ。タトイ一子《シ》タリトイフトモ、無器《ブキ》量《リヤウ》ノ者ニハ伝ノベカラズ。「家、家ニアラズ継グヲ以テ家トス。人、人《ヒト》ニアラズ。知ルヲ以《モ》テ人トス」ト言エリ。コレ、万《マン》徳了達ノ妙花ヲ極ムル所ナルベシ。

〔訳〕

一、この別紙の口伝は、わが芸道においては、家の大事であり、一代に一人だけに相伝《つたえ》る奥義である。たとえ跡を継ぐべき我が子であっても、相伝を受けるにたる器量のない者には伝えてはならない。「単に家系が続いているだけでは家とは云えない。芸の道を正しく継承する者が、この家を継ぐ者である。芸道の家に生まれたからといって芸道を継ぐ人とはいえない。芸道を真に知る者がこの道を継ぐ人である」と云えるのである。この別紙口伝の教えこそは、芸能の持つあらゆる功徳を美事《みごと》に達成するような、妙なる花を極めるための秘伝である。

一、コノ別紙ノ条々、先年弟四郎ニ相伝スルト云ヘドモ、元次芸能感人《カンニン》タルニヨリテ、コレヲ又伝フル所ナリ。秘伝々々。

応永二十五年六月一日

〔訳〕

一、この別紙に述べた各条項は、先年（応永十年代？）弟の四郎に相伝したものであるが、元次（世阿弥の息男観世十郎元雅の初名？）も芸能に堪能な者なので、これをまた相伝するのである。秘伝々々。

応永二十五年（一四一八）六月一日

世　阿（花押）

拾玉得花《しゅうぎょくとくか》(1)

(1) 幻の書とされていた「拾玉得花」が、昭和三十年に出現した。

問ふ、遊楽ヲ成《ナ》ス於テ二当芸ニ一、年来のたしなみの条々、意曲《いきょく》を尽くし成功を積《つ》みて、我意《がい》(涯)分《ぶん》の芸能をいたす事、ゆるかせならずと云へ共、即座によりて、出来《いできた》る時も有り、又出で来《こ》ぬ時も有るなり。故如何《ゆえいかなる》ぞや。

〔訳〕

問。遊楽成就を目的とする能の道においてお尋ねしたいことがあります。それは、年来の稽古の条　々《ひとつひとつ》をつまびらかにし、成功の体験を積み、自分の考えを一本通した主体的な能を演ずることは、おろそかに出来ない大事なことではありますが、場合によって成功する時もあり、また、しない時もあります。それは、どういう理由によるのでしょうか。

答ふ、諸芸の当座において、出来《いでき》・出不《いでこ》レ来《ざる》甲乙有り。是れ、力なき時節と申しながら、稽古《けいこ》・安心《あんじん》をなさば、などか、出《しゅつ》・不出《ふしゅつ》の其故《そのゆえ》を知らざらん。これ、なをもたしなみの不及《ふきゅう》にして、おろそかなるゆへかと思ふところに、同じ上手、同じ芸風をなす当座々々にも、などやらん、昨日《きのふ》は出で来《き》、今日《けふ》は出で来《こ》ぬ見風《けんぷう》あり。さりとては、風月延年をなす芸の身にては、かなはざらんまでも、工夫して、不審を開かん事、本意なるべし。

そもそも、同じ上手、同じ堪能《かんのう》を極めたる曲風の、当座によりて甲乙のある事、もし、折節《おりふし》の時分、陰気・陽気の和《くわ》せぬ所なるか。四季折々、日夜・朝暮、貴賤群集《くんじゅ》の他(多)少、広座・小座の当気によりて、芸人の時《じ》機音《きおん》、時の調子の五音《いん》・相当せずば、当気(一調二機三声の当気)和合あるべからず。先づ、当日《にち》の気に、我意を念籠《ねんろう》し合はせて、音声《おんじょう》の曲文《もん》、時の調子に移り合《あ》ひて、数人《しゅにん》の感音をなさん事、即座和合の入門也。

又、暖気《うんき》・寒気・日夜・朝暮の、時節に和《くわ》する音感あるべし。寒は陰、暖《うん》は陽の時なれば、陰気には陽を和《くわ》し、陽気には陰を合わせて、音感を宛《あ》てがふべし。陰陽和《くわ》するといっぱ、自然、座式の、天気陰気なんどにて、物さびたる気色《けしき》ならば、陰気ぞと心得て、陽声(尚)・永曲(江月照らし松風吹き、永夜の清宵　何んの作《な》す所ぞ)を相音《あいおん》に休息して、音感をなすところ、これ、一座成就の感応なり。その感応より見風《けんぷう》に匂《にほ》ふ体風、「すは、面白し」と見る数人《しゅにん》感応なり。かくの如く、曲感に和《くわ》する成就をや、出で来たる時分と申すべき。又、当座陽気かと思ふ時は、音声《おんじょう》に息《いき》を詰《つ》め聞きて(機当不当)、(音文)陰声(夜半烏鶏《うけい》雪を帯びて飛び)を体《たい》にして、調感を催《もよお》して(急尚上下して声文《あや》を成す、これを音という)、数人《しゅにん》の心耳《しんに》を引き寄せ、引き納めて、音力《おんりき》をなすべし。又、たとひ秋暮《しゅうぼ》・三冬陰気なりとも、もし、当時の日頭《にっとう》もうららに、見物衆《しゅ》も群集《じゅ》したる当座にて、人気《じんき》・人音《ひとおと》なんどのみにて、しみかねたる当庭《とうば》にも、相音《あいおん》の高声《こうしょう》を以《も》て、数人《しゅにん》の心耳《しんに》に通ぜしめて、為手《して》一人《にん》へ諸人の目《もく》・心《しん》を引き入れて、その連声《れんじょう》より風姿に移る遠見《えんけん》をなして、万人《ばんにん》一同の感応となる褒美《ほうび》あらば、一座成就の遊楽《ゆうがく》なるべし。これ、先づ音感の入門より見風に移る堺《さかい》なるべし。花鏡《かきょう》に「先聞後見《せんもんごけん》」と注したるは、この心なり。

この宛《あて》がひは、貴所、広座・小座、庭前・屋内《やない》、ないし、かりそめの座式《ざしき》の音曲なんどに至るまでも、その時その時の模様によりて宛てがふべき事、少しも違《たが》ふべからず。勧進・大庭《たいば》の申楽《さるがく》は、天・地・人の三才の気に通じ、庭申楽《にわさるがく》・内能《うちのう》なんどは、人気《じんき》の体《たい》のみにて、天気は用《ゆう》になる事あるべし。此《かく》の如きの、当座当座の宛てがいの安《あん》・不安の差別《しゃべつ》によりて、出・不出の甲乙もあるかと覚《おぼ》えたり。(外道《ゲドウ》、仏に問《トヒ》タテマツル、「昨日《キノフ》イカナル法ヲカトキ給《タマヒ》シ」。世尊云《イワ》く、「定法《ヂャウホウ》ヲトケリ」。又云く、「今日ハイカナル法ヲカトキ給《タマフ》フ」。世尊云く「不定法ヲトク」。又云ク、「今日ナニトテカ不定法ヲトキ給」。世尊云ク、「昨日ノ定法ハ今日ノ不定法ナリ」)。

〔訳〕

答。能にかぎらず、諸芸の何れでも、いざ演ずるに当たっての、成功、不成功の優劣はつけられる。これは、人力ではいかんともしがたい時の運《さだめ》とはいうものの、稽古によって、根本をつかめば、どうして出来《でき》、不出来が生ずるのか、そのわけが理解できないはずはあるまい。成功しないのは、修行が不十分で未熟のためかと思うのだが、実は同じ名手が、同じ演技をするその時々の舞台でも、どういうわけか、昨日《きのう》は出来がよく、今日はよくないというふうに、観客の目に映る風姿に差ができる。むずかしい問題ではあるが、風雅な芸で長寿を招く申楽を本業とする身としては、思い通りにいかないとしても、工夫して疑問点を解決するのが、当然の願いといえよう。

いったい、同じ名手が、同じお手の物の芸を演じても、時によって優劣があることは、もしかしたら、その場その時の陰気と陽気とが、しっくりといかないためであろうか。季節はいつか、日中か夜分か、朝方か、夕方か、観客の貴賤や集まり具合の多少、演ずる場所が広いのか、狭いのか、等々の、その時の雰囲気に応じて演者が時機を見はからって出した音が、その場の雰囲気を支配している音の調子にはずれていたら、気分(一に調子を整え、二に間合いの機会をつかみ、三で発声するといった呼吸)が、しっくりとしない。まずその日の雰囲気に自分が演じようとする感情を念じ籠《こ》め、美しい音声が、時の調子とひとつになっていったときに、観客が感嘆の声を発するわけで、これがその座が交感和合する第一歩である。

また、季節による暖かさ、寒さ、日中か、夜分か、朝か、夕かの時節によって、調和する音の感じもちがってくるはずだ。陰陽におきかえてみれば、寒は陰、暖は陽の時にあたるから、陰気には陽の気を、陽気には陰の気を合わせて声の調子を変えるべきである。陰と陽とが相い和するというのは、演ずる場所のまわりの自然や座敷で、天気が寒く、さびさびとした雰囲気ならば、そのことを念頭に入れて陽の声(尚《たかい》)で長い節《ふし》(唐の永嘉《ようか》大師作『証道歌』の一節「江月《こうげつ》照らし、松風吹く、永夜の清霄《せいしょう》 何《なん》の所為《しょい》ぞ」といった感じ)を使い、調和のとれた謡に落ち着かせ、音の調子をとるところにこそ、演者も観客も一座の者みなが一つとなる感動が生まれるのである。音曲によって生じた一体感により、観客の目に映るシテの姿のそこはかとなく匂い立つ芸風に、「あっ、これは面白い」と多くの人が感応するのである。

このように曲感によって、その場がひとつになった場合を成功した時といってよいだろう。またその場が陽の雰囲気かと思われる場合は、発声する時に息の程度を加減して、(機に当たると当たらざると)(謡い)陰の声(夜半の烏鶏《うけい》 雪を帯びて飛ぶといったように)を基本にして音の調子をととのえて(急尚上下して、声文《あや》を成す、これを音という)、多くの人の観客の心耳をとりこにして、音曲の効能を発揮するようにすることだ。また、たとえ晩秋や冬季で陰にこもる頃でも、もし演能の時に、陽もうららかに照り、観客もたくさん詰めかけたその座で、人の動きやざわめきばかり気になって、しんみりとなりかねる場合には、それ相当の高い声で多くの人の心耳に訴えて、当の主役《シテ》一人に皆《みんな》の目も心も集中させるようにし、謡を歌い続けるうちに、謡に引きこまれた観客の目が、そのまま演じる主役《シテ》の姿に移るような効果的な演出によって、万人一同を感動させるような賞賛を得ることができれば、一座として成功した遊楽の演能というべきである。これは、まず音曲から入り、目に見える風体へと移行する和合成就の境地といえよう。花鏡に「先聞後見」(聴覚的効果が先行し、視覚的効果が随伴する)と記したのはこのような意味である。

この配慮は、貴人の臨席、広い座、狭い座、戸外と屋内、あるいは、臨時の宴席の音曲などにいたるまでも、その時どきの様子によって配慮すべきことで、いささかも手ぬかりがあってはならない。勧進能などの広い場所での演能は、天・地・人の三つの気の働きを考慮する必要があるが、庭園や屋内での演能は、人気《じんき》が主体となり、天気は従になることがあるはずだ。このような、その場その場に対する配慮がなされるか否かによって、出来《でき》、不出来の違いが生じるのではないかと思われる。(外道のバラモンが釈尊に質問申しあげた。「昨日は、どのような仏法をお説きなさいましたか」と。釈尊が申されるには「決まった教義を説きました」。また問うに「今日はどんな仏法をお説きなされますか」。釈尊は申しました、「定めのない法則について説きます」と。また問う「今日はどうして不定法をお説きになられるのですか」と。釈尊は、「昨日説いた決まった教義は、昨日の実体であったので、今日となれば変わり、不定法となるからです」とのお答え(1)。

(1) つまりこの世界の事物はすべて因縁の和合による仮の存在であるということ。

問ふ。誠《まこと》に、その折り、機嫌《きげん》によりて、出・不出の甲乙あるべき事、疑いなし。この芸道に、稽古長久にして、既に名を得る位になりて、「面白や」と思ふ見感、これは成功なりと見る所に、二曲の位いまだ眼前初心にて、まさに児姿《こし》遊風の時分にも、「面白や」と見る事あり。これは、功成るの達人の面白きと、同じ心なる位やらん。これ、不審なり。

〔訳〕

問。仰せのごとく、その時の場の気分によって、出来、不出来の甲乙《ちがい》があるはずだということは、その通りでございます。この芸道で、稽古を久しい間積んで、すでに名の通った役者となり、観客が「みごとだなあ」と感心して見るのは、修行を積んだからだと思われるのに、舞や歌の程度もまだ明らかに未熟で、まさに面も付けない稚児姿のごとき演技をも「みごとだなあ」と見ることがございます。これは、修行を積んだ達人をみごとと見る気持ちと同じ気持ちなのでございましょうか。この点を疑問に思っております。

答ふ。この段は、別紙にあり。面白き心を花にたとへたり。これ、めづらしき心なり。この心を極むるを、花を知ると云へり。花伝に見えたり。

そもそも、花とは、咲くによりて面白く、散るによりてめづらしき也。ある人問ひて云はく、「如何なるか無常心」。答ふ、「飛花《ひけ》落葉」。また問ふ、「如何なるか常住不滅」。答ふ、「飛花落葉」云々《うんぬん》。「面白きと見る即心に定意《ちやうい》なし。さて、面白きを諸芸にも上手と云ひ、この面白さの長久なるを、名を得る達人と云へり。然れば、面白き所を成功まで持ちたる為手《して》は、飛花落葉を常住と見んがごとし。しかれども、また、大かたの花を見する為手《して》あるべし。すでに九位を立てて、上三花は申すに及ばず、中三・下位の芸にも、面白き所あらば、又その分《ぶん》その分《ぶん》の花なるべし。仮令《けりやう》、雑木《ざうぼく》なんどの花をば田父《でんぶ》・野人《やじん》等の「面白《おもしろ》」と見ん事、これ、下《か》子《し》の見風なるべし。上三花を「面白や」と見んは、上子の見風なり。（礼記《らいき》に云はく、「上子はみ地を聞きて勤《つと》め学び、中子は道を聞きて損《そん》せるが如く亡《ぼう》せるが如く、下子は道を聞きて手を拍《う》ちて大いに笑ふ、笑はれずば以って道あるべからず、と云ふ）。為手《して》も見所《けんじょ》も、その分その分の心眼《しんげん》なり。

ここに、私の宛てがいあり。性花《しやうくわ》・用花の両条を立てたり。性花と云つぱ、上三花、桜《あう》木なるべし。これ、上上の見風にかなふ位なり。中三位の上花を既に正花とあらはす上は、桜木なれども、この位の花は、桜木にも限るべからず。桜《あう》・梅《ばい》・桃《たう》・梨《り》なんどの、色々の花木にもわたるべし。ことに梅花の紅白の気色《けしき》、これ又みやびたる見風《けんぷう》なり。しかれば、天神も御やうかんあり。また云はく、当道の感用は、諸人見風の哀見を以《も》て道とす。さるほどに、さるほどに、この面白しと見る事、上士の証見なり。しかれども、見所《けんじょ》にも甲乙あり。たとえば、児姿《こし》遊風なんどの、初《はつ》花桜の一重《ひとえ》にて、めづらしく見えたるは、これ、用花なり。これのみ面白しと哀《あい》見するは、中子・下子等の目《もく》位なり。上士も、一旦めづらしき心立て、これに愛《め》づれども、誠の性花とは見ず。老木・名《めい》木、または吉野・志賀・地主《ちしゅ》・嵐《あらし》山なんどの花は、既に当道に縦《たと》へば、出世の花なるべし。かやうなるを知るは上士なり。上下・万民、一同に諸花褒美《ほうび》の見風なるべし。上士は、広大の眼《まなこ》なるほどに、また余花をも嫌《きら》ふ事あるまじきなり。為手《して》もまたかくの如し。九位いづれをも残さざらんを以《も》て、広覚《くわうかく》の為手《して》とは申すべし。「万《まん》法一に帰す。一いづれの所にか帰す。万法に帰す」と云々。かくの如く、その分その分に依《より》て、自然自然に、面白き一体一体のあらんをば、諸花と心得《う》べし。しかれども、児姿の面白さと、成功の達人の面白さも同心かとの不審を開かんがため、性花・用花の差別《しゃべつ》を申し分《わ》くるなり。

〔訳〕

答。このことは、別紙口伝にも述べておいた。「趣がある」と感ずる心を花にたとえたのであるが、これは、珍しいと思う心と同じである。この心を極めることが花を知ると云うことで、それは花伝に記しておいた通りである。

だいたい、花というものは、咲くことによって面白く感じられ、散ることによってめずらしく感じられるのである。ある人の質問に、「いったい無常心とはどのようなものですか」と。それに答えれば、「飛花落葉のごときものである」と。重ねて、「常住不滅とはどのようなことですか」と問えば、答えて「それは同じく飛花落葉のことだ」云々と。おもしろいと感じるその心には、固定した意識があるわけではない。そして、おもしろいと感じられることを諸芸においても、上手といい、このおもしろさが長つづきしている人のことを名の通った達人と云っている。であるから、おもしろさを年をとるまで保っている役者は、「飛花落葉《いろはにほへとちりぬる》を常住不滅《つねにかわらぬ》と看取りうる面白さの所有者」である。そうではあるが、また一時的な花を示す役者もいるであろう。すでに芸の位を九段階にしてみたが、そのうち、上の三花は云うまでもなく、中三位、下三位の芸でもおもしろいところがあれば、やはりそれぞれの芸位に応じた花といえよう。たとえば、雑木《ぞうき》なんかの花を農夫や田舎者《むふうりゅうもの》等が「面白い」と見ることは、つまり下層の人士の見方とみなされようし、上の三花を「面白いなあ」と見るのは、上層の人の鑑識眼である。（漢の戴聖編の『礼《らい》記』の「王制」に「上子は学道の道を聞いて学に勤め、中子は道を聞いて亡《う》せるが如く、下子は道を聞いて手を拍《う》って大いに笑い、笑われずば以て道あるべからず」と云う)。役者も観客も、それぞれの分《ぶん》に応じてものを見分け、心を働かせるのだと知るべきである。

それについて、私見を述べてみたい。それは性花《しょうか》と用花という、二つの概念を立ててみたことである。性花というのは、上三花で桜の木に相当する。これは、上士の見風《すがた》に相当する位である。中三位の上位をすでに正花と名づけたが、その正花も桜ではあるが、桜だけに限らず桜・梅・桃・梨さまざまの花にもあてはまる。ことに梅花が紅白に咲く様子は、これもまた優美で上品な姿である。それだから菅原道真公も賞翫《めで》られたのである。又こうも云われている。この芸道の肝心要《かんじんかなめ》は、多くの人々に愛好され賞翫されることである。だから、上三花の芸を面白いとみるのは、上士であればこその見かたではあるけれども観客にも甲乙《ちがい》がある。たとえば少年が演ずるういういしい芸などが、一重《ひとえ》桜が咲き初めたような感じで、めずらしく見えるのは、つまり用花だからである。これだけを見て面白いと感心するのは、中級、下級に属する程度の鑑賞眼である。上級人士も、一旦《ひとたび》はめずらしいなあという気になり、これを賞《め》ずるけれども、まことの性花だとは認めない。老木・名木、又は吉野・志賀・京都清水寺の地主権現・嵐山などの花は、この道に当てはめてみれば、天下に名声を得た名人の芸の花ともいうべきであろう。このようなことがわかる人は上士である。上下あらゆる階層の人々が、それぞれにそれぞれの花を愛でる見方である。上士は、視野が広いがために、性花以外の花でも嫌うことはあるまいと思われる。役者もまたおなじである。九位の何れにも残らず通じている役者こそ、幅広く芸を極めた役者と申すべきである。禅の公案に、(1)「森羅万象《しんらばんしょう》は根源的な一つの真理に帰着する。一つの真理は何れのところに帰着するかといえば、万象に帰着する」云々と。このように、それぞれの器量に応じて、おのずと生じてくる面白い芸風の一つ一つが、それぞれの（真如・真理）のあらわれなのだと心得るべきである。とはいうものの、少年の姿の面白さと、成功した達人の面白さも同じ意味あいのものであろうかという不審に答えるために、性花と用花の差別《ちがい》を解説したわけである。

（1）これを同円異中心主義と吉田静致先生は説かれたが、マルチン・ハイデッガーの世界内存在説より言い得て妙であることを今、想い出した。

問ふ。そもそも、この「面白き」と名付初めし、所得《しょとく》、何の故ぞや。花と見るもたとへならば、たとへず知らぬ所に「面白」と云はしめし、本来如何《いかん》。

〔訳〕

問。そもそもこの「面白い」という言葉が使われはじめたのは、どんな理由からでしょうか。芸の魅力を「花」と見なすのも喩《たと》えにすぎないとすれば、喩えもしない未知の感興に対して「おもしろい」と云わせたもともとの由来について、おきかせ下さい。

答ふ。是《これ》は、既に花を悟《さと》り、奥義《あうぎ》を極むる所なるべし。以前申《まうし》つる、面白《をもしろき》と云、花と云《いひ》、めづらしきと云、此三《このみつ》は一体異名《いみやう》也。是、妙《めう》・花《くわ》・面白《めんぱく》・三《みつ》也と云へども、一色《しき》にて、又、上・中・下の差別《しゃべつ》あり。妙者《（といっぱ）》、言語《ごんご》を絶《ぜっし》て、心行所滅《しんぎょうしょめつ》也。是を妙《めう》と見る花《はな》也。一点付《つく》るは面白き也。

〔訳〕

答。これは、すでに「花」の実態を知りつくし、芸の奥深い極意《ごくい》をわがものとした所で問題とすべきであろう。前に述べたように、面白いということと、花と、めずらしいと云うのは、一つのことを別の面から云いあらわしたのである。つまり「妙」「花」「面白」と三様になるけれども、これは同じことをいっているのである。けれども、また上・中・下の差別はある。「妙」というのは、言語では表現できない、つまり思慮で知り、行動で示すことのできない世界である。この妙なる境地を心に感じえた場合が「花」なのである。さらにこの感覚が具体的な風姿として表現されたとき「面白き」となるのである。

夫《それ》、「面白《をもしろき》」と名付《なづけ》し事、天香久山《あまのかぐやま》の神楽《かぐら》の遊楽《ゆうがく》に愛《め》で給ひて、大神岩戸《おほんがみいわと》を開かせ給ひし時、諸神の面《をもて》、ことごとくあざやかに見え初《そ》めしを以《も》て、「面白《をもしろ》」と名付初《なづけそ》められし也。其際《そのきは》をば、面白しとも云べからず。面白とは、一点付たる時の名《な》也。一点不《レ》付《つけざる》以前をば、何《なに》とか云《いふ》べき。

爰《ここ》に、当道の安心に寄せて是を見るに、遊楽の面白と見る即心《そくしん》は、無心の感也。（無心感とは、易《えき》には、誠《まこと》感応《かんをう》の即心には心もなきが故に、感と云《いふ》文字の下、心を書かで、咸《かん》とばかりを読ませたりと云《いふ》。）抑《そもそも》、大神岩戸《おほんがみいわと》を閉《と》ぢさせ給て、世海・国土常闇《とこやみ》となて、諒闇《りやうあん》なりしに、思はずに明白となる切心《せっしん》は、ただうれしき心のみか。（歓喜《くわんぎ》なるべし。）是、覚えずして微笑《みしょう》する機なるべし。岩戸を閉《と》ぢ給て、諒闇にて、言語《ごんご》を絶《ぜっし》たりしは妙《めう》、既に明白となるは花、一点付《つく》るは面白《おもしろき》なり。然者《しかれば》、無心の感、即心はただ歓喜のみか。覚えず微笑《みしょう》する機、言語絶《ぜっし》て、正《まさ》に一物《もつ》もなし。爰《ここ》を「妙《たへ》なる」と云。「妙《たへ》なり」と得る心、妙花《めうくわ》也。さてこそ、九位第一にも、妙花を以て金《きん》性花《しょうくわ》とは定位《ぢゃうい》し侍《はんべ》れ。舞歌《ぶが》の曲をなし。意景感風《いけいかんぷう》の心耳《しんに》を驚かす堺《さかい》、覚えず見所《けんじょ》の感応《かんのう》をなす。是、妙花也。是、面白《をもしろき》也。是、無心咸《かん》也。此三ヶ条の感《かん》は、正に無心の切《せつ》也。心はなくて面白《をもしろき》とうけがうは何《なん》物ぞ。性《しやう》は物をうけがはず。然者《しかれば》、九位金銀性《しやう》は、見風の曲文《きよくもん》には感ずべからず。心得《う》べし。覚えずして微笑《みしよう》するは、うれしきのみなり。月菴《げったん》和尚《わしやう》云、「うれしき事は言はれざりけり」。この上《うへ》を人々に次《つ》せられけると也。

〔訳〕

ところで、「面白い」と名づけられたはじまりとは、大神《おおみかみ》が、天の香久山の神楽《かぐら》上演に心を動かされ、岩戸をそっとお開けなされたとき、多くの神様がたの面《おもて》が、ことごとくはっきりと見え初めてきたので、「面白《おもしろ》」と云いあらわされることになったということである。顔が見えてきた瞬間を「面白い」などと云いあらわすのではない。「面白い」とは、その折の感動を一つの言葉に客観的に表現したのである。一つの「ことば」として認識する以前の状態をどう表現したらよいというのであろうか。

そこで、この道の根本の眼目に照らして考えてみると、演ずる様《さま》を面白いと受けとる瞬間の心は、対待《たいだい》を絶したさとりの境地の感覚そのものである。「無心感」とは、『易経』の「咸」に「まこと感応《こたえしたがう》の即心《このこころ》には心もないので、感といふ文字の下に、心を書かないで、咸《かん》とだけ読ませたのだと云う」とある。

そもそも、大神《おおみかみ》が天《あま》の岩戸をお閉《た》てなさると、世界も国土も夜昼なしの真っくらやみであったのが、思いもかけず明るくなった刹那の心は、ただ嬉しいという感じだけであったろうか。いわゆる「歓喜」とは、このことであろう。このことこそ、霊鷲山での説法の折、釈尊が華をつまんで大衆にお示しなされた時、摩訶迦葉一人が無意識のうちに微笑され、釈尊から正しい法を受け継がれたという一瞬の機微にもたとえられることであろう。天の岩戸が閉《し》められて真っ暗《くら》となり、言語では表現できない世界が「妙」、すでに明るくなったと感ずる世界が「花」で、それを「かたち」として認識するのが「面白い」ということである。この純粋経験とも称すべきものを「妙《たえ》なるもの」という。「妙《たえ》なり」と心に感じとったものが妙花《みょうか》である。同じように、九位の第一にも妙花を金の性《しょう》の花と定義したのである。舞歌が効果を発揮し、演者の心と態《わざ》が観客の心に融合した絶妙の風態が、つまり妙花である。これが、「面白さ」であり、無心の「感」である。この三ヶ条の感受の仕方は、まさしく徹底した無心そのものである。無心の状態であるのにそれを「面白い」と感じるのは一体どういうことなのであろうか。性《しょう》は本質的なものだから他からの影響をうけない。だから金や銀に相当する九位の上段の芸の性は、役者の演技がどのようにすばらしくても、それだけで風体美として感じとられることはないはずである。心得べきことである。意識せずして微笑がこぼれるのは、文句なしの嬉しさそのもののあらわれである。臨済宗、但馬の大明寺開祖月菴宗光《げったんしゅうこう》和尚は、「うれしき事は言はれざりけり」を和歌の下の句に据えて上の句を詠《よ》ませていたと伝えられている。

問ふ。稽古の条々に、安き位と云へり。これは、無心の感、妙花の所と、同意なるべきやらん。

〔訳〕

問。「九位習道の次第条々」に「安き位」というのがございました。これは、無心の感とか、妙花の所とかいう境地と同じ意味でございましょうか。

答ふ。これは安心《あんじん》なり。ただ、無心の感、妙花、（と）同意なり。さりながら、その位の有主風《うしゅふう》を得てこそ、真実の安き位なるべけれ、無位真人《にん》と云ふ文《もん》あり。形なき位と云ふ。ただ無位を誠《まこと》の位とす。これ、安位。当道も、花伝年来稽古より、物覚《ものまね》、問答、別紙・至花道・花鏡（これは当芸道を誌《しるせ》る帖々外題《げだい》の数々なり）、かくの如きの条々を習道《しゆどう》して、奥蔵《あうぞう》を極め、達人になりて、何とも心のままなるは、安き位なるべし。然《しか》云へども、猶《なほ》これは、稽古を習道したる成功の安位なり。しからば、無心とはなをも申しがたし。

そもそも、安位と云っぱ、意景・態《たい》相に全くかかはらぬ所あるべし。（これは、其の態を成す当心には習功意の安位なり）その時は、稽古・習道を尽くしつる条々、心中に一物もなし。一物もなきと云ふも、また習道の成功力《りき》なり。「悟《さとり》さとりて未子《みご》に同じ」と云ふ。自《じ》得《とく》慧《え》暉《き》和尚云わく、（六件第六）「命根断《みやうこんたゆ》る処《とき》、絶後に再び甦《よみが》える。類に随《したが》うて身を受く」と云々。また云はく、「精金《しやうきん》火裏に逢へども変らず、皓玉《かうぎよく》泥中に有るも果なるが如し」と云へり。この芸もかくの如し。中三位より、上三花を極めぬれば、下《げ》三位にまじはるも（ここに、九位中三位に達して、安位を得て、上三花に至る曲位なり。中初・上中・下後の次第）、その為手《して》の位、上三花の定位《じやうい》のままなるべし。これ、砂《まさご》の金《こがね》、泥に蓮《はちす》花、まじはることも染《そ》むべからず。この位の達人をこそ、真実の安位とも云ふべけれ。これ、万《ばん》曲をなすとも、心中に「安し」とだにも思ふべからず。無曲・無心の当態なり。この位をや、本無妙花とも申すべき。

然れば、堪《かん》能・妙花の芸人のこの安曲をなすを見て、初心の為手《して》、安き所を学ばん事、天に手を挙げて月を打たんとせんがごとし。なをし、中・下三位等の為手までも心得《う》べし。さりながら、九位においては、中三位等を習得したらん為手《して》は、その分その分の安位に至り、下三位の分芸は、またその分力《ぶんりき》の安位をなさん事、これまた子細《しさい》あるべからず。ただその一体一体を得たらん曲芸は、又その分その分によりて、安曲の風体、遠見《えんけん》をなさん事、芸道の感用たるべし。

〔訳〕

答。これは仏法でいう心の安らぎ、落ちつきのことである。ただ、はからいの心がない感じとか、奥深い微妙な花と同じ意味である。けれども真実の修行を重ねた後に到達する無心・妙花の芸の主《ぬし》になりえてこそ、真実《まこと》の安心を得た位といえるし、人間本来の面目（無位無冠天然のままで仏性《さとり》を得ている人）を自覚した人という言葉がある。我が芸道では、形のない位（尺度で計れない境地）という。つまり人為的に定めた位を脱した世界に真実《まこと》の位が存在する。これが安位ということである。

この能の芸道も『花伝』の「年来稽古」からはじまって、「物まね」「問答」「別紙」、『至花道』や『花鏡』（これは当芸道を誌《し》るした帖々の表紙の表題の数々である）等々、これらの条々を習い覚《おぼ》えて、奥義《おうぎ》を極め、達人となり、何を演じても心のままになるのは、安き位といえるのである。

そうは云うものの、いまだこれは、稽古を積み重ねて芸道を習得した結果としての安位である。だとすると、まだ無心とは、云いがたい。

そもそも、安位というのは、演者の意識や演技に全然関係のない点があるはずである。（これは、能を演ずる当人の心理には、練習を積み上げてきたという心の安らぎを示す位であるが）演じる際には、稽古し練習を重ね尽くしてきた条々《ひとつひとつ》は、心の中には一つもとどめていない。そうは云うものの、これはこれで練習を積み上げた賜《たまもの》である。「悟りきった状態は、未だ悟らなかった時の息《いき》づかいと同じであるという。宋代曹洞宗の天童山宏智《わんし》正覚の法嗣自得慧暉《じとくえき》が云うには、（六牛図第六）「仏道極妙の法則は、寿命が絶えた時、その後再び蘇生する。そして蘇生した人間の持ち味によって、その後の身が与えられる」云々と。

さらにまた、「純金は火中におかれても変質せず、白玉は泥中におかれても完全な相《すがた》を保っているようなものだ」と云っている。能芸においても、あてはまることである。つまり九位のうち中三位より始めて上三花を極めてしまえば、(却来《きゃらい》して)下《げ》三位の芸を演じても(これが、九位のうち中三位に到達して、安き位を我がものとして、上三花に至る芸の筋みちである。中が初め、上がそのつぎ、下は最後という順序)。その役者の芸位は、上三花として確立された位を動かないであろう。これは、砂中の金《こがね》、泥中の蓮花と同じく、その中におかれても本質をそこなうことはない。この位に達した人こそ、真実《まこと》の安き位の人というべきである。このような人は、幾多の曲を演じても、心に「安き位の芸だ」とさえ意識しないはずである。演技も工夫も意識を超越してありのままの姿である。この位こそ、真の「無」に至りえた妙花といってよいのではないだろうか。

したがって、堪能、妙花の域に達した芸人が、この安位に達してやすやすと演じる芸を見て、初心の役者が、安き位の安きゆえんを学ぼうとすることは、天に向かって手をあげて月を打とうとするようなものである。なお、このことは、初心者のみならず、中の下三位ぐらいの役者までも心得ておかなければならないことである。しかしながら、九位の中で、中三位の芸を身につけたような役者は、それぞれの芸位相応の安位に到達し、下三位の分際の芸人は、又その芸力相応の安き位を演ずることも、それはそれで結構なことである。ただ芸位とは別に、ある一体だけを得ている芸の場合は、又それぞれの分に応じて、安き位の芸風や風姿、演技の効果をねらうべきで、これは芸道として非常に大事なことであろう。

(1) 修行により己見を絶してこそ本性が生まれるということ。

問ふ。一切万道《いっさいばんどう》、成就《じゃうじゅ》と云ふ。これは、ただ自面のごとくか。また深義あるか。ゆゑ如何《いかん》。

〔訳〕

問。あらゆる芸道で、成就ということがいわれております。これは、ただ字面《じづら》だけの意味なのでしょうか。あるいは又、深い意味を含んでいるのでしょうか。如何《いかが》なものでしょうか。

答ふ。成就とは、「成り就く」なり。然れば、当道においては、これも面白き心かと見えたり。この成就、序破急に当たり。ゆえ如何《いかん》となれば、「成り就《つ》く」は落居《らっきょ》なり。落居なくては、心々成就あるべからず。見風成就する、面白き切《せつ》なり。序破急流連は成就なり。

よくよく安見するに、万象《ばんしゃう》・森羅《しんら》・是非・大小、有生《うじゃう》・非生、ことごとく、おのおの序破急をそなへたり。鳥のさへづり、虫の鳴く音《ね》に至るまで、その分その分の理《ことはり》を鳴くは、序破急なり。(これ即ち、無位無心の成就なり)。しかれば、面白き音感もあり、あはれを催《もよほ》す心もあり。これ、成就なくば、「面白し」とも「あはれさ」とも思ふべからず。

(長能《ながとう》云はく、「春の林の東風に動き、秋の虫の北露に泣くも、皆これ和歌の体なり」と云々。然れば、有情・非情の声、皆これ詩歌を吟詠す。序破急成就の瑞感なり)。

(草木雨露を得、花実の時至るも、序破急なり)。(風声・水音にも是れあり)。

そもそも、当道の芸能に序破急の事、花伝・花鏡にくわしく見えたり。先づ、申楽《さるがく》の当庭《ば》、番数《かず》満ちて、諸人一同の褒美《ほうび》を得るは、その日の序破急の成就の故なり。これ、目出たき落居《らっきょ》なり。かくの如きは、大綱《かう》の、見物諸人一同の、目前《もくぜん》感応の成就なり。また、その番数の次第次第、一番づつの内にも、序破急成就あるべし。また、一舞・一音の内にも、面白きは、序破急成就なり。舞袖《ぶしう》の一指《ひとさし》、足踏《そくとう》の一響《きやう》にも、序破急あり。これは、筆作《ひっさく》に及ばず。口伝あり。面白きは見所《けんじょ》一見の序破急、成すところの一風は芸人の序破急なり。見所人《けんじょにん》の「あっ」と感ずる一音にも、成就あり。時節の感にも、その一音、五音《いん》にかなうは、呂《りょ》律の序破急なるべし。もし、一音の内なりとも、謡《うた》ゐながら心もなくて、音感届《とど》かずば(口伝にあり)、面白かるまじきなり。それは、序・破までにて、急にはおさまらぬ声流なるべし。(仏の作り事成りて開眼《かいげん》なきが如し)。まして、成就なにかあらん。さるほどに、面白かるまじきなり。この心を得ずば、曲心の序破急も成就あるべからず。私《わたくし》に云ふ一調・二機・三声も、調子を含むは序なり。機を出《いだ》すは破なり。すでに出声急なり。この三つ、心耳《しんに》に感をなして面白きは、成就なり。然れば、万《ばん》曲に通じて、一風・一音・一弾指《だんし》の機にあたるも、序破急成就なり。

荘子《さうじ》に云はく、「鴨《かも》の脛《はぎ》短くとも、次《つ》がば憂《うれ》へなん。鶴の脛《はぎ》長くとも、切らば悲しみなん」と云ふ。長短・大小、平同《へいとう》にして、おのおの序破急同じ。この意《こころ》を所得《しょとく》せば、我が意も序破急成就なるべし。同じく、我が曲風の是非をも、分明《ふんみょう》に知るべし。しからば、是《ぜ》は相足《さうそく》、非を知りて是れを去らば、一芸無上の堪能《かんのう》なるべし。(堪能とは、習はず安《あん》ぜずして出でくるところの得風なり)。この時こそ、心性《しやう》の序破急も、成就・見得すべけれ。ただ、万《ばん》曲の面白さは、序破急成就の故と知るべし。もし面白くなくば、序破急不成就と知るべきなり。恐らくは、なを此の心、得ること如何《いかん》。奥蔵心性《あうざうしんしやう》を極めて、妙見に至りなば、これを得《う》るべきか。能に安得の見《けん》。聞く所の数々、見る所の数々、面白きは成就なり。これを上手と云ふ。面白からず成就せざるを下手と云ふ。

〔訳〕

答。成就とは「成り就く」ということである。であれば、この芸道においては、成就もまた面白いという心につながるものと思われる。この成就ということは、序破急に相当する。なぜかといえば、「成り就く」とは、落着することである。落着がなくては、人々の心に満足感は生じるまい。演技が成就する、その瞬間に面白いと感ずるのである。序破急が正しく展開して成就するのである。

よくよく案じて見ると、世の中に生起するさまざまの現象も、是非《よしあし》、大小の品定めも、一切の生きとし生けるものや、情《こころ》のない物体など、すべて、それぞれの序破急をそなえている。鳥のさえづり、虫の鳴く音《ね》に至るまで、それぞれの理由があって鳴くのは、序破急である。(これはとりもなおさず、作意なしの状態、つまり無位無心の成就である)。だから、面白いと感ずる声もあり、もののあわれを感じさせる心もある。つまり、成就がなければ、「面白い」とも、「あわれ」とも思うことはない。

(〔拾遺《しゅうい》和歌集時代の歌人〕藤原長能《ながとう》が、「春の林が東風に動き、秋の虫が露をうけてさびさびと鳴くのも、こうしたことはみな和歌のもとになるのである」と云々しているが、有情・非情の声は、これすべて詩歌を吟詠しているといえる。序破急が成就した、めでたい感じである)。

(草木が雨露をうけて、花実《み》をつける時が来るのも、序破急である)。(風の音、水の音にも序破急がある)。

いったいに、わが芸道の演技における序破急のことは、花伝や花鏡でくわしく説明してある。まず、演能、曲目の数々が無事終了し、観客一同から褒《ほ》められるのは、その日の演能における序破急が成就していたからであり、これは、結構な結着《おさまり》である。このようなことは、見物人一同が、目の前で心に感じ反応するという、演能にとって最も根本的なことがらの成就である。また、当日の数々の演目の順序にも、又一つ一つの演目の内にも序破急の成就がなくてはならない。又、舞の一指《ひとさ》し・謡の一曲の内にも、面白いと感ずるのは、序破急の成就があるからである。舞の中の袖の一指し、足踏みの一響の中にも序破急がある。このことは、筆では書き現せない。口伝《つた》えに教え授けるしかない。面白いと感じるのは、一見する観客の心に序破急が成就するのであり、それを生み出す一つの風体は演じる芸人が成就する序破急である。観客が「あっ」と感嘆する声ひとつにも成就がある。歌い出す頃合いに、当初の一音が五音の音階にかなったものであれば、音律の序破急が成就したといえる。たとえ、たったの一《ひと》声であっても、謡いながら心くばりが行き届かず、音曲による感動が観客に届かなかったら(口伝にある)面白いと感じるはずがない。それは、序・破までしか行かず、急で終らない曲の流れとなってしまう。(仏像を造り終えても肝心の魂《たましい》を入れないようなもの)で、これでは、成就など期待すべくもないし、面白いわけがない。このような心がわからなければ、この謡曲がかなでる心の序破急も成就することはない。私的見解として口伝する、いわゆる一調・二機・三声も、心の中で調子を整えている段階は序である。機《はずみ》をとらえるのは破であり、とらえたら早くも発声するのが急である。この三つの事柄が、耳を通して観客の心に面白さを感じさせるのが、成就といえる。したがってあらゆる曲をよく理解して、たった一つの風体・一つの音曲で瞬時のうちに観客が面白いと感ずる心のしおどきをつかむのも序破急の成就である。

『荘子《そうじ》』の駢拇《へんぼ》篇に「鴨の脚が短いからといって、これを継ぎたすようなことをすれば、鴨は嘆くことであろう。

また鶴の脚が長いからといって、これを切りつめたら、鶴はさぞかし悲しむであろう」とある。長短とか、大小とか差はあっても、みな平等であり、それぞれに序破急を備えている。この意味を体得すれば、芸についての自己の見解も順調に深まり序破急が成就するであろう。同じように、自分の演じかたのよしあしも、はっきりと自覚できよう。そうなれば、よい点はどこまでも延ばしてゆき、いけない点を知ってこれを無くすようにすれば、一芸の最高の達人となるであろう。(達人とは、習得したり、工夫をこらすことなく、自然に出てくる芸境にある)。この時点に至ってこそ、心の本体の序破急も成就し理解し会得することができるであろう。ただ、さまざまな曲の面白さは、序破急が成就すればこそそのものだと心得なければならない。もしも面白くなければ、序破急が成就していないからだと心得るべきである。心配な点は、この序破急を成就することが如何に大事なことであるかを得心できるか否かにある。心の奥底にある心の本来の姿を極め尽くして、最高の悟りに到達できれば、これを体得できるかもしれない。(能を)体得しているかどうかを簡単に見分ける方法がある。それは見たり聞いたりする演技のかずかずの中で面白いと感じられるものは、成就している者であり、このような役者を名手といい、面白くなく、成就していない者を下手《へた》というのである。

問ふ。諸芸をなす人、面々我意分《がいぶん》の所得あり。この我意分と申すは、別に心得《う》る所あるべきやらん。

〔訳〕

問。さまざまの芸を演ずる人達には、各自の芸位に応じて身につけた独自の芸の境地で我意分というものがございます。この我意分について特別に心得ておかねばならない点がございましょうか。

答ふ。この我意分《がいぶん》と云ふ事、当道の芸能に、心得《う》べき事多し、先づ、九位においては、上三位を得たらん為手《して》は、その風体をなさん事、我意分なるべし。これ、既に上果なるべし。中三位は、又その我意分なり。下《げ》三位等、みなみな、その位を得たらんにまかせて、我意分あるべし。みな、是れまでと心得たるばかりにて、真実の我意分にわたる所をしらず。誠《まこと》の物まねに入ふさずば、この我意分を得ること得まじきなり。

先づ、三体において、老体の物まねをなす事、人形に云はく、「閑心遠目《かんしんえんもく》」と名付たり。心閑《しづ》かにして、目を遠く見よとなり。(老眼霞みて、遠見さだかならぬ風姿なり)。これ、老体の風体《てい》なり。これによく身なりをも心をもなして、さて二曲をいたし、立ちふるまう人体《じんてい》をも、それになりかへりて芸風をいたさば、これ、老体の我意分なるべし。又、女体《にょたい》は、「体心捨力《たいしんしゃりき》」と名付く。心を体にして力を捨つる(心を姿に能く成さば、即ち力はすたるべし)宛《あ》てがいに、誠に成りかゑりて、さて二曲をいたさば、これ又、女体の我意分なり。又、軍体、「体力砕心《たいりきさいしん》」(力を体にする、その心をくだかんこと、大事なり)と名付く。力を体にして心を砕《くだ》く所を、よくよく心人《しんじん》に宛《あ》てがゐて、さてその態《わざ》をなさん事、これ、軍体の我意分なるべし。軍体は、凡《およ》そ修羅《しゅら》の風体《ふうてい》なれば、はたらきといっぱ、弓箭《きゅうせん》を帯《たい》し、打つ手、引く手、うけつそむけつ、身をつかいて、足踏《あしぶみ》も、早足《さそく》をつかふ心《こころ》根《ね》を持ちて、さて、人《にん》ないをばなだらかにして事をばなして、さてあらかるまじき堺《さかい》をよくよく心得てはたらくべし。これ、軍体の我意分なるべし。

これを、ややもすれば、悪《あ》しく心得て、軍体の「体力砕心《たいりきさいしん》」の身のままにて、また女体なんどになる時、「体《たい》心捨力《しんしゃりき》」をば宛てがはずして、ただ、女とならば身を美しくせんと思ふばかりにて、にわかに女に似するほどに、人体《じんたい》萎《な》へて、どちつかずなれば、正体なき風体になる事あり。それを、見所《けんじょ》の人、「萎《な》へたるぞ」「弱きぞ」なんど諫《いさ》むれば、又もとの軍体の心人《しんじん》へかへるほどに、荒《あら》くなる也。これらをば、なにとて女体の我意分とは申すべきや。ただ世の常の女も、女に似せんとは思ふべからず。もとより女人《にょにん》と生まれ付きたるままにて、上臈《らう》はその振舞、下女《げじょ》はその分《ぶん》にて、おのおのの振舞をいたす事こそ、我意分《がいぶん》我意分の振舞なれ。わざと身を美《うつく》しくなさんと工《たく》み、幽玄ならんと宛《あ》てがふ事、叶《かな》ふまじき事なり。（幽玄ヲ知ル事、一大事ナリ）。かようなる為手《して》は、「荒きぞ」と言えば、ただせず。「などせぬぞ」と云へば、荒《あら》くなるなり。すべき事をする内《うち》にてこそ（我意分、コノ堺《サカイ》ニアリ）、強きも弱きも、是非の批判もあるべけれ。然れば、女姿《おんなすがた》、男体《なんたい》の似事《にせごと》とは一大事なるほどに、「体心捨力《しゃりき》」と形木《かたぎ》を置きて、その心人《しんじん》になりかへる風姿、これ、女体の我意分なり。その宛てがいはなくて、ただ女に似せんとばかりは、女体の我意分にてはあるまじきなり。女を似するは女ならず。さるほどに、女姿《にょし》の有主風《うしゅふう》に真実なりてこそ（似スル位ハ無主風、ニ得ル位ハ有主風ナリ。又、甦位却来《ソイキャライ》シテ無主風ニ至ルベシ）、女の我意分《がいぶん》にてはあるべけれ。この分目《わけめ》、よくよく心得《う》べし。老体も又此《かく》の如し。「閑心遠目《かんしんえんもく》」を心得て、その分《ぶん》に成り入りたらば、老体の我意分にてはあるべし。三体いづれもかくの如し。

又、物狂《ぐる》いなんどの事は、恥《はぢ》をさらし、人目《め》を知らぬ事なれば、これを当道の賦物《ふし》に入るべき事はなけれども、申楽事《さるがくこと》とはこれなり。女なんどは、しとやかに、人目を忍ぶものなれば、見風《けんぷう》にさのみ見所《みどころ》なきに、物狂になぞらへて、舞を舞い、歌を誦《うた》いて狂言すれば、もとよりみやびたる女姿《すがた》に、花を散らし、色香《いろか》をほどこす見風、これ又なによりも面白き風姿なり。然れば、この位を得たる為手は、上花なるべし。これ、面白き我意分なり。

又、三体の外《ほか》、鬼人体《きじんたい》なんどは、これ又、申楽《さるがく》事の似事《にせごと》なり。誠《まこと》の鬼をば見る事あるまじきなり。仮令《けりやう》、絵に書ける鬼人体《きじんたい》なども、似すべき形はなし。さるほどに、大かたを宛《あ》てがいて、荒《あら》かるべき道理をはづして、そのはたらきを細《こま》かに和して、人目《め》を化《ば》かす故実《こじつ》の分力《ぶんりき》、鬼人体《きじんたい》の我意分なり。これを砕動風《さいどうふう》(見風体)と名付け、また、「形鬼心人《ぎやうきしんじん》」(心行体)とも云ふ。(この外、力動風鬼あり。ただし、当流に然るべからず)。この宛てがいを能《よ》くよく安得《あんとく》して、その分曲を正しくせん事、砕動の我意分なるべし。

かくの如く、数々の物まね、二曲の習《しゆ》道、ことごとく偽《いつわ》りもなく芸体をなさん事、その曲々の我意分たるべし。その宛てがゐ、分目《わけめ》はなくて、ただおし宛《あ》てがいに事をなさんとせんをば、我意分とは申しがたし。さるほどに、終《つい》には、形木《かたぎ》の定意《ぢやうい》なきがゆへに、能に味わひなくなりて、老来になり行くまま、能は下《さが》るべし。心得《う》べき事なり。

大学に云はく。「其の本《もと》乱れては末《すえ》治まらず」と云ふ。物覚《ものまね》の其の人体《じんたい》によりて、能《よ》くよく似《にせ》おさむるは、これ、その本なり。それが誠《まこと》におさまらずして、似事《にせごと》の曲体ゆるかせならば、有主風《うしゆふう》にはあるべからず。然れば、その本乱るるなり。末治《おさ》まるべからず。又、「果不及《ふぎふ》」と云へり。過ぎたるは及ばざるに同じとなり。物まねの其の堺《さかい》、少しも足らざらんも、余《あま》りたらんも、その本《もと》にてはあるべからず。この有主風(この有主、無主風の位、至花道に有り)に真実成り入るならば、似《に》せんと思ふ心、又あるべからず。これを、誠の物まね、有主風とは云ふべきなり。この曲界の態風《たいふう》に入りふしたらんをこそ、定位《じやうい》本風の我意分とは申すべけれ。

孟子に云はく、「為《す》ることの固《かたき》にあらず、能《よ》くすることの固《かたき》なり」と云ふ。習《なら》い似《に》する事は、大かた子細もなくて、見風なだらかなるは、する事の難《かた》きにあらぬ分なり。真実その物に成り入りて名を得《う》る事は少ない。

これ、能する事の難きなるべし。「似たる事は似たれども、是《ぜ》なる事は是ならず」と云ふ。（類して斉《ひと》しからず、混ずるときんば所を知る〔唐の洞山良价撰『宝鏡三昧歌』〕）。この是《ぜ》をよくよく安位して、達人長名の其の物に至らん事を得べし。

この一帖、当芸習道の秘伝なり。ここに金春大夫《こんぱるだゆふ》、芸能に見所《けんじょ》あるに依り、相伝せしむる所、かくの如し。

正長元年六月一日　　　　　　　　世　阿（花押）

もしほ草かき置く露の玉を見ば磨《みが》くこと葉の花は尽《つ》きせじ

此の一帖、若年の時、師家《しけ》の伝《つた》ふるところなり。

享徳弐年八月　日　　　　　　　　氏　信（花押）

もしほ草の花も玉藻《も》もかき集め見れば鏡の裏《うち》も曇らず

金春八郎
秦　安照（花押）

〔訳〕

答。この我意分ということについては、わが芸道の演技上、心得ておかねばならないことが多い。まず九位においては、上三花の位に達した役者が、その位に応じた演技を演ずることは、我意分のことであろう。これは、云うまでもなく理想的な境地に達した芸というべきである。中三位も、また、その分相応、つまり我意分の芸位である。ついで下三位なども、みなそれぞれの位に到達した境地のままに我意分の芸であろう。いずれも、芸位相応と心得ているだけで、真実《まこと》の我意分に到達する訳合《わけあい》を知らない。真実《まこと》の物まねをきわめなければ、この我意分を身につけることはできない。

まず、申楽の物まねの基本となる三体（老体・軍体・女体）のうち、老体（老人の姿）の物まねをする場合を『二曲三体人形図』に説明した通り「閑心遠目」と、名付けた。つまり心を閑雅に静かに持って、目は遠くを見なさい、ということである。（老眼が霞《かす》んで、遠くがはっきり見えないといった感じの姿である）。これが、老体の風情である。こうした風情に適《かな》った衣装を身につけ、心持ちも閑雅に謡や舞を演じ、立ち振舞う身のこなしも役になり切って演ずるなら、これがすなわち老体の我意分といえよう。又、女体は、「体心捨力」と名付けた。つまりその心を体におきかえて、力を捨てる（女らしい心を姿で的確に表そうとすれば、すぐさま力はぬけるであろう）感じで、真実《まこと》に女になりきって、謡や舞を演ずるならば、これもまた、女体の我意分である。また、軍体（武人の姿）は、「体力砕心《たいりきさいしん》」（力強い姿をするが、心はしなやかにすることが大事である）と名付けた。力強い姿をしながらも心をしなやかにするところを、よくよく心身に行きわたらせたうえで演じれば、これが軍体の我意分といえよう。軍体の能は、大体において修羅道《しゅらどう》に堕《お》ちた武士の姿であるから、その演技は、弓矢をたずさえ、打つ手や引く手、受けとめたり、よけたりと、身《からだ》を動かして、足踏みも、早足でするといった心がけが必要だが、さらに、人品はあくまでもおだやかな感じを大切にして、荒くならない程度をよくよく心得て演じなければならない。これが軍体の我意分である。

ここのところを、どうかすると、誤解して、軍体の「体力砕心《さいしん》」の芸を演じた身が、また続いて女体の能を演じるような場合に、「体心捨力《しゃりき》」を心がけずに、ただ女ならば、身のこなしを美しく見せようと思うだけで、急に女っぽく演ずるために、体つきがぐったりしてしまい、どっちつかずなので、得体の知れない姿になってしまうことがある。それを見た観客が「しおれているぞ」「弱いぞ」などと忠告すると、又もとの軍体の心身にもどるので、荒っぽくなるのである。このようなものを、どうして女体の我意分と言えようか。ただ世間一般の女性にしたところで、女らしく振舞うことをことさらに意識しているはずがない。もともと女として生まれた通りのままで、高貴な女性は、それらしい振舞を、下《しも》じもの女は、その身分に似つかわしく行動するのであって、それがそれぞれの我意分の振舞である。演者が意識的に身を美しく見せようと技巧をこらし、幽玄にみせようと試みることは、成功するみこみがないことである。(幽玄ヲ知ル事ハ、容易ナラヌコトデアル)。このような役者は、「荒いぞ」と文句をつけても、なおせない。「なぜ精《せい》を出さないのか」と云えば、荒っぽくなるだけだからである。なすべきことをなすなかにこそ(我意分ハ、コノ境界ニアル)強いとか弱いとか、是とか非とかの批判もできるのであろう。だから、女姿に、男である能役者が似せることは、至難なことであるから、規準を「体心捨力」において、その心身になりきった姿こそが、即ち、女体の我意分なのである。そうした配慮がなくて、単に表面上、女らしく演じようとするだけでは、女体の我意分ではありえない。女をまねても、女を感じさせない。だからこそ、女役の有主風(芸の主になりきって生きた芸をする境地をさす世阿弥のことば)に真実なりきってこそ、

(似せる段階は無主風、自からが、似せる対象そのものの気持ちになり切る段階が有主風である。またもとの境地にたち返って無主風にかえりつくべきである)女役の我意分というべきであろう。この相違点を、充分に心得るべきである。老体についてもまた同じことがいえる。「閑心遠目」ということを心得て、その身分に成りきったなら、老体の我意分といえよう。女体、軍体、老体の三体のいずれについても以上のようなことがいえる。

また、狂女ものの物狂いなどは、恥をさらし、人目を憚《はばか》るべきことすら気にとめないことだから、これを能芸の素材にする必要はないはずだが、それをあえて採り入れるのが猿楽の猿楽たるゆえんである。女性などは、しとやかに、人目を忍ぶものであるから、演技の出来映えとしては、さほど面白さはないのだが、物狂いに見立てて、舞ったり、歌ったりして、常と変わった言動を演ずれば、本来の優美な女性の姿に花を散らし、美しい色香をそえた風姿《すがた》となり、これはまたなによりも面白い風姿となる。したがって、これを上手に演じられる役者《シテ》は、上花といえるし、また、これこそが面白さをみせる我意分である。

又、三体のほか、鬼神体などは、これもまた、猿楽にふさわしい役がらである。本ものの鬼など見られるはずもないし、たとえば、絵にかいた鬼神などでも、それを見て参考にできるほどの手本はない。したがって、大体鬼らしいという風体《てい》をめどにして、荒っぽくなりがちのところを避けて、動作をしなやかに和らげて面白さを出し、観客に鬼らしく見せるための工夫を、それぞれの芸の力に応じて発揮することが、鬼人の姿における我意分である。これを砕動風(目に見える姿)と名づけ、また「形鬼《ぎょうき》心人《しんじん》」(心のありかた)ともいう。(このほかに力動風の鬼がある。ただし我が流儀では認めていない)このとらえ方を充分に思案納得して、鬼人分の曲のすぐれた面白さを適切に演ずるのが、砕動の我意分というものである。

　このように、かずかずの物まねや舞や謡を稽古し、すべてまちがいなく演じられることが、その千変万化の面白味をひきだす我意分である。こうした配慮と分別もなく、ただあてずっぽうに芸を演じようとするのは、我意分とは云えない。こんな風であればとどのつまりは、規範となる型への確信がないため、能に味わいがなくなって、老年となるにつれ、能は低下してゆくのである。心すべきことである。

　孔子の遺著『大学』の冒頭に、「その基本が乱れれば、末《すえ》は治まらない」と書かれている。物まねでは、演者の身体をつかって、それぞれの人物によくよく似せるように演ずることが、その基本である。それがしっくりしないで、ものまねのこまごまとした姿をおろそかにしたら、有主風《うしゅ》ではありえない。このようであれば、基本が乱れているのであり、結果がうまくゆくはずがない。又、『論語』「先進」第十一に「過不及」ということばがある。「過ぎたるは猶《なお》及ばざるがごとし」と同じ意味である。物まねにおけるその境は、不足して及ばないのも、やりすぎるのも、ともに基本をとらえているとはいえない。この有主風(この有主風と無主風については「至花道」で述べている)に真実なりきったならば、似せようと思う心も、やはりあってはならない。この境地こそ、まことの物まねで、有主風と云うべきである。この妙味ある境界の演技に没入し得た芸であればこそ、ゆるぎない基本の芸の我意分と言えるのではないだろうか。

　孟子も(1)「することの難《かた》きにあらず、よくすることの難《かた》きなり」といっている。

　稽古して似せることができるようになることは、さほどむずかしくもなく、目にみる芸もなだらかなのは、「する事の難《かた》きにあらぬ」ことにあたる。本当にそのものになりきって好評をうることは少ないものだが、これが、「能《よ》くする事の難《かた》き」に該当する。「似ていることは似ているけれどもよいといわれていることと、よいことはちがう」ということばがある。一見、同類のように見えるが、同じではない。異質のものを混ぜ合わせてみると、その本質を知ることができる。

このところをよくよく肝に銘じて、達人としての名声をいつまでも持続できる境地に到達できるよう努めなければならない。

この一巻は、この芸道を習得してゆくための秘伝である。ここに金春大夫（氏信・後の禅竹）は、芸にすぐれた点が認められるので、本巻をこの様に伝受することにした。

正長元年（一四二八）六月一日　　世　阿　（花押）

掻《か》き集めた藻塩草に宿る玉の露のように光るこの秘伝の言葉のかずかずを通して芸道を磨くしるべは尽きることはあるまい。

この一巻は、私が若かりしとき、師匠の世阿弥が伝えて下さったものである。

享徳二年（一四五三）八月某日　　氏　信　（花押）

掻き集めた藻塩草にみる美しい花や藻にたとえられる吾が師の光り輝く言の葉の数かずの表《おもて》と裏の中にも芸道の神髄が語られていることよ。

金春八郎(禅竹から六代目)

秦　安照

（1）　四書の『孟子』にこの言はない。ただ、「梁の恵王」上篇に「人に語《つ》げて、われ能わずというは、これ為さざるなり。能わざるにはあらず」より援用したものか。

五位

遊楽芸風　妙・感・意・見・声《しやう》五位(1)ニ云ハク

(1)　五位の語は、唐の曹洞宗高祖洞山良价(八〇六―八六九)が創唱した「偏正五位説」に基づく。これは、洞山が修行者の接得に、指導の方針として、五つの段階を設け、正(真理平等)と偏(事象差別)とを交互にかかわり合わせて、さとり(大自己の自覚)への道を容易ならしめるための方便に示したものである。そしてこの方法は、臨済宗の浮《ふ》山法遠《ざんほうおん》(九九一―一〇六七)にまで波及し「浮山十六題」の著となる。ついで洞山下の大陽警玄《きょうげん》(九四二―一〇二七)が、「大陽十六題」を著し、法嗣の投子義青《とうすぎせい》がこれを偈頌《げじゅ》(韻文の形で、仏徳を讃嘆し、教理を述べたもの。また、これに準じて、仏教の真理を詩の形で述べたもの)で敷衍《ふえん》し解説したもの。この五位説が日本にも伝わり、室町期から江戸期末まで、曹洞宗の教学を支えてきた名著である。なお世阿弥は、智厳が補厳寺二世として入寺する前から参師聞法していたものと思われるので、この「五位」は晩年の作かと思われる。

室町初期の世阿弥は、大和国磯城《しき》郡多村(田原本町味間)の曹洞宗補厳寺二世竹窓智厳(?―一四一二)に帰依し、「五位説」を通して、芸能申楽の立て前(本質と理論)の確立を意図し、併せて能芸の伝統護持と後継者育成のためにこの五位説を依りどころとしたものと思う。

洞山五位頌《じゅ》（説）

正中偏（正位である万物の本体とその具体的な現象世界を用いて、正の道理を表したもの。中とは、正でもなく偏でもなく、正を正たらしめるもの。水〔正〕の全体が波〔偏〕を備えているような位）。

偏中正（偏位〔現象〕の用《はたらき》が正位〔本質・真理〕の体を具《そな》えている位。現象としての波の全体が水なるがごとし）。

正中来（正はあくまでも徹底した正の本体・真理、差別相の偏を寄せつけない。ただし偏は、正に包摂せられて縁起し生滅する）。

兼中至（正と偏とが併用され、それぞれに絶対の意義づけをもつ。つまり事象の用《はたらき》が体理にかない、さとりに帰する。水〔体〕の用である波は、ただ波であることに終始するようなもの）。

兼中到（正〔体〕と偏〔用〕と兼ね、事と理とがならび行なわれる位。正偏を絶した究竟《くきょう》、最上至極のさとりをいう。水は水で人の価値判断に落ちず、格外のはたらきを示した玄妙の世界をいう）。

世阿弥と洞山の五位

一、妙風――兼中到
二、感風――正中来
三、意風――兼中至
四、見風――正中偏
五、声風――偏中正

一、妙風《めうふう》

妙者、離二有無一、亙二有無一、無体顕二見風一。然者、非レ所レ可レ及二褒美一。

（妙といっぱ、有無《うむ》を離れて、有無に亙《わた》る。無の体　見《けん》風に顕《あら》はる。然れば、褒美の及ぶべき所にあらず）。

天台妙釈云、「言語道断、不思議、心行所滅之処、謂二之妙一」。

（天台の妙釈に云はく、「言語道断《ごんごどうだん》、思議せず、心行所滅の処、これを妙と謂《い》う」）。

〔訳〕

妙《みょう》とは、有とか無という相対を越え、しかも有にも無にもかかわりを持つものである。無の体《ほんたい》がその用《はたらき》の体《もと》である見風（演技の出来映え）に顕現《あらわ》れる。こうなれば、賞賛のおよぶところではない。（いくら褒めても褒《ほ》め足りない）つまりあらゆる計《はから》いを絶って、そのものにすっかりなりきった無の境地で演技している風姿である。

天台宗の妙釈に「言葉では説明し尽くせず、思いはかることもできず、心とその作用である行ないが絶したところ、これを称して絶妙という」と。

二、感風《かんぷう》

感者、所レ不レ慮驚二心目一。感風有二即座・即心・即目一。所レ転レ気、更成二離見之見感一。

（感といっぱ、慮《おもんばか》らざる所にして、心・目を驚かす。感風は即座・即心・即目にあり。気を転ずるところ、更に離見の見感なる）。

毛詩に曰、「正二得失一、動二天地一、感二鬼神一。謂二之感一」。

(毛《もう》詩に曰《いわ》く、得失を正《ただ》し、天地を動かし、鬼神を感ぜしむ。これを感と謂《い》う)。

〔訳〕

感とは、思いもよらないところで心や目を驚かすことである。つまり感風とは、その場で咄嗟に心や目を驚かせることに本領がある。観客がうっとりとした世界から再び我に帰ったとき、感風に打たれた時のその場の感興とは別の新たな感銘が生じるものである。『毛詩』(漢の毛亨が伝えた詩経)の大序に、「人の道の利害を正し、世の中を動かし、鬼神の存在を感じさせる」とあるが、これを感動という。

三、意風

意者、所レ成レ内意風、顕レ外、至妙成レ感。顕二浅深一、成二諸体之風根一。是、見二面白花一種也。

(意といっぱ、内に成す所の意風、外に顕《あら》はれ、至妙の感を成す。浅深《せんじん》を顕はし、諸体の風根《ふうこん》と成る。これ、面白き花を見《あら》はす種なり)。

玉屑評詩曰、「意中有レ景、景中有レ意」云。

(玉屑《ぎょくせつ》の評詩に曰《いわ》く、「意中に景あり、景中に意あり」と云う)。

〔訳〕

意とは、演者が心の内でつくりあげる役柄に対する意図《いと》のことで、演技となって外にあらわれたとき、この上もなく巧妙な感じとなる。それは演技の深浅を示すものであり、種々の風体を生み出す根源となる。つまり演者の意《こころ》こそが、面白い芸の花を咲かせる種となる。

宋の魏慶之《ぎけいし》撰の『詩人玉屑《せつ》』「詩法」の門に「詩人の抒情《こころ》に叙景《けしき》が胚胎《うまれ》、叙景《けしき》に抒情《こころ》が揺蕩《たゆた》うている」と。

四、見風《けんぷう》

見者、既顕二舞風一、手舞・足踏、目前顕二芸能証見一。

（見といっぱ、既に舞風に顕《あら》はれ、手舞・足踏《そくたふ》、目前《もくぜん》に芸能の証見を顕はす）。

孟子云、「視レ水有レ道、必視二其瀾一」云。

（孟子に云はく、「水《かわ》を視（観）るに道《てだて》（術）あり、必ずその瀾《なみ》を視（観）よ」と云う。

〔訳〕

見とは、つとに舞の姿として表現されているもので、手舞《てぶり》と足踏みのうちに、眼前に芸能としての効果を十分に発揮して見せてくれるものである。

『孟子』の尽心篇第七に、「水を観察するには方法がある。それは必ず立つ波をよく観ることである」と。つまり役者の力量を知るには、その舞い方を見れば分かるということである。

五、声風《しやうふう》

声者、縦見風少疎、音感通二心耳一、曲聞之瑞風、成二数人感一。

（声《しやう》といっぱ、たとひ見風しづかなりとも、音感　心耳《しんに》に通じ、曲聞《もん》の瑞風、数人の感を成す）。

毛詩に云はく、「情《こころ》　声《こゑ》に発し、声　文《あや》を成《な》す。これを音《おん》と謂《い》う」。

〔訳〕

声というのは、たとえ舞い姿にすこし不行届《ふゆきとどき》があったにしても、音の高低や音色などの音感が耳から入って心に通じ、音曲のすばらしい響きが、多くの人々に感銘を与える。

『毛詩』の大序に、「心情が胸の中に萌《きざ》し、美しい声《ひびき》となり、その声が美しく文《あや》どられる。これを音という」とある。

六　義

六義《りくぎ》といっぱ、古今《こきん》の注に云はく、「天竺《てんじく》の礼文《らいもん》、唐の詩賦、日本の和歌、三国を和《やわ》らぎ来《きた》る。依って大和歌《やまとうた》云々」。これ皆、六義を具足《ぐそく》せり。風《ふう》・賦《ふ》・比《ひ》・興《きょう》・雅《が》・頌《しょう》なり。この意《こころ》を移し取りて、遊楽《ゆうがく》の芸風の習道《しゅどう》とせんとなり。然れば、当道の曲体に九位の見風《けんぷう》これあり、その条々、六義に寄せて、これを顕すなり。

(一)風曲　妙花風(九位第一)これなり。風といっぱ、古今《こきん》の注に云わく、「色《しき》体見えざれども、物にそゐて風と云わるるなり」と云々。妙といっぱ、(『天台妙釈』に云わく)「言語道断、不思議、心行《しんぎょう》所滅の処」云々。故に体なし。ただ曲風にそゐてこれあり。又、尋ぬれば無所得《むしょとく》なり。然れば、妙花風を以って、風曲とすべきか。

(二)賦曲　寵深花風《ちやうしんくわふう》(同第二)これなり。賦といっぱ、古今《こきん》の注に云わく、「一首に心多き歌なり」と云う。寵深花風といっぱ、美しき姿なり。「深」は、離見の見、「花」は、顕風なり。かくの如く、意景多し。然れば、寵深花風を以って、賦曲とや云うべき。

(三)比曲　閑花風これなり。比といっぱ、古今の注に云わく、「物を二つ並《なら》べて、「何《いづ》れも同じ様《さま》なり」と云々。閑花といっぱ、「閑」は柔和なる感心、「花」は秀《ひゐ》でたる色《しき》心なり。「閑」「花」、いづれも妙果の甲乙なし。然れば、閑花風を以って、比曲とや申すべき。

(四)興曲　正花風(第四)これなり。興《きょう》といっぱ、古今の注に云わく、「物を二つ置きて、勝負を分つなり」。正花といっぱ、花の正しき見風は、当道にては得花《とくくわ》なるべし。これすなわち、得手《えて》なり。得手あらば又おろそかなる方《かた》あるべしと見えたり。さるほどに、芸道に勝負の証見あるか。然れば、正花風を以って、興曲とや云うべき。

(五)雅曲　横精風《くわうしやうふう》(第五)これなり。雅といっぱ、古今《こきん》に「事の整《ととの》をり、正《ただ》しきを云ふなり」と云々。横精《くわうしやう》といっぱ、広くして精《こま》かなるは、事の整《ととの》をり、正しきにあらずや。これ、安全の姿なり。然れば、横精風《ふう》を以って、雅曲とや言わむ。

(六)頌曲　強細風《がうさいふう》(第七)これなり。頌《しょう》といっぱ、祝《いは》ふ意《こころ》なり。又、強細と云っぱ、「強き」は負けぬ心、「細《ほそ》き」は和《やわ》らぐ儀なり。強くして和《やわ》らかならんは、即ち心のままなるべし。これ、如意《によい》曲なり。心のごとくの曲ならば、慶風なるべし。これ、祝言《しうげん》にあらずや。然れば、強細風を以って頌曲とや申すべき。ただし、強きに心得《う》べき事あり。仁・義・礼・智・信に、義を「和なり」と注せり。義は強き心かなるを、「和《やわ》らぐ」となり。然れば、和らぎて負けぬや、強きならん。毛《もう》詩に云わく、「治《おさ》まれる代の声は、安《やす》くして以って楽しむ」と云々。治《おさ》まるは、強き儀なり。返《かえ》すがえす、和らぐは強き道かと見えたり。

本文かくの如し。

右、かくの如き条々、当道のために習智の及ぶ所を誌《しる》すなり。

凡そ、六義《りくぎ》の心を当芸に移して、分明《ふんみょう》にその一風《いっぷう》々々の所得に安住して、性位《しやうゐ》の達人に至れば、六義を一曲に得、上士と成るべし。然れば、和歌の上聖《せい》にも、六義を一首に詠《よ》める秘歌あり、と云々。

応永卅五季三月九日

此の一巻、金春大夫所望《こんぱるだゆふしょもう》に依り相伝せしむる所なり。

世阿（花押）

〔訳〕

六義《りくぎ》というのは、延喜の頃、紀貫之《きのつらゆき》等の撰になる『古今《こきん》和歌集』の注に、「インドの法会で釈尊を頂礼《ちょうらい》して唱えた偈文《げもん》、中国の詩賦、日本の和歌などは、それぞれ天竺・唐・日本の三国の人々の心をおだやかにしてきた。それで大いに和《やわら》ぐ歌、つまり〃やまとうた〃と称したのだ」云々とある。

これらはみな『毛詩』の「大序」に見える六つの詩の分類――風・賦・比・興・雅・頌――を揃えている。この六義説を移し取って能楽習道の芸風に役立てようと思う。さて、わが芸道の演技様式に、九段階の風姿がある。その各条を六義と関連させ、その意義を明らかにしたい。

(一)風の曲　妙花風(九位第一位)がこれである。「風」とは、『古今集』の注に「形としては目に見えないが、他のものを媒介として理解できる性質が風と似ているので〃風《ふう》〃と呼ばれる」云々と。妙とは、(天台宗の妙楽大師の註釈によると)「言語では表現できず、思い慮《はか》ることもできず、心のはたらきが停止された世界」云々と。それだから形のないもので、ただ演技によってのみ認識される。また、どこが妙であるかと尋ねてみても、つかむことができない。だから、妙花風をもって、風《ふう》の曲とするべきか。

(二)賦の曲　寵深花風(同第二位)がこれに該当する。賦というのは、『古今集』の注に「一首の中に意味が多くこめられている歌だ」とある。寵深花風とは、美しい姿のことである。「深」とは、演者が自己の目を離れて観客の目で(客観的に)見る見方から生ずるもの。「花」とは、外に現れた風姿のこと。このように種々の意味や様相を持っている。だから、寵深花風をもって賦の曲というべきであろうか。

(三)比の曲　閑花風(同第三位)がこれにあたる。比とは『古今集』の注に、「物を二つならべて、その共通点を見出すものである」と云々。閑花の「閑」とは、やさしくおだやかな心の感じであり、「花」はすぐれた心の表象としての形。「閑」「花」どちらもすばらしい(原因によって生じた)結果であって優劣はない。だから、閑花風をもって「比」の曲といってよいであろうか。

(四)興《きょう》の曲　正花風(同第四位)が、これにあたる。興とは、『古今集』の注によれば、「物を二つならべておき、その勝《かち》、負《まけ》をつけるものだ」と。正花とは花の姿を正しく演じ得ることで、わが芸道においては、花の本質を悟得した境地といえよう。これは、つまり得意芸といえる。得意芸があれば、また不得意な点もあるはずだと察せられる。だからこそ、芸道に得意・不得意の点が、はっきりと現れるのであろう。そこで、正花風をもって興《きょう》の曲というべきであろうか。

(五)雅の曲　広(横は広の当て字)精風(同第五位)がこれである。雅とは、『古今集』の注に、「物事が整理され、正しいことをいう」と。広精《こうしょう》とは、つまり広くして精細なのは、物事が整《きちん》として、まがっていないさまをいうのではないか。これは、安全の姿である。だから広精風をもって雅の曲といえるのではないか。

(六)頌の曲　強細《ごうさい》風(同第六位)がこれである。頌《しょう》とは、祝い歌のことである。また強細とは、「強き」は負けない心、「細き」は和《やわ》らぐ作法のこと。強くして和らいださまは、つまり思いのままになる面白さといえよう。これは意のままになる面白さのことである。心のごとくの面白さであるなら、めでたい風体であろう。これは、祝言《しゅうげん》と同様だから、強細風をもって頌《しょう》の曲というべきであろう。

ただし、強いということについて留意すべきことがある。儒教にいう仁・義・礼・智・信という人の守るべき五常の道において、義を「和なり」と注している。「義」は、強い心と思うのだが、「和《やわ》らぐ」と注している。つまり、和らいで負けないのを強いというのであろう。漢の毛亨《もうこう》が伝えた『毛詩』に「治まっている泰平の時代の声は、安らかで楽しんでいる」と云っている。だから治まるというのは、強い仕儀《ことがら》を示すものである。再三再四いうことだが、和らぐは強い道かと思われる。

以上が本書の主要な部分である。

右、以上のような条々が、我が芸道のために、習い知った智恵の及ぶ限りのことを書き記してみたものである。

すべて、中国の六義の意味を我が芸道に移して、はっきりとそれぞれの芸風を体得したところに根を下《お》ろして、不動の根源的芸位に到達した人になれば、六義の六風を一曲の演技に具現し、上々の名人となることができる。だから和歌の達人にも、六義を一首の和歌に詠《よ》みこんだ秘伝の歌があったようだと聞き及んでいる。

応永卅五年(一四二八)三月九日

世　阿　(花押)

この一巻は、金春大夫《こんぱるだゆう》(氏信)の所望によって相伝するものである。

九位

〔上三花〕

妙花風　新羅《しんら》、夜半《やはん》、日頭《にっとう》明らかなり。

妙と云《い》っぱ、言語道断《ごんごどうだん》、心行所滅《しんぎょうしょめつ》なり。夜半の日頭、是れまた言語《ごんご》の及ぶべき処か。如何《いかん》。然れば、当道の堪能《かんのう》の幽風、褒美《ほうび》も及ばず、無心の感、無位の位風の離見《りけん》こそ、妙花にやあるべき。

寵深《ちょうしん》花風　雪《せつ》千山を蓋《おほ》いて、孤峰如何《いかん》が白からざる。

古人云はく、「富士山高うして雪消《せう》せず」と云へり。これを、唐人難じて云はく、「富士山深うして」云々《うんぬん》。至りて高きは深きなり。高きは限りあり。深きは測《はか》るべからず。然れば、千山の雪、一峰白からざる深景《しんけい》、寵深花風に当るか。

閑花《かんくわ》風　銀垸裏《ぎんわんり》に雪を積む。

雪を銀垸裏に積みて、白光清浄《びゃっこうしょうじょう》なる現色《げんしき》、誠に柔和なる見姿《けんし》、閑花風と云ふべき歟《か》。

〔中三位〕

正花風　霞《かすみ》明《あきら》かに、日落ちて、万山《ばんざん》紅《くれなゐ》なり。

青天白日の一点、万山早白《いちじろ》き遠見《ゑんけん》は、正花風なり。これは、広精風《くわうしやうふう》より秀《ひい》でて、既に得花《とくか》に至る初日《しよにつ》頭《とう》なり。

広精風《くわうしやうふう》　語り尽《つく》す、山雲海月の心。

山雲海月の心、満目青山の広景《くわうけい》を語り尽す所、広精風の習道《しゆだう》に尤《もつと》もこれあり。これより前後分別の岐《き》界なり。

浅文風《せんもんふう》　道《みち》の道たる常の道にあらず。

常の道を踏《ふ》んで、道の道たるを知るべし。これ、浅きより文《もん》を顕《あら》はす義なり。然れば、浅文風を以《もつ》て、九位習道《しゆどう》の初門となす。

〔下三位〕

強細風《がうさいふう》　金鎚《きんつゐ》影動きて、宝剣光寒《ひかりすさ》まじ。

金鎚の影動くは、強動風《がうどうふう》なり。宝剣光寒《すさ》まじきは、冷《ひ》へたる曲風なり。細見《さいけん》にもかなへりと見えたり。

強麁風《がうそふう》　虎生れて三日、牛を食《くら》う気あり。

虎生れて三日、則《すなは》ち勢《いきほ》い有るは、強気《がうき》なり、牛を食《くら》ふは麁《あら》きなり。

麁鉛風《そえんふう》　五木鼠《ごもくそ》。

〔訳〕

〔上三花〕(1)

妙花風《みようかふう》「新羅《しらぎ》の国では、真夜中《まよなか》に太陽が照っている」と、禅のことばにある。

「妙」というのは、言葉では表現できず、また思慮で知り、行動で示すことのできない絶妙の世界のことである。「真夜中の太陽」というのも、これまた言葉では説明できない深遠の世界ではないか。これ以外になんと表現したらよいのであろうか。だから、我が能楽の道における達人の幽玄なる芸は、褒美《ほうび》めいた美辞麗句をならべただけでは云い尽くせない。相対を絶した無心の感《さとり》、位階を絶し、真にさとった禅人のような境《きょう》界《がい》こそ、「妙花」というべきものではないだろうか。

寵深花風《ちょうしんかふう》　禅の言葉に、「雪が千山を蓋《おお》い真っ白くなっているのに、他(多)と己《こ》(箇)とを絶した孤峰だけが、どうして白くなっていないのか」と。すると古人が、「富士山は高いからもともとの雪が消えないのだ」と云った。この問答を中国人が、「富士山は深玄幽冥だから」云々《うんぬん》と難癖《なんくせ》をつけた。極めて高いものは、深遠そのもの。山の高さには限りがあるが、深遠というものは、尺度では測《はか》れない。だから、目に見える千山の白雪に対し、現象を超越している「孤峰」は、深遠そのもの。だからこそ寵深花風に相当するものというべきであろう。

閑花風　銀垸裏《ぎんわんり》に雪を積む。(2)

銀垸(陵)の中に雪を盛《も》った白く輝く清くけがれのない眼前の色あいは、まことにやさしくおだやかな風姿を呈していて「閑花風」というべきであろうか。

〔中三位〕(3)

正花風　日盛《ざか》りに、霞が明るくたなびき、日暮れに、山々が紅《くれない》に染まる。

雲一つなく青く晴れわたった空の一点に早くも冠雪した遠くの山々が白く見えるといった風情が、正花風である。この芸位は、次の広精風より一段とすぐれていて、すでに花をものにした境地に初めて参入できた段階である。

広精風《こうしょうふう》　山に横たわる雲海に照りわたる月の心。(4)

山雲海月の心とは、いってみれば見わたすかぎり、樹木の青々と茂った山の広大な景観をいい尽くしていて、広精風の習得に最もぴったりとしている。したがってこの広精風が、前の正花風に進むか、後の下三位に退くかの分かれ目となる境地である。

浅文風《せんもんふう》　（孔子がいうところの人倫五常の）道は、恒常不変の道とはいえない。(5)

（歌舞二曲を基盤とする稽古の）常道を踏まえた上で（三体〈老体・女体・軍体〉の）芸たる道を知るべきである。これが、初歩の段階から芸を稽古するという意味である。したがって、浅文風をもって九位修行への入口とする。

〔下三《かさん》位〕(6)

強細風《ごうさいふう》　鉄鎚(7)を振りかざすと、その影が動き、あたかも名剣が鞘ばしるように、ぞっとする。

鉄鎚の影が動くさまは、強くはたらく風体を象徴する。名剣が鞘《さや》走っているさまは、名人が却《かえ》り来《きた》って下三位の芸を演じる冷《ひ》えびえとした凄《すさ》まじい芸風である。細かに示す風体にもかなっていると思われる。

強麁風《ごうそふう》　虎(8)は生まれて三日にして、牛を食《くら》う気性を持ち合わせている。

虎が生まれて三日にして、牛を食《くら》う勢いがあるというのは、強気《ごうき》を示している。牛を食うというのは、荒らさを示しているといえる。

麁鉛風《そえんふう》　五つの能力をもつ木鼠《むささび》。(9)

孔子云《いわ》く、「木鼠には五つの能力がある。木に登る、水に入る、穴を掘る、飛ぶ、走ることで、何れもその分際《ぶんざい》に適応したものでしかない」云々と。細かに身を砕いてはたらかない芸能は、粗野で鈍重な感じになる。

(1) 能の芸位を九段階に分けているが、特に上級三段階を「上三花」という。
(2) 唐の曹洞宗高祖洞山良价撰の『宝鏡三昧歌』に〝銀盌に雪を盛り、明月に鷺を蔵す〟とある。
(3) 中級三段階は、「中三位」と呼んでいる。
(4) 宋の圜悟克勤《えんごこくごん》の『碧巌録』第五十三則の頌《じゅ》にみえる。
(5) 周代の道家の祖、老子のことば。
(6) 下級三段階をいう。
(7) 宋の圜悟克勤《えんごこくごん》の『碧巌録』第十二則「麻三斤《まさんぎん》」に見える。
(8) 宋の覚範慧洪の『石門文字禅』に見える。
(9) 『日本思想大系』24(岩波書店刊)の注によると、『荀子』の「梧鼠五技にして窮す」に基づくとある。

九位習道の次第(1)(条々)

中初・上中・下後《げご》と云《い》っぱ、芸能の初門に入りて、二曲の稽古の条々を成《な》すは、浅文風《せんもんふう》なり。これを能々《よくよく》習道《しゅどう》して、既に浅風《せんぷう》に文《あや》をなして、次第連続に至る位は、はや広精風《くわうしゃうふう》なり。爰《ここ》にて事《こと》を尽《つく》して、広々に、道を経て、既に金果に至るは、正花風《しょうくわふう》なり。これは、二曲より三体に至る位なり。各々、安位感化に至る処、道花得法《どうくわとくほう》の見所《けんじょ》の切界《せっかい》なり。これは、今までの芸位を直下《ちょっか》に見おろして、安得《あんとく》の上果に座段する位、閑花風《かんくわふう》なり。この上に切位《せつゐ》の幽姿を成して、有無《うむ》中道の見風《けんふう》の曲体、寵深花風《ちようしんくわふう》なり。この上は、言語《ごんご》を絶して、不二妙体の意景をあらわす処、妙花風なり。これにて、奥義之上《おくぎしじよう》の道は果《は》てたり。

そもそも、此の条々の出所は、広精風なり。これ、芸能の地《ぢ》体にして、広く精《こま》やかなる万得《ばんとく》の花種《くわしゆ》を顕《あらは》すところなり。然れば、広精風より前後分別の岐《き》界、これにあり。爰《ここ》にて得花に至るは、正花風に上《のぼ》り、至らざるは、下三位《げさんい》に下《くだ》るべし。

さて、下《げ》三位といっぱ、遊楽《いうがく》の急流、次第に分れて、さして習道の大事もなし。ただし、この中三位より上三位に至りて、安位《あんゐ》妙花を得て、さて却来《きやらい》して、下三位の風にも遊通《ゆづう》して、その態《わざ》をなさば、和風の曲体ともなるべし。然れども、古来、上三花に上《のぼ》る堪能《かんのう》の芸人共《ども》の中に、下三位には下《くだ》らざる為手《して》どもありしなり。これは、「大象兎蹊《だいざうとけい》に遊ばず」と云う本文《ほんもん》の如し。ここに、中初・上中・下後までを悉《ことごと》く成しし事、亡父の芸風にならでは見えざりしなり。その外《ほか》、一座棟梁《とうりやう》の輩《ともがら》、至極広精風までを習道して、正花風にも上《のぼ》らずして、下三位に下《くだ》りて、終《つひ》に出世もなき芸人ども、あまたありしなり。結句、今ほどの当道、下三位を習道の初門として、芸能をいたす輩《ともがら》あり。これ、順路にあらず。然れば、九位不入の当道多し。

さる程に、下三位において、三数《しゆ》の道あり。中初より入門して、上中・下後《げご》と習道したる堪能の達風にては、下三位にても、上類の見風をなすべし。中位広精風より出《いで》て下三位に入りたるは、強細《ごうさい》・強麁《ごうそ》の分力《ぶんりき》なるべし。その外、いたづらに下三位より入門したる為手《して》は、無道・無名《むみよう》の芸体として、九位の内とも云い難《がた》かるべし。是れ等《ら》は、下三位を望みながら、下三位にも座段せぬ位なり。まして、中三位等《とう》なんどに至らん事、思いも寄らぬ事なり。

〔訳〕

九位習道の次第（条々）

稽古の順番として最初に中三位、次に上三花、最後に下三位に入るべきだというわけは、芸能の道に入って、最初は歌と舞の稽古の条々《かずかず》を身につける段階が、浅文風《せんもんふう》である。これを充分に修行し、未だ至らぬ芸ながらも美しい文《あや》があらわれ、ひき続き本道へと進んでゆく段階となれば、すでに広精風《こうしょうふう》の境地である。この中三位の段階で多くの曲を究めつくして、芸の幅を広げ、すでに十分な成果を得た境地に至れば、それが正花風である。この中三位の段階は、二曲（歌舞）から三体（老体・女体・軍体）の劇的所作を身につけるまでの位である。

次は、いろいろの芸が十分に熟《こな》され、花の効果で観客を感動させる境地で、芸道の花を悟得したかどうかが、外目《よそめ》に現れる大事な境界《きょうがい》である。これは、正花風までの自己の芸位を眼下にして、安位得花《あんいとくか》（なにをするにもあえて努力せず無理なく安らかに演じ得る至上の芸位）の理想的境地に至る芸位で、閑花風というのである。この上に、究極の位を極めた幽玄な風姿を演じえて、有文（外形にあらわした芸の美。『花鏡』に「手をなすは有文風、舞をなすは無文風なり」と）も無文風も兼ね備えた自在の演技、曲風が寵神花風である。この上は、言語《ことば》では表現できない、意《こころ》（無文にあたる）と景《あらわれ》（有文にあたる）の相対を絶した絶妙の風姿をみせる芸を妙花風という。奥義においては、これ以上の芸境はない。

そもそも右に述べてきた上花の諸段階の出発点は、広精風である。これは、芸能の基盤であって、広く精《こま》やかに数多くの芸を習得することによって、その花の種を得る段階である。だから、広精風より前へ進むか、後へ落ちるかという分岐点が、ここにある。ここでの花を悟得した者は、正花風に上がり、至らなかったものは下《げ》三位へ下らなければならない。

さて下三位というのは、能における急流のようなもので、次第に支流が分かれて三種になるが、修行の上では、たいして大事なことでもない。ただし、この中三位より上三花に至り、安き位や妙花の境を極めた上で、却《かえ》り来《きた》って、下三位の芸にもそのまんまぴったりして、演技をこなせれば、ゆとりのある和《やわ》らいだ演技ともなるであろう。けれども、古来、上三花に上がった名人たちの中には、下三位には下ってこない役者たちもいた。これは「大象は兎蹊《とけい》に遊ばず」(2)の語を地で行ったようなもので真に悟った人とはいえない。ここに中初(はじめに中三)・上中(つぎに上三)・下後(最後に下三)までをことごとく成しえたということでは、亡父観阿弥の芸風以外には、お目にかかったことがない。そのほか、一座の統率者たる連中でも、せいぜい広精風までを習得しただけで、正花風にものぼらないで、下三位にまで下ってしまい、ついに名声を獲得して世間に認められずに終わった芸人たちも多くいたのである。さて、近頃の当道では、下三位を修行の初めとして能を演ずる連中もいる。これは順序ではない。こんなわけで、九位のどの段階にも入らない能役者が多いのである。

ところで、同じ下三位でも、三通りの道がある。中三位から入門して、上三花にいたり、却《かえ》り来《きた》って下三位という順で修行してきた達人のすぐれた演技は、下三位の風姿または芸でも上三花に類する上等の芸となるであろう。中位の広精風から始めて下三位に入った者は、強細《ごうさい》・強麁《ごうそ》という分相応の力量にすぎまい。そのほか、意味もなく下三位から入門した役者などは、道にはずれた名付けようもない芸であり、九位に当てはめることもむずかしいであろう。これらは、下三位を望み見ながら、下三位にも位置しない低級な境地のものである。まして、中三位に行きつくなどとは、思いもよらないことである。

（1）九位を習得する順序について。
（2）唐の永嘉《ようか》大師玄覚の『証道歌』に見える。

却来華《きやらいくわ》(1)

当道の芸跡の条々、亡父の庭訓《ていきん》を承《う》けしより以来《このかた》、いま老後に及んで、息男元雅に至るまで、道の奥義《あうぎ》残りなく相伝終りて、世阿《ぜあ》は一身の一大事のみを待ちつる処に、思はざる外《ほか》、元雅早世《そうせい》するによて、当流の道絶えて、一座すでに破滅しぬ。さるほどに、嫡孫《ちやくそん》はいまだ幼少なり。やる方なき二跡の芸道、あまりにあまりに老心の妄執《もうしふ》、一大事の障《さは》りともなる斗《ばかり》なり。たとひ他人なりとも、その人あらば、この一跡《せき》をも預《あづ》け置くべけれども、しかるべき芸人もなし。

爰《ここ》に、金春《こんぱる》太夫《だゆふ》、芸風の性位《しやうゐ》も正しく、道をも守るべき人なれども、いまだ向上《かうじやう》の太祖とは見えず。芸力《げいりき》の功積《つ》もり。年来の時節至りなば、定めて異中の異曲の人とやなるべき。それまでは又、世阿が世命《せいめい》あるまじければ、おそらくは、当道に誰れ有って、印可の証見をもあらはすべきや。ただし、元雅は、「金春《こんぱる》ならでは当道の家名を後世に遺《のこ》すべき人体《じんたい》あらず」と思ひけるやらん、一大事の秘伝の一巻を、金春に一見《けん》を許しけるとや。

そもそも、元雅、道の奥義を極《きは》め尽くすといへども、ある秘曲一ヶ条をば、四十以前は外見あるまじき秘曲にて、口伝《くでん》ばかりにて、その曲風をばあらはさざりしなり。これは、却来風《きやらいふう》とて、四十以後、一語(期の当て字）に一度なす曲風なり。元雅は、芸道ははや極《きは》め尽くしたる性位《しょうゐ》なれども、力なく、五十に至らざればその態《わざ》をなす事あるまじき秘伝にて、口伝ばかりにてありしなり。最期《さいご》近く成りし時分、能々《よくよく》得法して、無用の事をばせぬよし申しけるなり。無用の事をせぬと知る心、すなはち能の得法なり。

そもそも、却来風の曲と云っぱ、無上妙体の秘伝なり。「却来を望めども、却来を急がず」と云へり。これは、口外なき秘曲なるによて、元雅一人の相伝なれども、早世の上は、後世《こうせい》に曲名をだにも知る人あるまじければ、紙墨に載する処、深秘々々。

一、舞いに左右左左右左《さいうささいうさ》あり。これを右左右右左右《いうさいういうさいう》と奏《かな》づる在所《ざいしょ》あるべし。秘伝なり。（これは、清見原《きよみはら》の御時《おんとき》、吉野山にて、神女天降《あまくだ》りて、五度《ごたび》袖をひるがへしし来歴なり）。又、私の遊楽《がく》の二曲三体を初めて、惣じて一切態《さいわざ》をなす人体に、左右左左右左《さいうささいうさ》と、身づかひ・振り・風情《ふぜい》・意中の意風に至るまで、これを思ふべし。これ、万曲・万体の成就《じゃうじゅ》・感応の妙風なり。口伝《くでん》あり。

しかれば、天女《てんにょ》の舞、舞の本曲なるべし。これを当道に移して舞ふ事、専《もっぱ》らなり。近江《あふみ》の犬王《いぬ》、得手《えて》にてありしなり。さるほどに、「天女の舞は近江申楽《あふみさるがく》が本《ほん》なり」と申《まう》すともがらあり。それはただ、犬王得手《えて》にてありしほどに、かくの如く云ふか。本《ほん》とは申しがたし。その故は、諸曲において、その来歴の道を伝へて口伝ある事をこそ、本風《ほんぷう》とは申すべけれ。天女の舞の秘曲を犬王分明《ふんみょう》に相伝したりとは聞《きこ》えず。まして、いづれの其の物の一流の奥義《あうぎ》を伝へたりと云ふ、印可の証見あらはれざれば、本《ほん》とは落居しがたし。凡《およ》そ、天女の舞の故実、人形の絵図にあらはしたり。よくよく習見《しゅけん》あるべきなり。

又、駿河舞の書、これ又、駿河の有度浜《うどはま》に天女天降《あまくだ》りたりし来歴なり。その秘曲、申楽に伝はりたりとも聞《きこ》えず。（その時の天の羽衣の袖、駿河の清見寺《きよみでら》に留まりて、今にありと云ふ）。

一、白拍子《しらびやうし》の事、南都の維摩会《ゆいまゑ》の延年《えんねむ》より出でたり。これ又、毎年目前《もくぜん》の見風《けんぷう》なれば、尋ぬべし、習ふべし。かくの如きの道々《みちみち》の来歴を伝ふるを以《も》て、本《ほん》とすべし。ただし、申楽の舞は、一切の物まねの人体《じんたい》によりて舞ふ事なれば、取り分《わ》きて申楽の舞の本《ほん》とはいづれを申すべきや。翁《おきな》の舞、申楽の舞の本にてや有るべき。それは別に口伝《くでん》あり。たやすからず。深秘々々。

一、此の一巻、是れは元雅口伝の秘伝なり。然れども、早世《そうせい》なるによて、後世にこの題目をだにも知る人あるまじければ、紙墨《しぼく》にあらはすなり。もしもし其の人出で来《こ》ば、世阿が後代《こうだい》の形見《かたみ》なるべし。深秘々々。

永享五年春三月日　　　　世　阿（花押）

〔訳〕

わが能芸道の演歴の条条については、亡父観阿弥の家庭教育を受けてからこのかた、いま老境に入って、嫡男元雅に至るまで、私が究めた芸道の奥義は、残りなく伝授し終わった。私は、ただ往生の期《とき》を待つだけであったところへ、思いがけなくも元雅が若死したので、わが芸の伝統は断絶し、一座はもう破滅してしまった。その上、嫡孫十郎は、まだ幼い。今や伝えようとしても、すべもない。亡父と私とで築いた芸道の伝統を思うと、あまりに、あまりに老いた身の心の執着はあさましく、往生のさまたげともなるばかりである。よしんば他人でも、伝える条件にかなう人物がいれば、私一人の遺産ともいうべき芸跡を伝授しておきたいが、適当な芸人もいない。

ここに金春太夫(禅竹)は、芸風の素質も正しく、芸道を守るに値する人物ではあるが、まだ最高の創始者とは思えない。芸力に年功が加わって、年来の効果が現れる時節が到来したならば、必ずや群を抜いた達人となるであろう。が、それまでは、世阿弥の寿命が持つまいから、わが芸道において、いったい誰が印可証明(師が学人の修行の境地を可《よし》として認める証明)の秘伝を得て、その証拠となる演技を舞台で披露してくれるのであろうか。ただし、元雅は、「金春太夫よりほかには、申楽《さるがく》におけるわが家名を後世に残す人物は無い」と思ったのであろうか、最も大事な秘伝の一巻を金春だけには見せたとかいうことである。

そもそも元雅は、早くも芸道の奥義を究めつくしたとはいえ、ある秘曲の一ヶ条だけは、四十歳以前の者は、演じてはいけないとされている秘曲で、口伝ばかりで、その曲風は、舞台で演じなかったのである。これは却《きゃ》来風《らいぶり》といって、四十歳以後になって、一生に一度だけ演ずるというものである。元雅は、すでに芸道を究めつくした境地に達してはいたが、五十歳に達しなければ、そのわざを演じてはならないという秘伝であった故に、しかたなく口伝として教えておいただけであった。元雅も往生が近づいた時分には、充分に秘伝を心得て、まだその年になるまでは、してはならないことは、しないと申していた。その「無用の事はしない」のがよいのだと知る心が、とりもなおさず能のさとりである。

そもそも却来風の曲《おもしろさ》というのは、この上なく絶妙な風体の秘伝である。「かえりきたることを目やすとはするけれども、これを急いではならない」といわれている。これは、他人に云ってはならない秘曲であるから、元雅だけに伝授したものであるが、若死されてみると、後世に、このような曲名さえ知る人もなくなろうと思われたので、紙面にこれを書きつけておくのであるが、極秘々々。

一、舞楽に、左右左・左右左と舞うところがある。これを逆に、右左右・右左右と演ずるところがある。秘伝である。(これは天武天皇の御代に、吉野山において、天女が天下《あまくだ》って、五たび袖をひるがえして舞ったという伝《いわれ》による)。また能においては、民間芸能として成立した二曲三体を初めとして、一般的に身《からだ》の動きによって表現する演技において左右左・左右左と、身づかい・振り・風情《ふぜい》はもちろんのこと、心中で動きを考える時に至るまで、この伝統を意識すべきである。これが、あらゆる曲、あらゆる動作が完成されてゆき、心に感じ応《こた》える妙なる風姿を生み出す源である。これには口伝がある。だから天女の舞こそが舞の本来の姿だといえよう。この天女の舞を、わが芸道に採《と》りいれて舞うことに専心すべきである。わけても近江申楽の犬王太夫は、これを得意としていた。だから、「天女の舞は、近江申楽が本家《ほんけ》だ」という連中もいる。それは単に、犬王太夫が得意としたから、このように云うのであろうが、本家だとはいいがたい。そのわけは、諸曲において、故事来歴の道を伝えて、しかも確かな口伝のあるものをこそ、本来の道を伝えた芸というべきだからである。

天女の舞の秘曲を、犬王太夫があきらかに伝えたとは、聞いたおぼえがない。まして、どこそこの名人の流れをくむ奥義を伝えたものだという印可の証拠がはっきりしてこないかぎり、犬王太夫が本であるとは決着できないことである。すべて、天女の舞のよりどころやしきたりに関しては、要点を人形の絵図に示しておいた。よくよく見て学習すべきである。

また駿河舞の書というものがあるが、これもまた駿河の有渡《うど》ヶ浜に天女が舞い降りた来歴を示したものである。けれどもその秘曲が、申楽に伝わったということは聞いたことがない。（その時の天の羽衣の袖が、駿河の清見寺《きよみでら》に残されて現存しているといわれている）。

一、白拍子《しらびょうし》の事。奈良の興福寺の維摩会《ゆいまえ》に際して行なわれる延年の舞から出たものである。これもまた毎年目の前で見ることができる芸であるからよく研究して習うべきである。このように、それぞれの道の来歴を伝えているものを基本とすべきである。

ただし、申楽の舞は、あらゆるものまねの姿によって舞うものだから、特別に申楽の舞の基本とは、いずれを指していうべきものであろうか。翁《おきな》の舞が、申楽の舞の基本であったとすべきであろうか。それは別に伝えられている口伝があって、軽々に口にするわけにはゆかない。極秘々々。

一、この一巻の内容は、元雅に口伝として与えた秘伝である。けれども、早く世を去ったため、このままにしておけば、後の世となればこの「却来風《きゃらいぶり》」という名目さえも知る人もなくなろうと思われるので、紙面に書きしるすのである。万が一、この秘伝に相応《ふさわ》しい人物が出現してきたならば、本書が、その後代の人に遺しておく形見となるであろう。極秘々々。

永享五年（一四三三）春三月日

世　阿（花押）

（1）　却来の却は、唐音のきや。脚杳《きゃたつ》、行脚《あんぎゃ》の脚も唐音。却《かえ》り来《きた》るとか、かえってと訓読す。『正法眼蔵』「行仏威儀」に

「那辺の事を体取し、這裏《ちょり》に却来《きゃらい》して行履《あんり》す」とあるように、仏祖としての視座(自己本来の面目)に立つ絶対境(さとりの境地)を得てから、すべての現象事象が相対の俗世にあって、日々の明け暮れに生きぬくこと。「九位習道《しゅどう》の次第条々」に、「さて却来して、下三位の風にも遊通《ゆずう》して、その態《わざ》をなせば、和風の曲体ともなるべし」ともある。

夢跡一紙《むせきいっし》

「根《ね》に帰り古巣《ふるす》を急ぐ花鳥《はなとり》の、同じ道にや春も行くらん」。げにや、花《はな》に愛《め》で、鳥をうらやむ情《なさけ》、それは心ある詠《なが》めにやあらん。これは親子恩愛《おんあい》の別《わかれ》を慕《した》ふ思ひ、やる方《かた》もなきあまりに、心なき花鳥をうらやみ、色音《ね》に惑《まど》ふあはれさも、思へば同じ道なるべし。

さても去《さんぬる》、八月一日《ついたち》の日、息男善春、勢州安濃《せいしゅうあの》の津《つ》にて身まかりぬ。老少不定《ふぢゃう》の習《なら》い、今さら驚《おどろ》くには似たれども、あまりに思ひの外《ほか》なる心地《ここち》して、老心身《み》を屈し、愁涙《しうるい》袖を腐《くた》す。さるにても善春、子ながらも類《たぐゐ》なき達人として、昔《むかし》亡父此の道の家名を受けしより、至翁また私なく当道を相続《さうぞく》して、いま七秩《しちちつ》に至れり。善春また祖父にも越えたる堪能《かんのう》と見えしほどに、「ともに云ふべくして云はざるは人を失《うしな》う」と云う本文にまかせて、道の秘伝・奥義《あうぎ》ことごとく記《しる》し伝へつる数々《かずかず》、一炊《すい》の夢と成りて、無主無益《むやく》の塵煙となさんのみなり。今は残しても誰《た》がための益《やく》かあらむ。「君ならで誰《たれ》にか見せん梅の花」と詠《えい》ぜし心、まことなるかな。しかれども、道の破滅の時節当来し、由《よし》なき老命残って、目前の境涯《がい》にかかる折節《おりふし》を見る事、悲しむに堪《た》えず。あはれなるかな。「孔子は鯉魚《りぎょ》に別れて思ひの火を胸に焚《た》き、白居易《はくきょい》は子を先《さき》立てて枕の間《ほとり》に残る薬を恨《うら》む」と云へり。善春幻《まぼろし》に来《きた》って、仮《かり》の親子の離別の思ひに、枝葉《しえふ》の乱墨を付くる事、まことに思ひのあまりなるべし。

思ひきや身は埋《む》れ木の残る世に盛《さか》りの花の跡を見んとは

永享二々年九月日　　至翁書

幾程《いくほど》と思はざりせば老《おい》の身の涙の果《は》てをいかで知らまし

〔訳〕

「花は根元に散ってその養分となり、空飛ぶ鳥も日暮れには古巣に急いで帰るのみなり」とみえる。そのように、ものはみなその本に帰るように、春も過ぎてゆくやに見うけられる。まことに、根にかえる花を愛《め》で、巣に帰る鳥を見て我が身もそのようでありたいと思う心情、それは心にひびく風雅な歌を口ずさませずにはおかないものであろう。このありさまは、恩愛深き親と子の別れを切なく思う情愛で、心を晴そうにも致し方がないあまり、無心である花鳥をうらやみ、花の色、鳥の鳴く音《ね》に惑《まど》う。我が身の哀れさも、想えば同じ道理というべきであろう。

さて、去る八月一日の日(永享四年)、嫡男(善春十郎元雅)が、伊勢の国安濃《あの》の津(三重県津市)で(地方興行中に)亡くなってしまった。死の訪れには、老少の定めはないことゆえ、今さら驚くには当たらないとはいうものの、あまりにも意外のように思われて、老いの悲しみは身を弱らせ、愁いの涙をぬぐうため、袂《たもと》の袖はぐしゃぐしゃになってしまった。それにつけても、善春は、嫡男ながらも類《たぐい》まれな斯《こ》の道の達人として、昔、亡父(観阿弥)が、猿楽能に(観世の)家名を継承してから、翁《わたし》(世阿弥)もまた私心なくこの道を受け継いで、ただ今七十歳と相い成った。善春はまた祖父観阿弥をも越える申楽道の達人と思えたので、「ともに云うべくして云わないのは、その人を失うことになる」という本意にしたがって、芸道の秘伝、奥義をことごとく記し伝えた諸々《もろもろ》、それもはかない夢となりはて、持ち主を失い役立たずとなり、塵や焼き捨《す》てにされるだけのものとなってしまった。そんなわけで、今は残しておいたとて誰の益《やく》にたとうか。誰の益にもたつまい。(『古今和歌集』紀友則の歌で)、「君ならで誰にか見せん梅の花、色をも香をも知る人ぞ知る」と詠《よ》まれた心音《ね》が、まことによくわかる。けれども、観世流の破滅の時節が当来し、頼《たよ》り甲斐《がい》のない老いの身だけが残って、目の前に、見るにたえないこの現実を見る悲しみには堪えられない。なんと哀れであることよ。「(春秋時代の魯の)孔子は、子の鯉魚に先立たれ、熱い思いが胸を焦《こ》がし、(中唐の)白楽天は、子に先立たれて、子が枕頭に服《の》み残していた薬を見て恨みごちたと、云い伝えられている。善春のまぼろしが(前世から)現れてこの世では、仮《かり》の親子として共に暮したわけだが、その離別の哀《かな》しみのあまり、枝葉末節にも似た乱れ書きを認《したた》めることになったのは、まことに思ってもみないことであった。

〃埋れ木のように老い果てた我が身が今に残り、盛りの花にも似た我が子が先立ち、その亡き跡を見ようとは、思ってもみないことであった。〃

永享四年(一四三二)九月日

至翁書

〃我が老いの身は、もう残り幾ばくもないと思い知ってくれたなら、我が子も死を後らせてくれたであろうに。それを知らなかったのだろうか。ただ老いの果てない涙を流させるばかりである。〃

半仙遺稿

はしがき

　佐田仙馨こと半仙詩人は、日本で学制が布《し》かれた明治五年に五歳となる。最初に出合った教育は、小学校教育ではなく、中国の小学教育、つまり漢字の字形、字音、字義の勉強であった。ついで教材は、『大学』『中庸』『論語』『孟子』の四書と、『詩経』『書経』『易経』『礼記』『春秋』の五経で、教師は祖父であった。このようにして半仙は、知覚経験以前の先験的思考ともいうべきものをめぐらすために必要な力と、その力によってのみ開くことのできる感性の扉《とびら》を開くことができていたように思われる。その実例のあれこれは詩篇の随所にうかがえる。

　なお幼い詩人の卵は、素読や訓読が首尾よく出来ると御褒美の賞盃として御師匠さんである祖父の晩酌の御流れを頂戴していたとのこと。〝蛇《じゃ》は寸にして人を呑む〟とか〝栴檀は双葉より芳《かんば》し〟というが、そののち酒は生涯を通しての好伴侶となり〝酒なくてなんのおのれが桜かな〟となる。長じては、晋の陶淵明に私淑し「酒と菊」の虜《とりこ》ともなる。

　八歳で学令に達したが、父の死と前原一誠の乱により、母に連れられて東京に疎開したものの流浪漂泊に明け暮れ未就学児童と成り果てる。幸いに仏縁に恵まれ、十三歳にして今の南足柄市塚原天王院二十二世浅野探玄師の沙弥《しゃみ》(小僧)となる。ついで探玄師の本師能登の曹洞宗大本山総持寺住職畔上《あぜがみ》楳仙《ばいせん》禅師の弟子となり仏道修行。

　明治十六年七月(十六歳)に九四「観洒水瀑布記」(本書二八九頁)の紀行漢文を綴る。明治十七年より二十年までの三ヶ年、静岡県有渡郡小鹿村三余堂漢学塾長谷部連克先生(元幕臣の儒者)について漢学修業。十九年、春から秋にかけ塾長に望まれて清国は江南から四川省、長安から北京の旅行に随行。二十二年より京都本派本願寺普通教校において普通学(英語・倫理・物理)を学び、同年に京都の英学者でミルトンの『失楽園』本邦初訳者平井広五郎について英学修業。二十三年一月、徴兵検査のため萩へ帰省。長篇叙事詩九五「刀環余響」(二九三頁)成る。

二十九年八月、事に因り奈良県吉野郡川上村運川寺特選住職を命ぜられる。三十五年六月、神奈川県天王院二十五世に任ぜられる(弟子の私は二十七世)。三十六年二月、曹洞第一中学林学監(今の世田谷学園の前身)。三十七年八月、前橋市向町(今の住吉町)青松山橋林寺三十四世となり、昭和八年十一月二十五日遷化、享年六十六。橋林寺は、檀家数の多い町寺。本師は、弟子、随身(師を慕って参学修行する雲水)の指導と免囚《めんしゅう》保護事業の保護会を設立しての教化活動とともに福祉事業として積善会病院を創設して方面委員事業と提携していた。私的には、陶淵明に倣《なら》って菊造りとその賞翫に熱中された。

次に『遺稿』に見る通り、晩年には、徐々に文学的な詩が影をひそめ、引導香語、疏《しょ》、銘、祭文《さいもん》などの香語類が多くなる。なお五歳にして酒の味を知ったとはいえ、外酒《そとざけ》は一切なく、晩酌にはお銚子二本を限度としていた。

萩の毛利藩の士族百二十石取り佐田茂八の一子が、外から突如として寄せてきた怒濤に揉みにもまれながらも断じて手放さなかった一本の筆。その筆先から迸《ほとば》しり出た漢字数万語。しかも先匠の中日詩人たちが夢想だにしなかった創語創訓を縦横に目も彩《あや》に織り成した玉篇。その詩の表現の手組《たく》みさと、手組まれた世界の清々《すがすが》しさ、健気《けなげ》さ、若さに似合わない叡智の閃《ひらめ》き。長いこと大学で中国文学を講じてきた私は言うべき言葉を持たない。

一代の鬼才道元禅師が、『正法眼蔵』「山水経」の巻で約二千五百字を要《つ》くして披瀝した山水の自然が語る世界を半仙は、八四「秋日遊嵐山」(二八〇頁)において「山水与心難等閑、水村山落任吾攀、山前隔水望山処、水気鎖山不見山」と、僅か二十八字の十五刪《さん》押韻詩でその真意を示している。なお従来の漢詩作法の規則では、一詩中で、同じ文字の使用は、同句内は許されるが、句を違えての使用は禁じられている。しかるに半仙は、こうした規則にお構いなく各句に「山水」の語を鏤《ちりば》める。よって使用を許された持ち駒二十八シラブルのうち、実際の使用字数は二十二字となる。従って『正法眼蔵』「山水経」の絶対境を俳句に近い韻文で述べつくした偉業は、人知を絶してあまりあるといえよう。

次に半仙は、昭和初期の大修館撰『大漢和事典』五万余語中にも、清朝の康熙帝奉勅撰『佩《はい》文韻府』一万二百余語にも載せていない用語、用訓を平然として、しかも的確に(三余堂塾下宿生活中にも)使用している。私は、これらの語に対して「創語」「創訓」と名づけた。その他、中日詩人の発想と表現に全く見られなかった詩句、助字の使用等。さらに常人の夢想だに及ばなかった語句、故事の引用の的確さには、ただ舌を捲くばかり。創語、創訓の詳細については拙著『半仙遺稿伝』(平成十年、邑心文庫刊)を参照されたし。

次に世の常として、思想は経験に裏づけられて成り立つものであるが、半仙は、思想に経験が裏うちされたかのような生き方をされた。然らば半仙の思想とは如何。九歳にして体験した萩の藩臣前原一誠による敗者の姿とその影響を真《ま》に受けて生まれ出た思想といえよう。さらに焼跡の萩を後にして上京し、徳川幕府崩壊の跡にみる人心流離の実態と思想。幕臣儒者による敗者の倫理とその生き方。幼い半仙の目に映り、胸に焼きついたものは、敗者のさだめにほかならなかった。この思想が、苦《にが》い経験を先験化していたために宇宙大気の変動にもめげず毅然たる姿を変えない菊の華に魂《こん》を奪われ、悠然として宿世の底辺を凝視することができたと思われる。その結果、幼にして身につけた思想と経験とが織り成して、他《ひと》に目立たない生き方、顕栄を否定する学問、処生術に展開して行ったことになる。学歴皆無は、いうまでもなく、長じても詩壇と縁を持たなかった半仙が、ふと青年時代に洩らした一語が、三六「焼柏詞兄に答え兼ねて石舟先生に呈し、其の寄する所の韻に次す」の一句に「詩をもって世に名あらしむれば、すなわち多事」(二四三頁)と賦《よ》んで自信のほどを仄《ほの》めかしていると、推測するだけである。

敗者の論理に裏うちされた人、思想は、えてして日蔭者として陰《いん》にこもり勝ちとなるのが通例である。しかるに半仙は、曾て東京帝大に招かれて教鞭を執ったドイツのケーベル先生(一八四八―一九二三)の『ケーベル博士随筆集』(岩波文庫)にみる考えと軌を一にする。というのは、ケーベル先生が、漱石やその一党の俊秀に多大の影響を与えたことでも想像できるが〝美なくば学術なるものなく、哲学なるものも、道徳も宗教もない。美は世界原理なり〟と力説したが、半仙は〝清んだ心がなければ、漢詩は成り立たない〟と力説した。これはケーベル先生の〝音楽は魂が語らなければならない〟の主張と軌を一にする。そして節《ふし》簇《ひょうし》韻《ひびき》律《リズム》を旨とする漢詩の世界に欠かせない絶対条件は清んだ心にほかならないという結論に通ずる。

次に良寛さんは、出家して帰郷するまでを遊方二十年と記しているだけで最後の四年間は中国行脚であった。弊師は塾長長谷部先生にお供を仰せつかって十ケ月間中国を旅してきた。にもかかわらず橋林寺会《え》中の者は全く知らなかった。ということは、語らなかったからである。しかし二六「又」や三八「寄懐臥痴」や三九「憶春牛」などに明記していることで私は判然とした。良寛さんは、密航ゆえ致し方ないが、弊師は何故か公表を憚《はばか》っていたことを今に知る。

平成十一年正月七日

東京都四谷　一法庵　飯田利行

一　春日郊行

茅廬好耐潜　幽事足養恬　残書初読了　悠悠鉤蘆簾　簾外何所見　一望又忘倦　烟霞与青山　令人自眷恋
春色纔九旬　空莫過芳辰　風流英雄事　富貴却換貧　君不見子房王佐略　辞爵慕山壑　又不見范蠡不世功
擲宝五湖楽　曳杖試吟行　路平双屐軽　雨晴春風暖　到処景転清　青青東郊路　芳草皆帯露　淡淡山村霞
靉靆抹緑樹　対之興味深　新詩擁微吟　若非騒雅士　争知我此心

一　春日郊行

茅廬《ぼうろ》よく潜《ひそ》むに耐《た》え、幽事　恬《てん》を養うにたれり。残書を初めて読了し、悠々として蘆簾《よしず》を鉤《まきあ》ぐ。簾外《れんがい》に何をか見らる。一望すれば　また倦《う》むことを忘る。烟霞と青山と、人をしておのずから眷恋《けんれん》せしむ。（一先韻）

〔訳〕

そまつな住家《すみか》でも、ひそやかに暮らす者にとってはなに不自由なくしのげる。その上、静けさは、やすらかさを助長させるのに充分である。読みかけの書物をやっと読みおえ、ゆったりとよしずを捲きあげる。さてこそ簾外に何が見えるかと、一わたり見渡せば、いつまでもこうしていてみたくなる。もやかすみといい、青山といい、誰にも思い慕わしさを起こさせる眺めである。

春色は、わずかに九旬《じゅん》、空しく芳辰《ほうしん》を過《す》ごすことなかれ。風流は英雄のこと、富貴を却《かえ》って貧に換《か》ゆ。（十一真韻）

〔訳〕

春の景色《けしき》は、たったの九十日間。そのよい時節をあたら空費してはならない。みやびなどというものは人なみ勝れた人たちのなぐさみごと。だがそれは、富貴を貧賤に換《か》えるような徒事《あだごと》といえよう。

君見ずや　子房　王佐の略を、爵《しゃく》を辞して山壑《がく》を慕《した》えり。また見ずや范蠡《はんれい》　世には功あらざりしを。宝を五湖に擲《なげう》ちて楽しめり。（十薬韻）

〔訳〕

読者諸君よ、想い出して御覧なされ。春秋時代の鄭《てい》の名宰相子房《しぼう》の補佐の策略が抜群であったことを。彼はご褒美の爵位を辞退して山岳の美を慕って山居したではありませんか。また想い起こして下さい。春秋時代、越王勾践《こうせん》を佐《たす》け、呉王夫差《ふさ》を討《う》って会稽《かいけい》の恥辱《はずかしめ》を雪《すす》いだ大功臣范蠡《はんれい》のことを。彼は、全財産を五湖に沈め、姓名を代えて天下に遊び、山東省の陶《とう》に帰り大財閥となり世に陶朱公といわれた人物。彼の楽しみは、顕位栄誉ではなく、「粉骨砕身《ふんこつさいしん》」とか「刻苦勉励《べんれい》」することにあったのです。

杖《つえ》を曳《ひ》いて吟行を試むれば、路平らかに双屐軽《そうげきかろ》し。雨晴れ春風暖かに、到る処　景うたた清し。（八庚韻）

〔訳〕

詩を吟じながらの散歩に出かけると、路も平坦に下駄も軽快にはこぶ。雨も晴れ、春風も暖かに、何処へ行ってもすがすがしい景色がずっと続いている。

青々たる東郊の路、芳草みな露を帯ぶ。淡々たる山村の霞《かすみ》、靉々《あいあい》として緑樹を抹《な》づ。（七麌韻）

〔訳〕

（静岡市）東郊の路は春いっぱい。香《か》ぐわしい草々がいずれもしっとりと露を帯びている。うすく淡い山村の霞《かすみ》は、さかんにたなびいて緑樹を撫《な》でるかのようである。

これに対すれば、興味深く、新詩　微吟を擁《たす》く。もし騒雅の士にあらずんば、いかでか我がこの心を知らんや。（十二侵韻）

〔訳〕

これらの光景に対《むか》えば、興味深々《しんしん》として、新しい詩が、小さな声でうたい出される。こうしたことは、詩人でなければ、どうして私の胸のうちが分かりましょうか。

二　山村雨後

山中人跡遠　雨後別乾坤　草木深樵径　蝸廬淡筆門　風驚胡蝶夢　露破海棠魂　緑柳呈烟色　青苔長暖痕
雀喧疎竹寺　犬吠落花村　机上開書読　窓前攤帙論　聞鶯吟妙句　愛景酌清樽　我是眠雲客　塵埃不欲言

二　山村雨後

山中　人跡遠く、雨後　乾坤《けんこん》を別つ。草木樵径に深く、蝸廬《かろ》　筆門《ひつ》淡《あわ》し。風は驚かす　胡蝶の夢を、露は破る海棠《どう》の魂《こん》を。緑柳　烟色を呈し、青苔　暖痕に長し。雀喧《さわが》し　疎竹の寺、犬は吠《ほ》ゆ　落花の村。机上に　書を開いて読み、窓前に　帙《ちつ》を攤《ひら》いて論ず。聞鶯《もんおう》に妙句を吟《うた》い、景を愛《め》でて　清樽を酌《く》む。我は是れ　雲に眠るの客、塵埃《じんない》を言《かた》るを欲《この》まず。（十三元韻）

〔訳〕

山中には、人の訪《おとな》いも間遠《まどお》。雨後には天と地とが、はっきりと分かれて映る。樵夫《きこり》が通る小径《こみち》に草木が生《お》い茂り、かたつむりの殻《から》にも似た狭い家に粗末な芝の門。その昔、荘子が夢で胡蝶となって楽しみ、自分と胡蝶の区別を忘れてしまったというが、私もそんな風に自他を分かたぬ夢現《ゆめうつつ》にまどろんでいると、吹き来る風にはっとさせられる。唐の楊貴妃の美しさにたぐえられる海棠の花に宿る露はしとどにぬれ、さながら楊貴妃の魂が張り破《さ》けたかのよう。緑なす木は、春がすみのような色、青い苔は、陽溜《ひだまり》の痕《あと》に伸びている。雀は、すけた竹ごしに見える寺で喧《さわが》しく、犬は、花の散りまごう村で吠えている。机上に本を開いて読み、窓辺で帙《ちつ》を開けてあれこれと考える。そして鶯の囀《さえず》りに妙句を浮かべ、景色を愛《め》でては、清酒を口にする。私は、言ってみれば、絶対境に遊化《ゆうげ》するような人間。俗世間のあれこれを語るつもりはない。

三　晩涼雑興

浴後愛新晴　疎鐘報晩声　金風払松樹　玉露洗芝茎　葉落秋庭静　虫鳴夜気清　孤村傍水遠　一径背田横
佇立看星火　徘徊待月明　須臾破雲蕚　倏忽発晶英　路上留笻望　林間逐影行　吟身娯好景　不識過三更

三　晩涼雑興

浴後　新晴を愛《め》で、疎鐘《そしょう》　晩を報《くれ》ずるの声《ひびき》。金風《あきかぜ》　松樹を払い、玉露　芝茎を洗う。葉落ちて　秋庭静かに、虫鳴いて　夜気清し。孤村　水《かわ》に傍《そ》うて遠く、一径　田を背にして横たわる。佇立《ちょりつ》して　星火を看《み》、徘徊して　月明を待つ。須臾《しゅゆ》にして、雲蕚《うんがく》を破り、倏忽《しゅっこつ》として　晶英《しょうえい》を発《ひら》く。路上に笻《つえ》を留《とど》めて望み、林間に影を逐《お》いて行く。吟

身は　好景を娯《たのし》み、三更を過《す》ぐるを識《し》らず。（八庚韻）

〔訳〕

入浴してから雨あがりの空を心ゆくまで眺め、夕暮れを告げる間遠《まどお》に響く鐘の音《ね》に心洗われる。秋風が松の木に渡り、美しい露が芝草を洗い清める。木の葉が落ちて、秋の庭が静けく、虫がすだいて、夜気が清《す》む。離《はな》れた林の在り処《か》は、川に沿うて遠く、一すじの小径《こみち》が田を背にして横たわっている。佇《たた》ずんでは星のまばたきを仰ぎ看《み》、往《ゆ》きつ戻《もど》りつして月の出を待つ。しばらくすると、月が雲間《くもま》から顔を出し、たちまちのうちに水晶のような美しさを見せてくれる。路上で杖を卓《た》てて遥かに月の光が林間に影をおとして行くさまを遠く眺めてそちらへ赴《おもむ》く。詩人は、よい景色《けしき》を娯《たの》しみ、おぼえず夜半を過ごしてしまう。

四　戊子除夕

辞郷過十歳　萍紛夢中尋　賈島桑乾恨　達夫除夜吟　寒窓灯火暗　遠寺月鐘沈　老母応無恙　愛児万里心

四　戊子除夕（明治二十一年大晦日）

郷を辞し　十歳過《とせた》ち、萍紛《へいふん》として　夢中に尋ぬ。賈島《かとう》　桑乾《そうけん》の恨み、達夫《たっぷ》　除夜の吟。寒窓に　灯火暗く、遠寺に　月鐘沈む。老母まさに恙《つつが》なかるべけんや、愛児《いとしご》　万里の心。

〔訳〕

故郷の萩を後にして、十年が経過した。その間は、浮草のように当《あ》て所《ど》なく、夢中の想いであった。唐の推敲詩人《すいこう》賈島《かとう》が、遼東の桑乾河《そうけんが》を渡ったとき故郷咸陽への思いが矢の如くであったという。また唐の節義を重んじた詩人高適《こうせき》(字《あざな》は達夫)の「除夜の吟」が想い出される。「旅館《はたごや》の寒灯に独り眠られず、客心何事ぞうたた凄然《せいぜん》。故郷を今夜　千里に想い、霜鬢《しらがのびん》　明朝また一年」と。

淋しい部屋の暗い火影《ほかげ》のもと、遠くの寺で撞《つ》く除夜の鐘がかすかに聞こえてくる。老いたる母上は、どのようにしておられるだろう。恙《つつが》なくおいでだろうか。愛児《いとしご》が遠くから寄せるせめてもの切なる心である。

五　田園雑興

新陰竹窓昏　池水吐渓蓀　風浄蒼苔径　烟濃翠柳村　檐端迎燕子　籬上挺竜孫　庭外斜陽後　徘徊娯客魂

五　田園雑興

新陰　竹窓昏《くら》く、池水　渓《はな》蓀《しょうぶ》を吐く。風浄《きよ》く　蒼苔の径《こみち》、烟《けむり》濃し　翠柳の村。檐端《のきば》に　燕子《つばめ》を迎え、籬《り》上に竜孫《たけのこ》を挺《ひ》く。庭外　斜陽の後、徘徊して　客魂を娯《たのし》ましむ。(十三元韻)

〔訳〕

陽が移りあらたに陰になった竹枠《わく》の窓は昏《くら》ぼったく、池の水面《みなも》には花菖蒲《しょうぶ》が咲いている。蒼苔《あおごけ》の小径《こみち》に吹く風も清《さわや》かに、青柳《あおやぎ》の村里に棚《たな》びく烟も濃い。軒端《のきば》には燕子《つばめ》が出入り、垣根のほとりで竹の子を掘る。庭外《おもて》で夕陽が沈んだ後、往きつ戻りつすれば旅ごころがたのしめる。

六　山居

好景釣詩鈎　山中万事幽　雲飛忘歳月　花落覚春秋　穿径双藘屩　凌寒一布裘　人生多悄惘　塵外可消愁

六　山居

好景　詩鈎《こう》を釣り、山中　万事幽《しずか》なり。雲飛びて　歳月を忘れ、花落《ち》りて　春秋を覚ゆ。径《こみち》を穿《つらぬ》く　双藘《そうく》屩《きゃく》、寒を凌《しの》ぐ　一布裘《ほきゅう》。人生　悄惘《しょうもう》多ければ、塵外に　愁《うれ》いを消すべし。（十一尤韻）

〔訳〕

好い景色は、詩意詩情を駆り立てる詩句を釣り出し、山中は見聞に値するすべての物事が幽然としている。雲の変更に時の流れを忘れ、落花の姿に年月の移ろいを覚える。小径《みち》に跡づける二足の藁《わら》ぐつ、寒さしのぎの毛革《かわ》うらの着物。人生には、あきれて気のぬけたようなことも多いから、浮き世を絶したところで積もる愁《うれ》いをかき消すべきである。

七　堤上散策

沛然駆暑雨　涼足雨還晴　湿石蒼苔滑　洗山緑樹清　柳枝臨水影　松幹犯風声　聞見皆詩料　何須労野情

七　堤上散策

沛然《はいぜん》として　暑雨を駆《はら》い、涼足《た》りて　雨もまた晴る。湿石《しっせき》　蒼苔滑《そうたいなめ》らかに、山を洗う　緑樹清し。柳枝　水影に臨み、松幹　風声に犯《あた》る。聞くも見るも　みな詩の料《かて》、何ぞ野情を労《いた》むことを須《もち》いんや。（八庚韻）

〔訳〕

　ざぁざぁと降る雨で暑気を追い払えば、涼しさいっぱいとなり、雨もまたあがる。濡《ぬ》れ石、その上の蒼苔《あおごけ》もなめらかに、山を洗うかのような緑の樹木も清《さや》か。柳の枝が、水辺に垂れ、風のひびきが松の幹にあたる。見聞するものみな詩の材料《かて》となり、なんで田舎《いなか》の趣《おもむき》をいたみ悲しむ必要があろうか。

八　秋夜宿山寺

世事非吾事　悠悠入化城　一渓秋水色　数杵暮鐘声　雲合僧禅静　風生鶴夢響　通霄聞妙理　不識到深更

八　秋夜　山寺に宿る

世事は　吾が事にあらず、悠々として　化城《けじょう》に入る。一渓に　秋水の色、数杵《しょ》　暮鐘の声《ひびき》。雲は　僧の禅静《ぜんじょう》に合し、風は　鶴夢の響きに生ず。通霄《つうしょう》　妙理を聞き、識らず　深更に到るを。（八庚韻）

〔訳〕

　世の中の事象は、私のよしとするところではなく、世事をよそに悠々として寺に入る。一すじの谷合いには秋色が目立ち、五つ六つと暮六《くれむ》つの鐘の声《ひびき》が印象的である。雲は僧の禅静の境地《さとり》にぴったりと、風は鶴の夢の響きに合わせて生ずるかのよう。夜通し仏法のすぐれた道理を拝聴しているうちに、いつしか真夜中になった感がする。

九　夏日山居

莫問山居意　味深難可言　拾薪蒼靄嶺　種薬白雲園　夏雨松烟淡　薫風草色繁　吟心与光景　総是別乾坤

九　夏日山居

問うことなかれ　山居の意を、味《おもむき》深ければ言うべきこと難《かた》し。薪を拾う　蒼靄《そうあい》の嶺、薬を種《う》ゆる、白雲の園に。

夏雨に　松烟淡く、薫風に　草色繁《ふか》し。吟心と光景と、すべて是れ　乾坤《けんこん》を別つ。（十三元韻）

〔訳〕

山住居《ずまい》の妙味など尋ねないでいただきたい。興趣《おもむき》が深くて言葉では現し難いから。薪《たきぎ》がなくなれば、蒼《あお》いもやの嶺へ採《と》りにゆき、薬草などは白雲のたゆとう園で栽培する。炬火《たいまつ》の烟《けむり》は夏の雨で淡く、草色は薫《かお》る風で色濃くなる。詩心《うたごころ》は、天地を別つすべての場景に与えられているのを感じる。

一〇　贈高田奇一君

他郷思断金　朝暮更傷心　衲客歎幽屋　孤禽啼晩林　竹檐蛛網密　門巷草織深　只有関山月　迢迢伴旅吟

一〇　高田奇一（穎哉）君に贈る

他郷に　断金を思い、朝暮　さらに心を傷ましむ。衲客　幽屋を歎《なげ》き、孤禽　晩林に啼《な》く。竹檐《ちくえん》　蛛網《くものす》密に、門巷に　草繊《そうせん》深し。ただ関山《かんざん》の月のみありて　迢《ちょう》々たり伴旅の吟。（十二侵韻）

〔訳〕

他郷に出てきて君とこまやかな友情を結ぶことができ、朝《あした》に夕暮れに何かと思いやりをめぐらすことができた。僧が静かな寺院を淋しがるさまは、はぐれた鳥が夕暮れの林で啼くようなもの。竹の檐先《のきさき》に蛛《くも》が細かに糸を張り、門《かど》口には細い草が生いしげっている。けれども空には故郷で見た月が輝き、はるかなる彼方からお伴《とも》をしますよとうたってくれている。

一一　又

秋朝送君後　明月幾回円　戸外蕭蕭雨　窓前漠漠烟　幽情憐旧友　旅恨入新篇　昨夜池塘夢　依然草色鮮

一一　又

秋朝　君を送りたる後、明月　幾回か円《まどか》なる。戸外に　蕭々たる雨、窓前に　漠々たる烟《もや》。幽情もて　旧友を憐《いとお》しみ、旅恨　新篇に入る。昨夜　池塘の夢、依然として　草色あざやかなり。（一先韻）

〔訳〕

秋の朝がたに君を見送ってから、明月だけは何度円《まる》く輝いてくれたことか。ただ戸外にさびさびとした雨が降り、窓前にもやがもやもやとかかる時、かそけき友情が湧き出して貴公がいとおしく感じられ、君の旅があらためてうらめしく思われる。昨夜　池の堤に生えた春草の夢を見たが、依然として君なき今も草色だけはあざやかであった。

一二　客中除夕

活計君休問　平生自慣貧　等閑将去歳　猶作未帰人　炉煖忘衣薄　衾寒覚夢頻　書堂無客到　灯下涙痕新

一二　客中の除夕《せき》

君　活計《くらし》を　問うを休《や》めよ、平生《へいぜい》　みずから貧に慣《な》る。等閑《なおざり》に　歳去《ゆ》かんとす、なお未だ帰れざる人のごとし。炉　煖《あたた》かに　衣の薄きを忘れ、衾《ふすま》寒く　夢のしきりなるを覚ゆ。書堂　客の到るなく、灯下に　涙痕新たなり。（十一真韻）

〔訳〕生計《くらし》のことはどうぞ尋ねないでほしい。平生より清貧に慣れっこになっているから。歳《とし》だけは遠慮なしに過ぎてゆき、未だに故郷へ帰れないでいる人さながら。暖房は暖かく着物の薄さも気にならないが、夜具は寒くてしきりに夢を見る。書斎には訪《おとの》う客《ひと》もなく、灯下に故郷をはなれ旅の最中《さなか》にあるかのような淋しい年の暮れを思い、涙がとめどもなく流れてくる。

一三　又

痩筇扶病脚　庭際自悠悠　坐石雲争席　掬泉月点頭　猿啼孤峰暮　雁字数行秋　設擬無心客　尚添多少愁

一三　又

痩筇《ほそつえ》　病脚を扶《たす》け、庭際　おのずから悠々。石に坐せば　雲　席を争い、泉を汲めば　月　点頭《うなづく》。猿は啼く　孤峰の暮、雁字《かりがね》　数行の秋。設《たと》え無心の客に擬《なぞろ》うも、なお多少の愁を添えん。(十一尤韻)

〔訳〕

一本の華奢《きゃしゃ》な杖に　傷《いた》めた脚をささえてもらい、庭さきでゆったりとしている。石に腰をおろせば、雲のたゆたいが目に映り、泉を汲めば、水に月が揺れてうなずく。ぽつんと聳《そび》える峰が暮れなずみ、猿《ましら》が啼き、雁字《かりがね》が隊列を組んでゆく秋。こうした情景に恵まれてよしんば無心の人のようにみえようとも、やはりいくらかの愁いをかこつ身であることはいかんともしがたい。

一四　芳山

旧邦多古木　山路昼猶冥　削壁樹根出　碧潭竜気腥　枕戈人已遠　折戟出少青　帝座三朝穏　御魂千歳馨

一四　芳山

旧邦に　古木多く、山路　昼なお冥《くら》し。壁を削《けず》りて樹根出で、碧潭に　竜気なまぐさし。戈《ほこ》を枕とせる　人すでに遠く、戟《ほこ》を折りしは　少青に出づ。帝座　三朝に穏《おだや》かに、御魂　千歳に馨《かお》る。（九青韻）

〔訳〕

南北朝時代の歴史を伝えるここ吉野には古木が多く、山路は昼なお暗い。削りとられたような土壁に古木の樹根が露出し、谷底深くたたえられた碧《あお》い水には竜が潜《ひそ》んでいるかのようになまぐさい臭《にお》いがする。戦いに臨んだ武士たちも、はや遠い歴史上の人物となり、春秋戦国時代に魯の大夫《たいふ》であった少青は、天下の五大悪事（陰険、邪僻、偽弁、怪異、愛想）を行なっていたがために宰相の孔子に殺されたが、少青に類する人達は影をひそめ、後醍醐、後村上、後亀山天皇の三朝の帝座も安泰となり、南朝の霊魂も千代に八千代に香ることであろう。

一五　同

輦路生春草　鹿麋遊故宮　花飛夕墟上　人在暗愁中　香火古陵冷　渓山綺殿空　酒懐添慷慨　薄暮剣歌雄

一五　同

輦《れん》路に　春草生じ、鹿麋《ろくび》　故宮に遊ぶ。花は飛ぶ　夕《ゆうべ》の墟上に、人は暗愁の中にあり。香火　古陵に冷《ひ》え、渓山綺殿も空し。酒懐に　慷慨を添え、薄暮に　剣歌雄《おお》し。（一東韻）

〔訳〕

その昔、鳳輦《おめしくるま》がお通りになったという路には春草が生え、山の馴《な》れ鹿も、昔の行宮《あんぐう》の旧跡で遊んでいる。

桜花もしず心なく夕暮れの廃墟のあたりに散り、訪《おとの》う人も悲しいもの思いにかりたてられる。古陵に供えた残《のこ》りの香華や灯燭《とうしょく》の影も冷え冷えとし、谷川や山々に映《は》えたであろう美しい御殿も今や影もない。あるものは、このたそがれどきに、酒に懐《おも》いを託しての慷《なげき》慨《いきどおり》の勇しい剣歌ばかりである。

一六　山居

伶俜疲撥草　掛錫就嶙峋　風竹西来意　雲山東道人　携瓶灌嫩葉　頒鉢饋遊鱗　穏坐安林下　棲棲愧問津

一六　山居

伶俜《れいへい》して　撥草《はっそう》に疲れ、掛錫《かしゃく》して　嶙峋《りんしゅん》に就く。風竹に　西来の意を、雲山に　東道の人を。瓶を携え　嫩葉《どんよう》に灌《すす》ぎ、鉢《はつ》を頒《わか》ちて　遊鱗に饋《おく》る。穏坐《おんざ》し　林下に安んじ、棲《せい》々として　津《しん》を問うを愧《は》づ。（十一真韻）

〔訳〕

おちぶれたさすらいの僧が、雲水行脚《あんぎゃ》の修行に疲れ、手にした錫杖《しゃくじょう》も深い崖に立てかける。竹林を渡る風の音に達磨さんが伝えた旅の真意を聞き、雲の去来する山に仏法を東伝させた達磨さんを懐《おも》う。携行《けいこう》している薬瓶《やくへい》の水を嫩葉《わかば》にかけてあげ、応量器の鉢の中から米粒《こめつぶ》を池の魚に分けてあげる。樹の下で坐禅を組み、せかせかと行脚先《さき》の路をお尋ねすることを恥じている。

一七　某園看菊花有感

秋光最是詩賦役　閑人著得雲霞策　独木橋東古柳西　淡烟囲処陶令宅
陶家秋色猶未荒　漫弄霜露競新妝　東圃淡淡三分白　西園艶艶一半黄
纔隔短籬別成境　幽香馥郁胡蝶影　胡蝶翩翩戯金枝　幽境令人自幽静
此地遥絶名利関　又雖俗子忘塵寰　愛菊人是皆閑士　来人豈誰不清閑
想像主人培養志　須知培養在苗植　人間万事都是然　年少吾学老後利

一七　某園に菊花を看て感あり

秋光は最もこれ　詩賦に役《えき》せらる、閑人は著し得《う》　雲霞の策を。独木橋《いっぽんばし》の東　古柳の西、淡烟囲《かこ》む処に　陶令の宅あり。（入声十一陌韻）

〔訳〕

秋の風光は、詩賦のために奉仕する大役を仰せつかっている。中でも閑《ひま》な人は、多くの策をめぐらすことができる。独木橋《いっぽんばし》の東、古柳の西といった淡いかすみが囲《かこ》む処に晋の陶淵明県令先生の宅があれば相応《ふさわ》しい。

陶家の秋色　なお未だ荒れず、漫《みだ》りに霜露を弄《もてあそ》びて　新妝《しょう》を競《きそ》う。東圃は淡々として　三分白く、西園は艶《えん》々として一半黄なり。（七陽韻）

〔訳〕

陶淵明先生の故宅の秋色は、いまだに荒廃せず、霜露が勝手に慰《なぐさ》みものにして新しい妝《よそおい》を競《きそ》い合っているかのようである。東の圃《はたけ》は淡々として三分は白く、西の園は、つやつやとして半ば黄色くなっている。

わずかに短籬を隔《へだ》て　別に境と成し、幽香馥郁《ふくいく》として　胡蝶の影。胡蝶翩々《へんぺん》として　金枝に戯れ、幽境　人をして自《おの》ら《ずか》幽静ならしむ。（上声二十三梗韻）

〔訳〕

わずかに低い垣根をへだてて他との境界としているだけ。それだけにほのかな菊の香も馥郁《ふくいく》として漂い、胡蝶の姿ものんびりとしている。胡蝶はひらひらと菊の茎にたわむれ、幽邃《ゆうすい》な世界は、見る人を自然と幽静な心《ここ》地《ち》にさせる。

この地は　遥かに名利の関を絶ち、また俗子と雖《いえど》も　塵寰《じんかん》を忘る。菊を愛する人は　これみな閑士。来人あに誰れか　清閑ならざらんや。（十五刪韻）

〔訳〕

この辺《あたり》は、名聞利養の関《かかわ》りとは無縁で、世俗の人でありながら俗世界を忘れている。菊を愛《め》ずる人は、みなこれ閑雅《みやびやか》な人である。それゆえ来訪者だって清閑な人とならざるをえないではないか。

主人を想像して　養志を培《つちか》い、すべからく知るべし培養は　苗植《びょうち》にありと。人間万事　すべてこれ然り、年少にして　吾　学ばば　老後に利あらん。（去声四寘韻）

〔訳〕

主人公淵明先生を想像して　自分の志もそれにあやかろうとする。その志を培養するのには、若い頃が最適だと知らなければならない。人間界の万事も、苗の培養と同じである。若い頃にこのことを身につけるならば、年とってから益するところが多かろうと思う。

一八　花間酌月

騒士従来厭紛華　又与塵俗異生涯　我家有宝君知否　百畝庭中月与花
是此二者常所欲　今夕対之興已足　況復今宵雨後天　花露含月美於玉
吟人設作詩酒筵　把杯吟詩楽陶然　清夜幽幽俗気絶　地是仙境人是仙
庭中寂寂四面静　外塵不到自別境　芳樽不尽興不窮　恰似謫仙壺中景

一八　花間に月を酌む
騒士は従来　紛華を厭《いと》い、また塵俗と　生涯を異にす。我が家に宝あり　君知るや否や、百畝の庭中に　月と花あり。（六麻韻）

〔訳〕
もともと詩人は、派手とか華やかさを嫌い、また世俗と生き方を異にしている。さてこそ我が家に宝物がある、しかし貴方は御存知かどうか。百畝の庭に　月と花を常住にもっているという豪華さを。
これはこの二者は　常に欲する所、今夕これに対し　興《きょう》すでに足れり。いわんやまた今宵《こよい》の雨後の天においておや、花露月を含み　玉よりも美し。（入声二沃韻）

〔訳〕
　御存知のようにこの二つは、いつも望むところのもので、今晩、この二者に対するだけで興味は満点。ましてや今宵《こよい》は雨上《あめあが》りのこととて　花の露の中に月が含まれていて　玉よりも美しい眺めを満喫できることである。

吟人　もし詩酒の筵を作《おこ》さば、杯《さかずき》をとり詩を吟じ　楽しみて陶然たらん。清夜幽々として　俗気《き》絶え、地はこれ仙境　人はこれ仙。（一先韻）

〔訳〕
　詩人にして、もしも詩会と酒宴をとりなせば、杯をとって詩を吟ずることができ　楽しんでうっとりすることができるであろう。清きこの夜は　もの静かに俗気なく、まるでこの地上は仙境そのもの、人はといえば浮世離れしている。

庭中は寂々《せき》として　四面静かに、外塵到らず　自《おのずか》ら別境。芳樽尽きず　興《きょう》不窮、あたかも謫《たく》仙の仙壺中の景に似たり。（上声二十三梗）

〔訳〕
　庭中はさびさびとして、ぐるり中が静かで、外からの塵《けがれ》も届かず、自然と別世界の感を呈している。美味《うまい》お酒もどっさりと　無くなることなく、興趣もつきず、あたかも唐の詩仙李白が壺中の世界に起臥している様《さま》を想像させてくれる。

一九　中秋有感

一輪明月影嬋娟　寒光万里山復山　如是中秋須尽酔　対君幽興不遑眠
虫声管歌風流地　玉露疑是美人涙　従来方不願折腰　明月清風平素志
騒士勿為等閑看　明年今夕又漫漫　休言天歩艱難事　孰与人間世路難
憶昔故郷中秋夕　厳君無恙我侍席　人間万事易蹉跎　已為十年未帰客
曽聞富貴如浮雲　不願富貴楽典墳　典墳雖楽有老母　思之我心更紛紛
方寸之地如乱髪　郷関万里似秦越　何時得志帰故郷　南楼依旧賞明月

一九　中秋に感あり

一輪の明月　影嬋娟《せんけん》、寒光万里　山また山。かくの如き中秋　すべからく酔を尽くすべし、君に対すれば幽興　眠るに遑《いとま》あらざらん。（一先韻）

〔訳〕

空にかかる一輪の明月、なんとあでやかに美しいことか。その月光は、山また山の万里にもわたる。このような中秋の風情には当然心をうばわれるような酔い心地を満喫したいものである。ましてや君の訪問に接すれば、奥ゆかしい感興でいっぱいとなり眠る暇《ひま》さえ惜しいほどであろうよ。

虫声管歌のごとき　風流の地、玉露疑うらくはこれ　美人の涙かと。従来まさに腰を折るを願わず、明月清風は

平素の志。(去声)

〔訳〕

鳴く虫の声は笛の音にも似て風流な処、芳草に宿る露の雫《しずく》は、美人の涙かと見まごうほどである。私は、もともと他《ひと》におもねって腰を曲げるようなことは願わず、ただ明月とか清風にあやかり、清らかな澄んだ気持ちでいたいと平素心がけている。

騒士　等閑《なおざり》に看ることをなすなかれ、明年の今夕　また漫々ならん。言うことを休《や》めよ　天歩艱難の事を、孰《いず》れか人間と世路と難《かた》しとする。(十四寒韻)

〔訳〕

詩人たちよ、なおざりに中秋の月を見るようなことをしてはいけない。明年の今月今夜の月も、また漫々として照ることだろう。だから言うことをおやめなさい、国運が順調でない事を。いったい人の路と世間の路といずれが険《けわ》しいのだと言い切ることができようか。

憶《おも》う昔の故郷　中秋の夕《ゆうべ》を、厳君恙《つつが》なくして　我を席に侍《はんべ》らせり。人間万事は　蹉跎《さた》しやすく、すでに十年　未帰の客となりぬ。(入声十一陌韻)

〔訳〕

想い起こせば幼年時代に故郷の萩にあって中秋の月を迎えた晩のこと。父上はお元気で私を看月の宴に列席させて下さった。人の世は万事にわたりつまづき易く思いにまかせず、すでに父上がみまかり給いて十年を閲《けみ》した。

曽て聞けり　富貴は浮雲の如しと、富貴を願わずして　典墳を楽しめり。典墳は楽しといえども老母あり、これを思えば　我が心さらに紛々たり。（十二分韻）

〔訳〕

私は、以前にお聞きしていた。富貴というものは、浮き雲のようにはかないものだということを。そこで富貴を願わないで古典に親しむことにした。古典を学ぶことは楽しいが私には老母がいらっしゃる。老母のことを思うと心は千々に乱れてやまない。

方寸の地は　乱れたる髪の如し、郷関万里は　秦越に似たり。何れの時にか志を得て　故郷に帰り、南楼の旧に依り明月を賞《め》でんや。（入声六月韻）

〔訳〕

狭い世間の地は、まるで乱れた髪のようなもの。遥かに遠い故郷の萩は、中国の秦と越の地にもたぐえる。一体いつになったなら故郷に帰り、昔の屋敷の南の高殿でなつかしい月見をすることができるのだろうか。

二〇　述懐

枕石嗽流自在身　不要白眼接世人　已矣金門東方朔　学哉彭沢陶葛巾
陶令元不折腰士　操節潔於澗泉水　読書紗窓浄机前　酌酒松根清渓裏
此躬已慕処士風　豈与水上鳧鷖同　閲書独笑忘寝食　簞食豆羹又屢空

衣食何足累心事　好把窮達付一酔　酔後適意賦新詩　詩成悠悠抱月睡
半夜忽驚鄰鶏鳴　又得無不是悪声　請見神州今多事　臣子応要尽忠誠
北魯西清最猖獗　数侵彊場如蝮蝎　黔首豈有九年儲　火上積薪太吒脆
我雖不鳳雛臥竜　豈可抱膝事老農　好投筆硯随班子　須求漢廷万戸封
廟堂重武軽文吏　寧闘力不令闘智　可憐子房婦人姿　今日恐不得達志
翼徳蛇矛八十斤　何若小范数万軍　被堅執鋭猟狗耳　豈若発縦指示勲
君不見下邳圯上跪進舄　折節慨然学黄石　又不見咄嗟生風項王雄　猶擲剱戟学奇策
買臣担薪行読書　終有衣錦帰郷誉　淮陰市中股下辱　又得金鞭駟馬車
自古英雄皆如此　先労筋骨又忍恥　男児千辛万苦時　既是桃李光華始
男児偏要学業成　学業強於百万兵　男児又要忠義志　忠義堅於万里城
長城万里兵百万　封豕長蛇豈足困　読書数巻不阿蒙　況又万巻何憂鈍
忽驚窓外麦浪風　山頭旭日射眼紅　一覚書堂邯鄲夢　多少栄枯在夢中

二〇　述懐(1)

石に枕し流に漱《くちすす》ぐ　自在の身、白眼を要《もと》めず　世人に接す。やんぬるかな　金門の東方朔、学ばんかな　彭沢《ほうたく》の陶葛巾《とうかつきん》。（十一眞韻）

〔訳〕

私は、石に枕して眠り、流れに漱《くちすす》ぐといった芸当の出来る人間でなく、ありのままの平凡な人間である。

またあえて奇行を演じて世人から変な目で見られることを是《よし》とするような人間でもなく、あたりまえの世間づき合いをしている。けれども、漢の未央《びよう》宮詰《づめ》の学士東方朔や江西省湖口県の葛《くず》製の頭巾《づきん》を冠《かぶ》った陶淵明先生には学びたいものがある。

陶令は、元より腰を折らざるの士《ひと》、操節は澗泉の水よりも潔《きよ》し。読書す　紗窓《しゃそう》浄机の前、酒を松根に酌む　清渓の裏《うち》。（上声四紙韻）

〔訳〕

晋の陶淵明先生は、もともと心《しん》がしっかりした士《ひと》で、節操は谷川の泉よりも清冽《せいれつ》であった。読書も薄絹をめぐらした窓の小ざっぱりした机の前でする。大好きな酒を綺麗な路の松の根方《かた》で飲むといった仁《ひと》であった。

この躬《み》はすでに慕えり　処士の風を、あに水上の鳧鷺《ふえい》の同じからんや。書を閲《よ》みて独り笑い　寝食を忘る、簞食豆羹《たんしとうこう》またしばし空《むな》し。（一東韻）

〔訳〕

私は以前から官につかないでいる人の生き方を敬慕して来た。なんで水上のかもめなどと同一に論じられよう。読書しては、ひとり悦《えつ》に入り寝食を忘れ、また竹製のわりごに容れた粗末な食べ物が時々空っぽになっても平然としておられる。

衣食何《な》んぞ足りて　心事を累《わずら》わすや、よし窮達をば　一酔に付せん。酔後意に適《かな》わば　新詩を賦み、詩成りて悠々月を抱《いだ》いて睡《ねむ》らん。（去声四寘韻）

〔訳〕

衣食住は、どれほど充足できたならば、心を煩《わずら》わさなくとも済むことになるのであろうか。困窮とか栄達などというものは、唐の盧生《ろせい》が邯鄲《かんたん》の宿でみた一睡の夢のようにはかないものと見下《みくだ》すよりほかない。つかのまの酔い心地の後で、我が意に適《かな》う点があったなら、新詩を賦《よ》み、うまく詩ができたならば、悠然として真澄の月を心に抱いて眠りたいものだ。

半夜たちまち驚く　鄰の鶏鳴に、また悪声に不是なきを得たり。請う見よ　神州は今多事、臣子　まさに忠誠を尽くさんことを要すべし。（八庚韻）

〔訳〕

夜半に突然、隣家で鶏が鳴きだして驚かされた。だが悪《いや》な鳴き声でなかったので、不都合はなかったが。皆さん、現今の日本は多事多難の秋《とき》であるから、国民はまさに忠誠を尽くす必要がある。

北魯西清《しん》　最も猖獗《しょうけつ》、しばしば彊場《きょう》を侵して　蝮蝎《ふくかつ》の如し。黔首《けんしゅ》　あに九年の儲《たくわえ》あらんや、火上の積薪　はなはだ吒脆《きぜつ》。（六月・七曷・九屑韻）

〔訳〕

北方のロシヤ、西の清国が、最もたくましく荒れ狂い、たびたび国境を侵すこと、まむしやさそりのように気味が悪い。我が国民には、なんで九年という長い間の貯蓄などあろうか。火の上に薪《たきぎ》を積んだならば大そうもろく頽《くず》れてゆくものではないか。

我　鳳雛《ほうすう》臥竜《がりゅう》ならずといえども、あに膝《ひざ》を抱《かか》えて老農に事《つか》うべけんや。好みて筆硯を投じて班子に随い、すべからく漢廷に万戸の封を求むべし。（二冬韻）

〔訳〕

私は、鳳《おおとり》の雛《ひな》とか、臥《ふ》している竜のような野に隠れた大層な者ではないが、なんで手をこまねいて傍観しつつ年老いた農夫にお仕え申すことができようか。我が思い通りにペンを投げうち後漢の班固の跡を慕って漢庭(皇室)に、よろしく軍人を管轄する列侯(大名)を探し求めるがよい。

廟堂は武を重んじ　文吏を軽んず、なんぞ闘力して智に闘《たたか》わしめざる。憐《あわ》れむべし、子房は婦人の姿、今日　恐らくは志を達しえざらん。(去声四寘韻)

〔訳〕

朝廷は武を重んじ、文官を軽視する。なんで力を出して智力のまさる文官に戦《たたか》わせないのか。残念なことに、漢の高祖の名臣張良《ちょうりょう》は婦人のようにやさしい姿であった。さればこそ武を重んずる今日ではその志を達すること(楚の項羽を亡ぼした)はできなかったであろう。

翼は徳　蛇の矛八十斤、いかんぞ小范の数万軍。堅を被《こうむ》り鋭を執《と》る　猟狗の耳、あに発縦《しょう》指示の勲《いさお》にしかんや。(十二文韻)

〔訳〕

三国時代の蜀の張飛は仁徳のある士《ひと》であったが、七尺の太刀を振りかざし、北宋の范仲淹《はんちゅうえん》が率《ひき》いる数万の軍を手玉にとった。堅甲をかぶり鋭刀を執《と》っても猟犬の耳のようなもの。どうして猟犬を放って獲物《えもの》の在り処《か》を指示するような手柄に及びえようか。

君見ずや　下《か》邳《ひ》圯《い》上に跪《ひざまず》き舄《せき》を進め、節を折り慨然として黄石《こうせき》に学びしを。また見ずや　咄嗟に風を生ぜし項王

の雄を、なお剱戟《げき》を擲《なげう》ち　奇策を学びしを。（入声十一陌韻）

〔訳〕

皆さん　想い起こして御覧下さい。漢の張良が、秦の始皇帝を下邳《かひ》（江蘇省）の上で暗殺しそこなったその土橋の上で、わざと秦の隠士黄石《こうせき》が、重ね草履を捨てたところ、何を小癪《しゃく》と腹の中では憤《いきどお》りながらも　恭《うやうや》しく拾い上げてお返し申すと、黄石は心を許して兵法を授けて下さったというあの経緯《いきさつ》を。かの秦末の項羽が、疾風迅雷のごとき戦法で秦の始皇帝を倒したあの雄々しさを。それは武力を行使せずして奇策の兵法に依ったからではなかったか。

買臣薪を担《にな》い　行《ゆ》ゆく書を読み、終《つい》に錦を衣《き》て郷に帰るの誉れあり。淮陰《わいいん》市中に　股下《こか》の辱《はずかし》めあり、また金鞭もて駟馬車を得たり。（六魚韻）

〔訳〕

漢の朱買臣は、貧乏のため妻に逃げられたが、二宮金次郎のように歩きながらも書を読んだ結果、出世して錦を着て故郷に帰る誉れを得た。前漢の韓信は、今の江蘇省淮陰《わいいん》の市中で無頼《ぶらい》の徒の股《また》の下をくぐったとの汚名をうけたが、のち出世して高官になることができた。

古《いにしえ》より英雄　みなかくの如し、先づ筋骨を労し　また恥を忍べり。男児　千辛万苦の時こそ、すでにこれ　桃李光華の始めなれ。（上声四寘韻）

〔訳〕

思うに昔から英雄と称される人達は、みなこのような生き方をなされた。まずは、肉体的鍛練に意を注ぎ、また世俗の恥辱にも耐え忍んだ。だから男子たる者は、あらゆる苦労を身にうけている時こそが、すでに桃や李の花が真っ盛りのきざしを示していることに通ずるわけである。

男児は　偏《ひとえ》に学業の成るを要す、学業は百万の兵よりも強し。男児　また忠義の志を要す、忠義は万里の城よりも堅し。（八庚韻）

〔訳〕

男子たる者は、いちずに学業の達成することを心すべきである。なぜならば、学業は百万の兵の力よりすばらしいからである。男子たる者は、また分別ある時処に応じる正《ただ》しい心（忠は左右に傾かない心。義の古音はガ（雅）みやびやかさ）を身につけるべきである。なぜならば忠義という分別ある心で身を処する行為は、万里の長城よりも鉄壁だからである。

長城万里　兵百万、封豕《ほうし》長蛇《ちょうだ》　あにこれ困《こま》るに足らんや。読書数巻　阿蒙ならず、況んやまた万巻　何んぞ鈍を憂えん。（去声十四願韻）

〔訳〕

万里にわたる秦の始皇帝が築いた長城と百万の兵員。けれども長壁も人も肥《ふと》った豚とひょろ長い蛇のような砦要具《とりで》であったならば、なんの力にもならないではないか。数巻の読書なら、子供でも可能である（半仙は、四、五歳にして四書五経に通暁していた）まして大人ならば、万巻の書など鈍根だからなどといって恐れ入るには及ばない。

忽ち驚く窓外　麦浪の風、山頭の旭日　眼《まなこ》を射て紅《くれない》なり。一たび覚《おぼ》ゆ　書堂邯鄲《かんたん》の夢、多少の栄枯　夢中にあり。

（一東韻）

〔訳〕

いつの間にか窓の外に映るながめは、麦の穂が風で浪のように揺れる麦秋となり、山の上に昇る朝日は、あかあかと眼《まなこ》を射る。思えば私は、書斎で、唐の盧生《ろせい》が邯鄲《かんたん》の宿で見た夢にも似た夢を見ていたようである。幾《いく》ばくかの栄枯の跡を夢みたような気がする。

（1）高名な唐の魏徴の「述懐」は、五言十三元韻二十句よりなる。高祖に見出され、太宗に至り諫議大夫となり、多くの直言諫言を奏上したが、武を止めて文こそ貴しとは言わなかった。しかるに半仙の「述懐」は、男児にとって最も大事なことは、学業と忠義（中正を得た直き心）で、「学業は百万の兵よりも強し」「忠義は万里の長城よりも堅し」と強調した。魏徴は、「述懐」により高祖に認められたが、半仙は、学業も忠義も立身出世のためのものではなく、処世の基本的原理であると述べた。なお中国の第一級叙事詩人である元の耶律楚材に「述懐」の詩を求めたところ『湛然居士文集』巻十四の「再び万寿潤禅師書写の韻に和する五首」中の一首に「述懐」と題した七言律詩を見出したが、これはさとりの実態を示したもの。よって半仙の詩は、中日文学史上に前例を見ない無為の絶対境を称えた大獅子吼であったことになる。

二一

西川先生足下嚮漫聴于賢宗老師寄素絹以徴賀詞而貧道家墦司祭之愚禿而已豈在所謂楽文墨之列者乎然已接其請措而不酬亦所自疚兮敢草己律以致賀意蔬筍之所薫灼不過催大方之嘔吐其唾棄与否待命於雅懐之方寸而已　再拝

盤寛寧謂苦栖遅　自是芸園多旧知　午塢筠荘鶏犬静　春堦玉樹子孫滋
杯中天地会同士　画裡風雲睨一時　此寿此能擬諸古　放翁以外比阿誰
肯将書剱錯生涯　帰臥早占泉石嘉　斉仰古稀眉欲雪　誰嫌春浅髪添華
酔郷割拠自称覇　絵社経営別作家　傲骨従今更珍重　達尊併得総堪誇

二一　西川先生足下　嚮《さき》に漫《こころ》なく賢宗老師に聴き素絹を寄せ以って賀詞を徴《あきら》かにせり。しかるに貧道《わたくし》は　冢墦司祭の愚禿《ぐとく》たるのみ。あにいわゆる文墨を楽しむ者の列《たぐい》の者ならんや。然れどもその請《こ》いに接し措《お》いて酬《こた》えず、また自《みずか》ら疚《やま》しとする所ならんや。敢えてこの律を草《そう》し以って賀意を致す。蔬筍《そじゅん》の薫灼する所なり。大方の嘔吐を催すに過ぎず、その唾棄と否とは命を雅懐の方寸に待つのみ。再拝

〔訳〕

西川九華先生御許《おんもと》へ。先般聴くともなく賢宗老師より白絹とともにお祝いを呈上いたしました旨《むね》を承《うけたまわ》りました。けれども、私は墓守りのしがない僧侶の身でございます。よって文墨を楽しむ風流の雅士とは比べものにならない者でございます。けれどもその請い方《かた》に接し、そのままに捨てておいて知らぬふりして平然としていることも致し兼ねます。そこで強《し》いてこの律詩をつくって賀意を表する次第でございます。その点は、坊主臭さが抜けきらない所以《ゆえん》でございます。皆さん方から御覧になれば吐《は》き気《け》を催《もよお》すようなことかもしれません。そして唾《だ》棄《き》すべきか否やは雅懐を胸にいっぱい詰められた貴下のおはからいを待つのみで御座います。再拝頓首。

盤寛をなんぞ苦栖遅《くせいち》という、自《おのずか》らこれ芸園に旧知多きことなり。午塢筠荘《ごういん》　鶏犬静かに、春堦玉樹　子孫滋《しげ》し。

杯中の天地は　会《かなら》ず同士、画裡に風雲　一時を睨《にら》む。この寿この能　諸《これ》を古に擬す、放翁以外　阿誰《たれ》にか比べん。

（四支韻）

〔訳〕

大きな盤《たらい》にどっぷりとひたっていることをどうして大層静かに暮らしているなどといえるのであろうか。それは、書芸界に旧知の人を沢山にもっていることの謂《いい》で、あたかも村の竹藪で鶏《にわとり》や犬が静かにしており、春の庭園で、家中の一族が賑《にぎ》やかに楽しんでいるさまさながらのこと。また盃の中に映る上も下も、かならず同志のともがらばかり。けれども描かれた画の中には、風雲ときならぬ様相が漂っている。こうした祝すべきめでたさと才能を昔《いにしえ》に求めてなぞらえるならば、宋の詩人陸放翁以外誰人《たれびと》とて比べるに値する人はおりますまい。

あえて書劔をもって　生涯を錯《あや》まらんよりは、帰臥して早く泉石の嘉を占《うらな》われよ。斉《ひと》しく仰がん古稀に　眉雪ならんと欲するを。誰しも嫌わん　春浅くして髪に華を添えることを。酔郷に割拠《かっきょ》して　自《みずか》ら覇《は》と称するを、絵社《かいしゃ》の経営は　別の作家なり。傲骨《ごうこつ》今より　さらに珍重ならん、達尊は併《あわ》せ得て　すべて誇るに堪えたり。（六麻韻）

〔訳〕

しいて筆鋒で生涯の覇を競おうとするよりも、故山に起臥して大自然が織りなすたのしみをお尋ねなされませ。誰しもみなうやまうことでございましょう、七十歳を数え眉も白くありたいものだと。そしてまた誰しもが、嫌いましょう、まだ若い身そらで髪の毛に白いものが目立つことを。また酒の酔いにまかせて自分だけ覇者気どりをすることを。会社の経営は、それぞれ別の方々がそれぞれの部署でやっていくもの。貴下の高く構えて他に屈しない生き方こそ、今よりも一段と貴重視されることでございましょう。達成と尊崇とあわせ得る者にして、総じて誇るにたる人といえるのでございますから。

一二一　右祝素堂翁古稀　贈僧　并引

予憂仏教之衰也久矣今茲戊子之春負笈於京師観其霊地而為邪徒巣窟不堪感慨乃賦長篇一章呈同窓諸友時在真宗学庠焉

智剣戎刀君須揮　莫為因循城下盟　枕法城兮袵金革　一戦直可斃鮫鯨
何事鮫鯨智而勇　忽進忽退能用兵　吾徒遇是多僻易　仆旗解甲欲偸生
豈無祖生横棹志　一木難支大厦傾　豈無岳爺垂手気　奈何晨昏牝鶏鳴
君不見吾有八万四千策　豈可為胡虜犠牲　又不見盤根錯節能弁利　吾輩須能奏功名
死而後止其道遠　興廃継絶任何軽　任重道遠誰任責　敢問桑門幾弟兄

一二一　素堂翁の古稀を右祝し、僧に贈る　并びに引《いん》

予　仏教の衰《おとろえ》を憂うるや久し。今ここに戊子の春、笈《きゅう》を京師《けい》に負《お》い、その霊地を観て邪徒の巣窟となる。感慨に堪えず、乃《すなわ》ち長篇一章を賦し、同窓の諸友に呈す。時に真宗《しゅう》の学庠《しょう》に在り。

〔訳〕

素堂翁（未詳）の七十歳を尊び祝い、知友の僧侶に贈る。ならびに序。

私は、仏教の衰微を心配すること久しい。今年、明治二十一年。遊学の仕度を整えて京都に参り、仏都と称せられていた現地をよくよく見て善からぬ徒輩のたまり場となっていることを知り、なげきにたえず、よって長詩一章を賦み、同窓の諸兄に呈することにした。時に私は、真宗西本願寺立普通教校に在学中の身である。

智剣戎刀《じゅう》を　君すべからく揮うべし、因循して城下の盟《ちかい》をなすことなかれ。法城を枕として　金革を衽《しとね》とす、一戦せば直ちに鮫鯨《こうげい》を殪《たお》すべし。何事ぞ、鮫鯨は智ありて勇あるを、忽《たちま》ち進み忽ち退いて　能く兵を用《つか》う。吾が徒たまたま是れ　多く僻易《へきえき》し、旗を仆《たお》し甲《かぶと》を解《ぬ》ぎ　生《せい》を偸《ぬす》まんと欲す。あに祖生《そせい》　横棹《おうとう》の志なからんや、一木《ぼく》にては大廈の傾きを支《ささ》え難し。あに岳爺　垂手の気なからんや、いずくんぞ晨昏に牝鶏《ひんけい》の鳴くことを。

君見ずや　吾に八万四千の策あり、あに胡虜の犠牲となるべけんや。また見ずや　盤根錯節《ばんこんさくせつ》は能く利を弁ず、吾輩は　すべからく功名を奏すべし。

死して後やむ　その道遠し。興廃継絶の任　何んぞ軽しとする。任重く道遠し　誰か責《せめ》に任ぜる、あえて桑門幾弟兄に問わん。（八庚韻）

〔訳〕

真理を認め、さとりを開くためにかざすひらめきの軍刀を今こそ振り上げるべき秋《とき》ではあるまいか。古いしきたりにとらわれて屈辱的な降伏をしてはならない。夜休む時も仏法の城《とりで》を枕とし、戦いの武具を敷いて寝る意気込みで一戦するならば、ただちに鮫《さめ》や鯨《くじら》のような巨悪もやっつけてしまうことができるであろう。鮫鯨はよしんば、知勇の力にすぐれていても、こちらは機敏に進退して上手に兵力を使えばよいのだ。ところが、えてして我がともがらの多くの者がたじろぎしりごみしたり、軍旗を倒し、甲冑《かっちゅう》を脱《ぬ》ぎ、生命《いのち》を惜しんでいたずらに生きのびようとしている。こんなざまでは、なんと先鞭をつけたと伝えられる晋の祖逖《そてき》さながらで、無茶に志をふるっただけにすぎないではないか。大きな構えの家が傾きはじめたものを一人では支え通すことなどできない。どうして南宋の忠臣岳飛が手に唾《つば》をした意気ごみなど当てにすることができようか。こんな状態では、朝に晩にめんどりが時を告げるようなもの。

諸君！ 御覧あれ。当方には八万四千の法門が説く秘策がある、北方のえびす軍の生《い》けにえなどになってたまるものであろうか。また考えてみたまえ。入り組んだ困難なことがらに遭うことは、有利な道をよく明らかにするということでもある。そうした時に私たちは、かならず功名をとげることができるというものだ。

要は、死を覚悟して事に臨むことだけである。だが、これは前途遼遠なことである。興《お》きるか廃《や》むか、継《つ》げるか絶《た》えるか、その責任は重大そのもの。まさに「任重くして道遠し」であって、いったい誰が責任を負ってくれるというのか。そこで私は、仏門に籍をおく多くの諸君に対してこのようにお伺いする次第である。

二三 河野臥痴兄寄其肖像賦酬之

吾有縮地術　千里万里忽相逢　吾有天耳通　千言万言常聞声　対画不是　与君相見　明眸皓歯　接其情通信
不是　与君相語　歓楽憂苦審其情　書画有神在何苦　仮手長房古先生

二三　河野臥痴兄　その肖像を寄す、賦してこれに酬《こた》う吾に縮地の術あり、千里万里　忽《たちま》ちに相い逢う。吾に天耳通《てんにつう》あり、千言万言　常に声を聞きぬ。画に対しては不是、君と相見《しょうけん》すれば、明眸皓歯《めいぼうこうし》　その情に接すれば　通信不是。君と相い語れば　歓楽憂苦　その情を審《つまび》らかにす。画に書かば神《しん》あり　何の苦かある、手を長房古先生に仮《か》る。（八庚韻）

〔訳〕

河野臥痴兄（仙馨の師弟《すてい》。楳仙禅師第七番目の弟子。天王院二十四世仙馨についで二十五世。臥痴は雅号）が肖像を寄せてきたので詩でお返しする。

私は、超人的な術を心得ているので、逢おうと思えば、千万里も遠しとせず、すぐさま逢うことができる。また超人的な耳をもっているので幾千万語なりとも、いつでもその声を聞くことができる。ただし画に対しては、からっきし駄目。君とお会いすれば、綺麗な目と白い歯が目につく。君の心情に接すれば、手紙のやりとりでは駄目。君と対談すれば、歓楽憂苦の情まで詳細に察知できる。画に書けば、霊妙な心ばえまで表現でき、なんの造作《ぞうさ》もない。なぜならば、三国時代は蜀漢の忠臣、費禕《ひい》(1)の力を仮りることができるからである。

（1）費は識悟人に絶し、董允《とういん》（三国時代、蜀漢の忠臣）と名を斉《ひと》しうすとある（『三国志』四十四）。博識でものわかりのすぐれた天眼通《てんげんつう》（万象の本体を見抜くことのできる）の人。

二四　丁酉夏日訪春牛先生於五条幻寓垂井前議政先在酒間談論風発有罵仏罵祖之概戯乃賦一章呈両先生

般若四枚説同事　法華七軸貴方便　覃懐学入玄玄妙　嚙麝談香色色禅　冠屨如今儘顚倒　緇門何必避腥膻

二四　丁酉夏日(1)　春牛先生を五条の幻寓に訪《とぶら》う。垂井《たるい》前議政先に酒間にあり。談論風発、罵仏罵祖の概あり。戯れにすなわち一章を賦《ふ》し両先生に呈す

般若の四枚を同事と説き、法華の七軸を方便と貴ぶ。覃懐《たんかい》の学は　玄に入りて玄妙、麝《じゃ》を嚙《か》み香を談《かた》る　色《しき》々の禅。冠《かん》はしばしば如今《いま》ことごとく顚倒、緇門《しもん》　何ぞ必ずしも腥膻《なまぐさ》を避けんや。（一先韻）

〔訳〕

般若（梵語 prajñā）の智慧で衆生を済度する布施・愛語・利行・同事の四ヶ条を同じことだと説き、『法華経』の七つの喩《たとえ》を衆生済度の方便として貴ぶ。また『書経』の「禹貢」にみる覃懐の地政学は奥に入れば入るほどに奥深く微妙で麝香《じゃこう》鹿（の肉）を嚙《か》んで香を語るような現象即禅と説く禅仏法。最もすぐれていると思われていたものが、たびたびにわたり今日ことごとくあやまった見方になってしまった。よって僧侶だからといって何もなまぐさものを避ける必要はなくなったのである。

（1）　明治三十年、曽て三余堂塾同門佐々木哲太郎（副島滄海伯の学僕）春牛先生を京都五条の仮寓に訪問。孝明天皇の参議垂井議磨磚翁がすでに酒席にあって談論風発、仏祖なにものぞと大気炎を展開していた。そこで座興《きょう》に添えればとて一詩を賦んで両先生にお目にかけた。

二五　堤上散策

三余堂裡読書忙　食後偸閑歩野塘　雲擁山峰半山白　草生蹊路満蹊蒼
柳枝裊娜飄無影　蕁葉漂淫浮有香　日在桑楡天欲暮　鐘声数杵引風長

二五　堤上散策
三余堂裡に読書に忙《いそが》し、食後閑《ひま》を偸《と》り　野塘を歩む。雲は山峰を擁《かか》え　半山白く、草は蹊路に生え　満蹊に蒼《あお》し。
柳枝裊娜《じょうだ》　飄として影なく、蕁葉漂淫《じゅんようひょういん》　浮いて香あり。日は桑楡《そうゆ》にあり　天暮れんとし、鐘声数杵《しょ》　風を引いて長し。（七陽韻）

〔訳〕
三余堂漢学塾にあって読書が忙しい。食後、閑《ひま》を見つけて野の堤《つつみ》のあたりを散歩する。雲は山の峰をかかえこむようで、山がなかば白く見え、草は小路に生え、路全体が蒼《あお》く見える。柳の枝は、なよなよとして、風にただよって影もおとさず、じゅんさいの葉がみだらに漂《ただよ》い、水面に浮かんで香りを放っている。太陽は西方に在って暮れなずみ、鐘の音が何回か、風に乗って余韻を長くひいている。

二六　又

何管吟身兼世乖　新詩又好写幽懐　田田水満凄風冷　処処烟浮夕日斜
伴友三春遊故国　随師十月在天涯　始知学海無窮趣　自笑由来井裡蛙

二六　又

何《なん》ぞ管《かかわ》らんや吟身と世乖《せかい》と、新詩またよろし　幽懐を写すに。田々に水は満ち　凄風冷《ひ》ややか、処々に烟《けむり》浮かび夕日斜《なな》めなり。友を伴《ともな》い三春　故国に遊び、師に随い十月　天涯に在り。始めて知る学海には　無窮の趣ありしことを、自《みずか》らを笑う　由来井裡の蛙《かわず》たりしと。（九佳韻）

〔訳〕詩人と世の中とは、かかわりがあるはずはない。だが人の奥ゆかしい心根を現すには新詩もまたよろしい。田毎に水は溢《あふ》れ　すずしい風は冷ややかに、処々にもやが立ち、夕日が斜《なな》めに影を引く。思えば、私は友人を連れて春《はる》中かけて故郷の萩に旅し、また塾長長谷部先生にお伴して十月には遙かに遠い清国に旅をした。そこで私ははじめて、学問の世界は、限りなく宏遠なものであることを知った。そして自分というものが、井の中の蛙と同じく大海を知らなかったことの恥ずかしさ、笑うに値する身であることを感じた。

二七　又

我読書非欲顕栄　読書唯是欲心清　在家要務脩身道　求仕須全報国誠
常有陸郎懐橘意　豈忘孟母断機情　可憐世上風塵客　志学先期利与名

二七　又

我が読書は、顕栄を欲するにあらず、読書はただこれ　心を清《す》まさんとするにあるのみ。家に在りては　身を脩《おさ》むるの道を努《つと》めんと要す、仕《つかえ》を求めては　すべからく報国の誠を全うすべし。常に陸郎が橘《みかん》を懐《ふところ》にするの意あり、あに孟母断機の情を忘れんや。憐れむべし　世上風塵の客《ひと》、学に志して先ず期す　利と名とを。（八庚韻）

〔訳〕

私の読書《がくもん》は、人の目につく栄達名誉を得たいがためのものではない。読書によって、ただこれ心を清《す》ませたいと望んでいるだけである。家庭にあっては、我が身の修養に務める必要があるだろうし、仕事に就くにあたっては、当然国につくそうとする誠意を完全になしとげるべきである。三国時代に呉の陸績《せき》が六歳のとき袁術《えんじゅつ》から頂戴した蜜柑を懐《ふところ》に入れておき母親に差し上げるのだといって褒められたという故事をいつも念頭においておきたいし、また孟子が学問の最中に故郷に帰ったところ、母親は織っていた機《はた》を切断して、中途で辞《や》めることの否《ひ》を戒《いまし》め諭《さと》したことなども忘れてはならないこと。それなのに悲しいことに、今の世間の人たちは、学問に志して最初に期待するものが、先ず利と名であることである。

二八　丁亥新正

春風習習満春池　笑祝三元倒酒巵　前逕垂楊凝薄黛　遠山残雪点軽脂
鶯於澗谷温辺囀　草在田園暖処滋　細雨蕭条君莫恨　東皇今日養花時

二八　丁亥新正[1]

春風習々として　春池に満ち、三元を笑《よろこ》び祝い　酒巵《さかずき》を倒す。前逕の垂楊　薄黛をこらし、遠山の残雪　軽脂を点ず。鶯は澗谷の温辺に囀り、草は田園の暖処に在りて滋る。細雨蕭条　君恨むことなかれ、東皇は今日　花を養うの時。（四支韻）

〔訳〕

春風がそよそよと池のすみずみまで吹きわたり、三ケ日を喜び祝い、酒盃を〝もう飲めません〟と倒《ふせ》ることしきり。前の小路のしだれ柳も薄《うす》く黛《まゆずみ》をひいたように色めき、遠山の残雪も薄い白粉《おしろい》をつけたかのよう。鶯は谷間の温かい処で囀《さえず》り、草は田園の暖かい処でほき始める。小雨《こさめ》がしとしとしているが、誰方《どなた》も恨めしく思って下さるな、春の女神が今、花を培養して下さる季節に当たっているのだから。

（1）明治二十年の正月（二十歳）。

二九　偶感

笞笈欲窮天地真　何知世路太艱辛　半窓暁月消残夢　一逕薫風了宿因
省舎十年思越客　江湖万里問津人　執鞭富貴誰能得　好住家山守素貧

二九　偶感(1)

笞笈して　天地の真を窮めんと欲す、何ぞ知らん　世路のはなはだ艱辛なるを。半窓の暁月は　残夢を消し、一逕の薫風は　宿因を了ず。省舎す十年　越客を思う、江湖万里に　津を問う人。鞭を富貴に執る　誰か能くなし得ん、

家山に住し　素貧を守るを好しとせん。（十一真韻）

〔訳〕

遊学して天地間の真理を追究してみたいと志した。が、そうした人生行路を歩むことは、大層困難であることが分かった。窓の中ほどに見える明け方の月が、見残した夢を消し、ひとすじの径《みち》に吹く初夏の風が、宿世の因縁を了解させてくれる。故郷《くに》の境を越えてきた私は、故郷を思いながらの十年のくらしであった。それは、天《あめ》が下万里を旅する人が、舟着場《ふなつきば》を尋ねるにも似ていた。富貴を目ざして自己に鞭うつことなど、私にはできない。私にできることは、故郷に住し、質素清貧を守ることを好《よ》しとすることぐらいであろう。

（1）ふと頭に浮かんだ感想。

三〇　端午

榴花散乱起清塵　閑読離騒吊楚臣　半畝水苔生欲遍　数竿風竹影仍新

省身豈問窮兼達　掩口休論偽又真　今日勧君須痛飲　莫為江畔独醒人

三〇　端午

榴花散乱し　清塵を起こし、閑かに離騒を読み　楚臣を吊《とぶら》う。半畝の水苔　生を遍《あまね》からんと欲し、数竿の風竹影なお新たなり。身を省《かえり》み　あに窮と達とを問わんや、口を掩《おお》いて論ずるを休《や》めよ　偽または真を。今日君に勧《すす》む痛飲すべし、江畔に独り醒たる人となることなかれ。（十一真韻）

〔訳〕
榴花《ざくろ》が散り乱れて、清塵を起《た》てる五月の節句に際し、節句の主役である春秋戦国時代の楚の屈原が賦《よ》んだ『離騒』を読み、楚の懐王と襄王に仕えた忠臣屈原が五月五日に汨羅《べきら》に入水《じゅすい》自殺したことを弔《とぶら》う。幾坪かの池に浮かぶ水苔でも命《いのち》長からんと欲し、数本の竹でも、後からの簇生《そうせい》を願う。ましてや吾が身を反省してみると、屈《かが》むべきか、伸ぶべきか、ましてや、まがい者か、本ものかなどと問う愚かさは、やめるべきである。今日の佳《よ》き日に際し、君に対しただ痛飲されんことを望むだけ。君には、湖畔に独り醒めたる人にはなってほしくない。

三一　七夕

布袠綈袍未曽裁　又遇星期更挙杯　乞巧楼前秋可愛　穿針台上月将開
鵲橋浪静天孫渡　鶴駕風収帝子来　莫恨年年一相見　乾坤判後幾千回

三一　七夕
布《ふ》袠綈袍を未だ曽ては裁たず、また星期に遇い　更に杯を挙ぐ。乞巧楼前　秋愛《いとし》むべし、針を穿《とお》す台上に　月まさに開《い》でんとす。鵲《しやく》橋浪静かに　天孫渡り、鶴駕風収《かぜおさ》まり　帝子来《きた》る。恨むことなかれ年々　ひとたび相見《あいまみ》えるを、乾坤判《わか》れたる後　幾千回。（十灰韻）
〔訳〕

私は、これまでに布の裏に革をつけた着物とか、厚絹のどてらなどといった豪華なものを身に着けた覚えはない。そうこうしているうちに、今年の七夕を迎えることとなり、また祝杯を挙げることとなった。技芸の上達を祈る秋の星まつりはいとおしむべき行事で、乙女が針を穿《とお》そうとするお針箱の上にお月様が顔を出そうとしている。かささぎの橋を織女星が渡り(七夕の夜、織女星が、鵲《かささぎ》に天の川の川上に橋を架けさせて渡るという伝説)、周の霊王の皇太子晋《しん》が風を収めて、白い鶴に乗って来たという故事が伝えられている。毎年一回だけ相まみえることを恨むことはない。想えば、天と地に別れて以来、幾千回となく相まみえているではないか。

三二 次麓南先生所寄韻却呈

蓬瀛無路托梯航　聊尓人間寄古狂　高臥君催警世句　安禅吾擬養生方
梁園雅会交初熟　蓮社風流語亦香　鶴錫他時許相逐　赤城南麓卜隣郷

三二　麓南先生(1)寄するところの韻に次し却呈す
蓬瀛《ほうえい》に路なく　梯航《ていこう》に托す、いささか尓人《なんじ》間に　古狂を寄す。高臥の君は催《うなが》す　警世の句を、安禅の吾は擬《なぞ》らう　養生《ようじょう》の方《ほう》に。梁園の雅会は　こもごも初熟し、蓮社の風流は　語るもまた香《かん》ばしし。鶴錫《かくしゃく》の他時　相い逐《したが》うを許さば　赤城《あかぎ》の南麓に　隣郷を卜《えらびさだ》めん。(七陽韻)

〔訳〕
中国で東海に在ったと伝えられる仙人の住む蓬萊《ほうらい》と瀛《えい》州に行く路はなく、天空の梯子《はしご》か船で渡るより術《すべ》はない。そこであなたさまを蓬萊の人間に擬《なぞら》えて一詩を差し上げます。高臥して悠々自適しておいでの貴公は、警世の句を求めていなさる。が、安楽の坐禅に親しんでいる私は、人間永世の法を求めております。想えば、梁の孝王が作ったという梁園での詩会の催しは、お互いの心の交流のきざしとなり、また東晋の恵遠《えおん》が開いた廬山の白《びゃく》蓮社の風流を語ることもまた香《かぐわ》しいことと存じます。鶴を型どった錫杖をついて出かけて行きますので、お許しをえて、赤城の南麓大胡《おおご》で隣郷の誼《よしみ》を結ぶことができましたならば光栄でございます。

（1）麓南先生とは、上州赤城南麓大胡町長善寺住職豊国洞伝和尚。

三三　憶磨磚

負才総角不相降　瓦礫糟糠試折衝　詩酒至今猶敵手　風雲難会共竜鐘
短長亭駅道千里　微茫雁鳴書一封　為報芳山春色動　樽俎何日接奇鋒

三三　磨磚《ません》を憶《おも》う

負才総角　相い降らず、瓦礫糟糠《がれきそうこう》に　折衝《せっしょう》を試む。詩酒は今に至るも　なお敵手のごとく、風雲に会い難く、竜鐘を共にす。短長の亭駅　道千里、微茫《かすか》に雁鳴いて　書一封。為に報ず芳山に　春色動くと、樽俎《そんそ》に何れの日にか奇鋒に接しえん。（二冬韻）

〔訳〕

磨磚翁（孝明天皇に殉じたと思われる隠逸の人）は、自分の才能をたのむ元服前の少年のように他に屈することを好まず、瓦かけと小石、酒粕《さけかす》と米糠《こめぬか》といった同類と交渉を持つだけの人。詩作や嗜酒の趣味だけは、明治期に入っても私などをライバルとしてつき合っている。が、宿望している政治の在り方の士に会い難く、失意のまま不遇に甘んじている。千里の道程には、どれほどの宿継《つ》ぎがあることやら。匈奴から蘇武が雁の首に書《ふみ》をくくりつけて伝えたという便り、それにも似た待望の一書が、北朝にとっては哀しい便りとなった吉野朝の一刻《とき》。その北朝に春のきざしが動き出したとなると、それを喜ぶ貴下の祝宴に招《よ》ばれて御馳走に与《あずか》りたいものである。

三四　憶臥痴

誰怪法中同気親　香烟彷彿証前因　他年笠簦共強半　今日金蘭見二人
桂水釣魚頻入夢　叡山風雪独傷神　研鑽嘱師須努力　驥足有期千里伸

三四　臥痴を憶う

誰か怪しまん法中　同気の親《しん》を、香烟彷彿として　前因を証せばなり。他年笠簦　強半を共にし、今日金蘭のごとき二人を見る。桂水に魚を釣り　頻《しき》りに夢に入り、叡山の風雪に　独り神《こころ》を傷《いた》む。研鑽を師に嘱《たの》み　すべからく努力すべし、驥足《きそく》は期《とき》あらば　千里も伸《の》ばさん。（十一真韻）

〔訳〕

大本山総持寺住職畔上楳仙禅師会下《えか》の兄弟弟子である末弟河野紹岡（臥痴）とは肉身さながらの間柄。香烟が立ち昇るように前世からの因縁が熟した証《あかし》である。多年、本師の会下《えか》を離れて他郷に遊学させて頂き、そして本当の兄弟以上に仲のよい間柄となることができた。京都の西郊を流れる桂川のほとりで釣りを楽しみ、これは夢ではないかしらと、思わず膝《ひざ》をつねってみたり、また比叡山の天台学寮で学んでいる臥痴に障《さわ》りはないかしらと案じたりもした。そして、私は師兄《すひん》らしく臥痴に、しっかりと研鑽にはげみ、努力すべしと勉励する。すぐれた才能の持主である貴下は、努力次第できっと充分に才能を伸ばしうる秋《とき》が来るであろう。

三五　答人

敢将落魄恨当初　奈此十年狂態如　綺語業因詩懺悔　利名煩悩酒消除
暮烟細磬孤峰寺　微雨春灯一案書　疎慵慣甘林下計　到頭無意佩瓊琚

三五　人に答う
あえて落魄《らくはく》をもって　当初《そのかみ》を恨まんや、この十年の狂態を奈如《いかん》せん。綺語の業因を　詩に懺悔《ざんげ》し、利名の煩悩を酒もて消除せしこと。暮烟細磬　孤峰の寺、微雨の春灯に　一案の書。疎慵《そよう》甘に慣《な》る　林下の計、到頭意《こころ》なくも瓊琚《けいきょ》を佩《お》ぶ。（六魚韻）

〔訳〕
私が落ちぶれの代表人であるかのようでもあるが、落ちぶれの原因については少しも恨みとしていない。だが落魄十年間のみじめな状態はいかんともすることができない。美しいことばをもてあそんで賦み出す詩文に想いを寄せざるを得なかった業《ごう》の因縁を悔い改めて、栄利名達を得ようという浅間しい人間の欲望を酒の力で吹き消そうとしてきたまでのこと。もやの中に人里離れてぽつんと立つ山寺の小磬《けい》の音。小雨にとぼる春の灯火の一帳の机。禅門の叢林における甘《あま》さにつけこむ怠《なま》け心。ついには、なんとなく私も美しい佩《お》び玉に心を動かすような始末である。

三六　答焼柏詞兄兼呈石舟先生次其所寄韻

誰道解膠無所親　肯余宿習悟難真　伯倫絶酒猶能飲　子遁買山寧論貧
古澗鶴飛松雪落　曲江雲渡水灯隣　被君艶説桜花去　酔夢重迷月瀬春
為是故人情味親　生憎教我凝棲真　以詩名世便多事　無意趨時長一貧
花外山堂魚鼓響　雲間籬落犬鶏隣　憑君寄語休饒舌　恐擾洞中行業春
湖村小隠日詩境　清刻鑱露亦能曠遠　清洒有戛戛独造之風
非如世之詩人句鍛字錬以求工者也

三六　焼柏詞兄に答え兼ねて石舟先生に呈し、其の寄する所の韻に次す
誰か道《い》う解膠《かいこう》は　親《した》しまるるなしと、肯余宿習は　真なり難しと悟《さと》る。伯倫酒を絶ちても　なお飲をよくし、子遁《しとん》山を買う　なんぞ貧を論ぜんや。古澗に鶴飛べば　松雪落ち、曲江に雲渡れば　水　灯と隣す。君に艶《なま》めかしく説かれて　桜花去《ち》り、酔夢に重ねて迷う　月ヶ瀬の春。

これがために故人　情味親しく、生憎《あいにく》われをして　棲真を礙《さまた》げしむ。詩をもって世に名あらわしむれば　すなわち多事、意《こころ》なく時に趨《はし》れば、長《つね》に一《もっぱ》ら貧なり。花外の山堂には　魚鼓の響きあり、雲間の籬落には　犬鶏となり合わす。憑《たの》む　君に語を寄す　饒舌《おしゃべり》を休《や》めよと。洞中に業を行なうものの春を擾《みだ》すことを恐るればなり。（十一真韻）

湖村の小隠は　日《ひび》に詩境たり、清刻の鑱《のみ》あらわるるもまた曠遠。清洒《せいしゃ》は戛々《かつかつ》独造の風あり。世の詩人の如くにあらずんば、句を鍛《きた》え字を錬《ね》り以って工《たくみ》を求むる者ならん。

〔訳〕

いったい誰方《どなた》が、膠《にかわ》をとかすことは、他《ひと》に歓迎されないことだと云ったのであろうか。前世から累々と承け継がれてきた学習のつみかさねだけでは、真理をつかむことはできないとつくづく悟ることができた。酒呑みで知られた晋の劉伶《りゅうれい》は、酒を絶ってもなお酒呑みのことを理解し、晋の僧支道林《しどうりん》は山を買って隠遁したが、貧を論ずることができたではないか。静かな谷間の上に鶴が飛べば、松の雪が落ちるし、漢の武帝が長安に築《きず》いた宜春苑の池の上に雲が去来する頃ともなれば、水辺にともしびがともされる。君が艶《なま》めかしく物語ると桜の花もちり初め、夢に大和の梅の名所月ヶ瀬に遊んで戸迷《まど》うばかりとなる。

このようであるがために、以前からなじみの人ほど情味も増し、おり悪く私に飾り気なくありのままに暮らすことをさえぎる結果となった（詩文をあやつる生活となった）。詩をもって天下に名をあらわすことになれば、そこで多忙となる。こころなくも時流を追いかけ廻ることをしていれば、いつも貧しさ一筋《ひとすじ》で終わってしまう。繁華から離れた山寺には、木魚のひびきがあり、雲の間に見えるひなびた部落には、犬と鶏とが仲良しとなっている。だから君になんとしてもお耳に入れておきたいことがある。それはほかでもない、おしゃべりをやめなさいということ。洞穴の中で仕事にはげむ者(洞門禅に生きる者)のために、春になったからとて心を擾乱《ざわつ》かせることのないようにとねがうからである。

　湖畔の村里に住むしがない隠者の私には、毎日が詩境そのものであるが、よく彫《ほ》れるのみで詩を彫り現わそうとしてもなお遙かに遠くおよばない。清酒は(飲めば)かちかちとかたいものが触れ合うような独得の風情があるが、俗に見受けられるような詩人でない(と自負する)ならば、句を鍛《きた》え、字を練《ね》って芸術《たくみ》を追求する者でなければならない。

三七　寄懐焼柏

兜率一従嘱着親　人間経論始伝真　慈悲寧怪多方便　香火但応結浄因
底事霊松久西向　知他孤杖尚南詢　三乗恥我甘羊鹿　無力牛車転法輪

三七　懐《おもい》を焼柏に寄す
兜率《とそつ》一従して着親に嘱《しょく》し、人間の経論は　始めて真を伝う。慈悲　なんぞ方便多きを怪しまんや、香火はただ結浄の因に応ずるのみならんや。底事《なにごと》ぞ霊松　久しく西に向かい、他の孤杖　南詢《じゅん》を尚《たっと》ぶを知る。三乗　我が羊鹿に甘んずるを恥じ、無力の牛車　法輪を転ずと。(十一真韻)

〔訳〕
　弥勒《みろく》菩薩が天降《あま》ってきて四世紀インドの学僧無着と世親《せしん》にお願いして、釈尊が述べた経と論が始めてその真を伝えることとなる。だから慈悲の説き方もなんと方便が多いことか。香華《こうげ》灯燭《とうしょく》を供えることは、道場を清浄にすることに応じたまでである。霊松(未詳)が久しく西に向かって参師問法したということは、いったいどうしたというのか。一方、善財童子が南方インドに旅して五十三人の善知識に法を尋ねたという故事が貴《たっと》ばれていることを知る、声聞、縁覚、菩薩は、小乗仏教の徒に甘んずることを恥じた。それは力のない牛車が仏法という大法輪を引いて行こうとするようなものだと。

三八　寄懐臥痴

肯将汨没涴禅緇　自信狂狷有不為　踏海仲連元憤世　臥山賈島太能詩
饑撃綴鉢投孤駅　倦就宿禽借一枝　東望寄懐何処是　匡廬旧雨憶君時

三八　懐を臥痴に寄す
肯将《こうしょう》汨没《べきぼつ》して　禅緇《し》を涴《よご》し、自信の狂狷《けん》は　為なさざるあり。踏海の仲連は　もと世を憤《いきどお》り、臥山の賈島《かとう》ははなはだ詩を能くす。饑《う》えては綴鉢《てっぱつ》を撃《ささ》げて孤駅に投《い》り、倦《う》みては宿禽に就いて　一枝を借りる。東を望みて懐を寄せ　何処《いずく》か是《ぜ》なると、匡廬《きょうろ》(1)の旧雨に　君を懐《おも》いし時。(四支韻)

〔訳〕

しっかりとした人物が落ちぶれて、禅門を汚《よご》し、自信過剰の固意地《かたいぢ》がわざわいして実行がともなわないことがある。春秋戦国時代の斉の魯仲連は、もともと節操堅固のため義憤に燃えがちとなり、中唐の推敲詩人賈島《かとう》は、内気《うちき》だが詩を能くした。以上の人たちとは別に、私は、飢えたならば応量器《おうりょうき》を持って、さびしい街《まち》に出て托鉢し、倦怠《あいた》ならば、巣ごもりしている小鳥の宿へ出かけ、一枝を借りて宿るような生活をしている。遙か東の方を望み、思いをいったい何処に寄せたならばよいだろうか。廬山で雨に遭い臥痴のことが想い出されたことよ。

（1） 半仙が、長谷部三余堂塾長に随行して中国を旅行した時、廬山から寄せた詩と思われる。

三九　憶春牛

且投筆硯倚高梧　想像烟波足五湖　自有荊釵蔵篋笥　可無竹帛換尊鱸
意中白屋琴書伴　夢裡青巒暁鶴孤　方望如今累縫掖　当初合悔著潜夫
一領伽黎懶鑽伝　空山趺坐旧青氈　低応与蠹魚為伍　争兼鷗鷺結盟縁
維酒有量猶破戒　夫詩言志乃参禅　尓来斬断葛藤罷　閑却案頭貝葉篇

三九　春牛を憶《おも》う

しばらく筆硯を投《お》いて　高梧に倚《よ》り、烟波を想像して　五湖を足《あゆ》む。自《おのずか》ら荊釵《けいさい》あらば　篋笥《きょうす》に蔵《しま》い、竹帛《ちくはく》なくんば尊鱸《じゅんろ》に換《か》ゆべし。意中の白屋《はくおく》に　琴書の伴《つれ》あり、夢裡の青巒《せいらん》に　暁鶴孤なり。如今　累縫掖《るいほうえき》を望むにあたり、当初まさに潜夫を著せるを悔《く》やむべし。（七盧韻）

〔訳〕

しばらくの間、学業をやめ三余堂塾長のお伴《とも》を仰せつかり、〝烟波江上人をして愁えしむ〟と唐の崔顥《さいこう》が「黄鶴楼」で賦《よ》まれた湖北から江南地方に旅することができた。貴下は、夫人の粗末な衣裳があるならば、簞笥にしまうが、売るに値する書物がないならば、簞笥にしまわないで、じゅんさいの吸物にあてたならば宜しいではないか。考えている貧しい家には、風雅な伴人《つれ》が必要である。夢の中の青い山々には、明け方の鶴が一羽。ただ今わずらわしい式服を希望するに際し、まず貴下が後漢の王符の書『潜夫論』について著したことを後悔すべきではあるまいか。

一領の伽黎《きゃれい》は　懶饡《らいさん》に伝わり、空山に趺坐す　旧青氈《せん》。低く応じ蠹魚《とぎょ》と伍をなし、争いて鷗鷺と盟縁を結ぶ。これ酒に量ありて　なお戒を破るが如く、かの詩は志を言う　すなわち参禅なり。尓来　葛藤を斬断しおわり、案頭の貝葉《ばいよう》篇を閑却せり。（一先韻）

〔訳〕

一《ひと》かたけの食事（蓮根とあかざ）の粗末さは、唐の懶饡《らいさん》和尚（芋ばかり食べていた）に伝わり、人気《ひとけ》のない山で正しく足を組んでの結跏趺坐《けっかふざ》の禅。この禅こそ、昔晋の王献之（羲之の子）宅へ盗人が入ったとき、こればかりは家の宝だからと云って拒否した青氈《せん》（青い書道用の毛せん）に比べられる宝物。そのうえ懶饡和尚は、低姿勢でしみと友達になったり、競《きそ》って鷗や鷺と仲よくしておられた。この懶饡和尚の生き方は、一定の量を超えることのない酒の飲み方でも、仏の五戒を破るようなもの。さらに彼の詩は、感性に基づく詩ではなく、理性に基づく志を述べる詩なので、言うところの意志に基づく参禅のようなものである。その後、懶饡和尚は、言語文字の表現に基づく詩文の世界と絶縁し、さらに机上の経典類さえ見て見ぬふりをするようになった。

四〇　春日遊嵐山

踏青一逕到嵯峨　偏覚春光在澗阿　山色映流花影砕　松風添響鳥声多
傷心馬上英雄涙　訴怨琴中宮女歌　小督塚荒無客弔　悠悠往事付長蘿

四〇　春日嵐山に遊ぶ
踏青《とうせい》の一逕　嵯峨に到る、偏《ひと》えに覚《おぼ》ゆ　春光の澗阿に在るを。山色流れに映り　花影砕け、松風響きを添え　鳥声多し。心を傷《いた》ましむ　馬上英雄の涙に、怨を琴中に訴えし　宮女の歌。小督《こごう》の塚荒れ　客の弔《とぶろ》うものなし、悠々たる往事　長蘿に付けるを。（五歌韻）

〔訳〕

京都西郊散歩の一筋の路に嵯峨のコースがある。忘れもしない、それは春景色が山あいの谷川に目立っていたこと。山のたたずまいが流れに映り、花影が流れに砕《くだ》け、それに吹く松風の音が加わり、鳥の囀りも多かった。さらに『平家物語』の哀史が趣を添え、馬上の英雄弾正大弼仲国が主上高倉天皇の命をかしこみ、ここ深草の里に小督の局《つぼね》を探し求めたところ、峰吹く風に和して「想夫恋《そうふれん》」の曲を奏でていたという。その悲恋の局《つぼね》の塚も荒れはてて、弔《とぶろ》うものとていない。この一齣《ひとこま》は、『平家物語』巻六や謡曲「小督」に見えているが、それも遙か昔のこと。想えば長いつたかずらに巻きつかれた古木のような物語である。

四一　己丑除夕

鐘声漸断夜悠悠　独対寒灯思未休　一鼎茶烟懐陸羽　半窓梅月夢蘿浮
青襟誤被功名惑　黄巻□為文字囚　耻此中原多事日　更無奇策買封侯

四一　己丑除夕
鐘声漸く断《き》れ　夜悠々、独り寒灯に対《むか》い　思い未だ休《とど》まらず。一鼎の茶烟に　陸羽を懐《おも》い、半窓の梅月に　蘿浮を夢む。青衿《きん》　誤りて功名に惑わされ、黄巻□文字の囚《とりこ》となる。耻《は》ずらくはこれ中原　多事の日、更に奇策なく　封侯を買う。（十一尤韻）

〔訳〕
明治二十二年大晦日《おおみそか》を告げる鐘の音も次第に杜絶《とだ》えがちになり、夜はもの淋しく、独りさびしい灯の下《もと》で、尽きせぬ思いに駆られている。鼎にわき立つ茶烟に唐の茶道の開祖陸羽を懐《おも》い、小さな窓に映る梅にかかった月に、戦国時代に趙王が横恋慕したが、その女が夫のあることを示した「陌上桑」の詩などを夢に描いてみる。昔の書生は、功名に惑わされて道を誤ることがあり、また真面目《まじめ》に書籍の紙魚《しみ》のように読書熱心となる者もいた。不名誉なことに、これは中国の天下を争う戦国時代のこと。別に奇策の浮ばない者は、金で大名貴族に成り上がったという。

四二　庚寅元旦

用捨行蔵何足歎　幸逢堯舜太平安　上園春色香千斛　輦路東風青一般
文客漸堪孤客苦　他郷終作故郷観　主人別有恩情暖　椒酒三杯不覚寒

四二　庚寅元旦

用捨行蔵　なんぞ歎くにたらん、幸いに堯舜に逢えば　太平に安からん。上園の春色は　香千斛《こく》、輦路の東風は青《はる》と一般。文客漸く孤客《こかく》の苦に堪え、他郷に終《つい》に故郷の観を作らん。主人別に恩情の暖あり、椒酒三杯に寒を覚えず。（十四寒韻）

〔訳〕

明治二十三年元旦にあたり、明眼の士に見出されれば出て仕え、見捨てられれば退任し、なにも嘆くには及ばない。万が一、堯や舜のような明帝にお仕えできれば、いつまでも太平を楽しむことができる。帝京の春の景色は、香りが溢れんばかりに多く、帝《みかど》がお成りになる路に吹く東風《はるかぜ》は青一色。文人を気どる孤独な旅人もその苦に堪え忍び、他郷にあっても、ついには故郷にいるような気持ちになろうとしている。特にここの家主は情に温かさがこもり、お屠蘇を三杯もいただき、もう淋しさを感じないでもすむ。

四三　呈夢桜先生和其所寄韻

烟霞飛錫入山村　万巻珍書僅慰魂　綺語漫驚俗人耳　経綸自異腐儒論
斬手文陣為盟主　逐鹿試場得状元　桃李如今春色好　科知青鏤棨新痕

四三　夢桜先生(1)に呈しその寄する所の韻に和す
烟霞に錫を飛ばし　山村に入る、万巻の珍書　僅かに魂《こん》を慰む。綺語もて漫《みだ》りに驚かす　俗人の耳を、経綸《けいりん》も自《おのずか》ら異なる　腐儒の論と。文陣を斬手し　盟主となり、逐鹿試場《ちくろく》に　状元を得たり。桃李如今《にょこん》　春色好《よろ》しく。科《はか》り知りぬ青鏤《ろう》に　新痕を棨《もち》にす。（十三元韻）

〔訳〕

私は、かすみ立つこの頃に、小鹿村と山村の塾に戻り、万巻の書のある図書室に入り、心を慰めております。貴下(福地桜痴居士)は、美しく巧《たく》んだ言葉を操《あやつ》って世間の心ある人の耳を驚かしておいでです。そのうえいうところの経国済民の方策も自《おのず》とつまらぬ儒者の治世論と異なっていらっしゃいます。また文筆界の面々をも、(「江湖新聞」や「東京日日新聞」の主筆となって)斬り倒し、官吏登用試験にも一番で合格し、伊藤博文首相の知遇を得ておいでです。ただ今は桃李も咲いて春もたけなわゆえ、恐らく妓楼に登って初初《ういうい》しい女を馴染《なじ》みにしておられることでしょう。

(1)　福地源一郎、桜痴居士。英学者何礼之《がのりゆき》とともに楳仙禅師の俗弟子。「江湖新聞」発刊。「東京日日新聞」の主筆。「やまと新聞」発刊。歌舞伎狂言の改良、劇作家。半仙より三十六歳長上の親友。

四四　和春牛先生所寄韻却呈

与君相楽答幽穹　傾蓋已知竹馬童　満寺蒼涼松葉雨　半簾香翠稲花風
縦雖吾酒乏淳味　足使客顔帯酔紅　寄語近時周老子　数携道徳到□□

四四　春牛先生寄する所の韻に和し却呈す

君と相い楽しみ　幽穹に答う、傾蓋《けいがい》してすでに知りぬ　竹馬の童《とも》なることを。満寺蒼涼たり　松葉の雨、半簾の香翠　稲花の風。たとえ吾が酒　淳味に乏《とぼ》しといえども、客顔をして酔紅を帯びしめるにたる。語を寄す　近時の周老子よ、しばしば道徳を携え　□□に到れ。（一東韻）

〔訳〕

遠い異郷に在る佐々木哲太郎先生にお答えする。初めて（三余堂塾生として）お会いしてから竹馬の友となる方《かた》だと分かっておりました。松葉にそそぐ雨で、寺中がしっとりとしてきて、短い簾に青竹の匂いの漂うあたりに稲穂を渡る風。よしんば猪口《ちょこ》の酒にはうまさが乏《とぼ》しくとも、お客さまには充分な酔いを覚えさせるに足ります。現代の周公旦（孔子が聖人として仰いだ周王朝の周の武王の子）に申し上げますが、たびたび人の道の教えを携えて□□にお出かけくだされ。

四五　昭和丁卯秋日登雄峰有感慨不自禁者仍賦寄懐云

乃祖芳蹤可（重可）復搜　雄峰蘭若暮相投　石泉和雨転饒舌　雲樹応風儘点頭
覇気半消人漸老　桂香高放月方秋　客床誰道眠難儀　禅版蒲団礼命優

四五　昭和丁卯秋日雄峰に登り、自《みずか》ら禁ぜざる感慨あり。よりて懐《おもい》を寄せ賦して云う
乃《だい》祖の芳蹤《しょう》を　ふたたび探すべく、雄峰の蘭若《らんにゃ》に　暮に相い投《い》る。石泉雨に和し　うたた饒舌、雲樹風に応えことごとく点頭。覇気半ば消え　人漸く老い、桂香高く放ち　月秋に方《あ》たる。客床誰かいう　眠おだやかなり難しと。禅版蒲団　礼命優なり。（十一尤韻）

〔訳〕

昭和二年の秋、先祖の立派な跡方、つまり私の本師大岡楳仙《たいこうばいせん》こと大雄山最乗寺独住一世をはじめ、二世原坦山、三世星見天海住職の会下に参じ修行した懐《なつ》かしの跡方を偲ぶべく、大雄山に夕方に辿り着いた。岩間の泉に雨音が調和し、ずっとおしゃべりの連続。雲つく高樹に風があたり、何《いず》れもうつむき加減。さて私は雲水時代の盛んな意気ごみも半《なか》ば消え、漸く老境を覚《おぼ》えたが、ここの桂《かつら》の香りは高く匂い、月は中秋に当たっている。他《よそ》の寝床《ねどこ》では、誰しも安眠しにくいという。だが僧堂の禅版といい、坐蒲《ざふ》といい、礼儀作法の命脈も、昔に変わらず優《やさ》しい。

四六　次久保麓南韻

知君温藉出天真　霊夢生花筆有神(筆下風生泣鬼神)　多病維摩元古仏　清癯賈島或前身
双肩不以斯文任　六義竟於何日陳　此意梁園苦相属　欲教風化復敦淳

四六　久保麓南の韻に次す

知る君の温藉《うんしゃ》は　天真に出ず、霊夢は花を生じ　筆に神《しん》あり。多病の維摩《ゆいま》は　もと古仏、清癯《く》の賈島《かとう》は　或は前身ならん。双肩に斯文を以て任ぜず、六義《りくぎ》をついに何れの日にか陳《の》べん。この意　梁園にはなはだ相い属し、風化をして敦淳《とんじゅん》たらしめんと欲す。（十一真韻）

〔訳〕

貴下の度量が広く抱擁力のあることは、天性のものであることと存じ上げておりますが、不思議な夢は花を咲かせ、詩文にも心がこもっておられます。釈尊の弟子で弁才に長じ、病気の故事で有名な維摩《ゆいま》居士は、もともと老和尚と同じ。居士は、すっきりとした性格の推敲詩人賈島《かとう》の前身かもしれません。唐の賈島は、詩壇の責任を我が身に感ずることなく、古代の詩の六義《りくぎ》(風・雅・頌・賦・比・興)などについても触れるようなことはありませんでした。ということは、漢代の梁の孝王の庭園から名づけられ平易な詩壇を旗じるしとする梁園派に属しており、古代の素朴性の風化を防いで淳朴な詩風たらしめんとしました。

四七　又

塵界茫茫誰証真　蒲団禅版可栖神　箪瓢分定安忘老　衣鉢道貧方称身
久以水雲謝牛李　長兼鷗鷺許雷陳　閑情得句無裁処　不識性霊淳不淳

四七　又

塵界茫茫　誰か真を証せん、蒲団禅版　神を栖《す》ますべし。箪瓢に分定まり　安んじて老を忘る、衣鉢の道貧にしてはじめて身と称す。久しく水雲を以て　牛李に謝す、長じて鷗鷺と　雷陳を許す。閑情に句を得　裁する処なし、性霊の淳と不淳とを識らず。（十一真韻）

〔訳〕

俗世間は、混とんとしていて、誰でもその真実を証《あ》かすことはできませんが、只管打坐《しかんたざ》に心を清《す》ましえた人には、それが万能であります。一箪《たん》の食《し》、一瓢の飲《いん》といって極く粗末な食事に身の程をわきまえている人だけが、自己のありていに甘んじて老いの至ることも忘れ、祖師がたより受けついだ仏法は、貧に処しえて初めて、一人前の禅者ということができましょう。ですから、長いこと雲水生活に徹することのできた禅者が、互いに徒党を組んで反対派を弾圧した者の牛僧孺と李宗閔《びん》に感謝することができます。さらに敷衍《ふえん》して鷗《かもめ》と鷺《さぎ》が仲良くできるように後漢の雷義と陳重との厚い交友をも認めることができます。のびやかな心情のうちに詩句ができ、手を入れるところもなく、生まれついての魂が淳《すなお》であるか、ないかなど、見わけることなどできません。

四八　江南見梅

花有清香水又清　水花相映競春栄　江南此地塵氛遠　閑対芳枝聴鳥声

四八　江南に梅を見る

花に清香あり　水また清《す》む、水花相い映《うつ》り　春栄を競《きそ》う。江南の此の地は　塵氛《ぷん》遠く、閑《しず》かに芳枝に対し　鳥声を聴く。（八庚韻）

〔訳〕

宋の蘇東坡「春夜の詩」に〝春宵一刻直《あたい》千金、花に清香あり〟とあるように、花の清らかな香りがただよい水も清《す》んでいる。清《す》んだ水が花と映り合って春の栄光《さかり》を競《きそ》うかのよう。揚子江南地方のこの地は、汚《けが》れた気も微《かす》か。そこで静かに梅が枝《え》に対しながら鳥の声を聴くことができた。

四九　聞子規

落花点点錦江春　身寄長安渭水辺　莫叫月中驚客夢　高楼恐是有愁人

四九　子規《ほととぎす》を聞く

落花点々たり　錦江の春、身を寄す　長安渭水の辺《ほとり》に。叫ぶことなかれ　月中に客夢を驚かすを、高楼には恐らくこれ　有愁の人あらん。（十一真韻）

〔訳〕

落花が点々と散っている錦江の春。長安の渭水のほとりに身を寄せてから遙々とここ蜀《しょく》の地に来遊。子規《ほととぎす》よ月世界に旅の夢を結んでみたいなどと大声で叫んだりしてはいけない。月世界の高楼には、恐らく下界を非難してきた有愁の人がいるであろうから。

五〇　夏日経旧都

花落花開歳月過　桑田変海奈愁何　若令箕子存今日　此地猶斯麦秀歌

五〇　夏日旧都を経《ふ》

花落《ち》り花開《さ》き　歳月過《よ》ぎり、桑田海に変ずる愁《うれい》をいかんせん。もしも箕子《きし》をして今日に在《あ》らしめば、この地なおこれ　麦秀の歌とならん。（五歌韻）

〔訳〕

花が散りやがて花が咲く、このようにして季節がめぐり歳月が過ぎてゆく間に、桑畑がいつの間にか青海原《あおうなばら》となってしまうことは残念なことだけれど、なんとも致し方ない。もしも殷の紂王を諫めた三仁の一人箕子《きし》が今日ここにいたらここ麦秀（亡国の跡）の地で、どんな「麦秋の歌」を賦《よ》んでくれたことであろう。

五一　春日書懐

三余堂裏客遊身　詩僻常兼花月親　春服未成春已半　只愁鬱鬱過芳辰

五一　春日書懐

三余堂裏に　客遊の身、　詩僻は　常に花月と親しし。春服未だ成らざるに　春すでに半ば、　ただ愁《うれ》う　鬱々として芳辰を過《す》ごすを。（十一真韻）

〔訳〕

私は小鹿村の三余堂漢学塾に遊学している者、作詩をたしなむので、常に花や月という自然に親しんでいる。春着の用意ができないうちに春はもう過ぎ去ろうとしている。ただなげかわしい点は、気が晴れないままに、良い季節が過ぎ去ってしまうということである。

五二　送高田頴哉遊学東都

百囀鶯歌不耐聞　心同柳絮乱紛紛　三余堂外三春暮　悵望家山却送君

五二　高田頴哉の東都に遊学するを送る

百囀の鶯歌《おうか》　聞くに耐えず、　心は柳絮に同じく　乱れて紛々。　三余堂外　三春の暮、　家山を悵《いた》み望んで　却って君

を送る。（十二文韻）

〔訳〕

おしゃべりの鶯のさえずりには聴く耳を持たない。なぜかといえば、気持ちが柳わたのように乱れて散々《さんざん》だから。三余堂の外では、三回目の春が尽きようとしている。故郷の人達のことにあれこれ心をいためているのに、そしてまた貴下を送ることになる。

五三　送山室良範遊学東都

客欲去春還欲帰　送春送客事皆非　愁中有喜人知否　潜待親朋着錦衣

五三　山室良範の東都に遊学するを送る(1)

客去らんと欲すれば　春もまた帰らんとす、春を送り客を送る　事みなあらず。愁中に喜びあるを　人知るや否や、ひそかに待たん　親朋に錦衣を着くるを。（十二文韻）

〔訳〕

山室良範が、東都へ上京しようとすれば、春もまた一緒について行くかのよう。春を送り、友を送ってしまえば、後には何もなくなってしまう。だが、憂《うれ》いごとの中に喜ぶべきこともあることを他《ひと》は御存知であろうか。私は、親しい方々が錦衣を飾って帰ることができることをひそかに期待したい。

（1）　山室良範、高田頴哉と半仙とは、共に大雄山最乗寺で修行し更に三余堂塾に入って漢詩文を習得していた仲間。

しかし山室は、高田の後を追って東都へ、そして半仙は京都の英学塾へと袂《たもと》を分かった。

五四　寄師弟

請君莫恋月花時　一去光陰不可追　借問大雄山下裡　何人最是擅英奇

五四　師弟《すてい》に寄す

君に請う　月花の時を恋うるなかれ、一去する光陰は　追うべからず。借問《しゃもん》す　大雄山下の裡《うち》、何人《なんびと》か最もこれ英奇を擅《ほしいまま》にせん。(四支韻)

〔訳〕

やれ秋の月だ、春の花だとよい時節に心を惹《ひ》かれ、うわの空で過ごすことのないようにと、貴君にはお願いしたい。なぜならば一たび去って行った月日に、追いつくことはできないから。ところでお尋ねするが、大雄山最乗寺独住一世畔上楳仙門下で、一体何人がすぐれた人物として他からの評価を得ているであろうか(淋しいことではあるまいか)。

五五　読史有感

命窮猶道抜山雄　消却中原逐鹿功　書剣難成況天下　時還感不保江東

五五　史を読みて感あり
命《いのち》窮《きわ》まりてもなおいう　抜《ばっ》山の雄と、消却しぬ　中原に鹿《ろく》を逐《お》いし功を。剣は成し難しと書す　況《いわん》や天下においてをや、時になお感ず　江東を保《たも》たざりしを。（一東韻）

〔訳〕
漢の劉邦と天下の覇を争った楚の項羽に対し、首を刎《は》ねられた後までも、山を抜く勇壮な英雄と称《たた》え、天下に帝位を争った行動を帳消しにしている。武力だけでなにかを成しとげるのは困難だと記しているが、ましてや天下を取るという事においてはいうまでもない。項羽は揚子江江東地方を我が手中におさめておくことすらできなかったわけである。

五六　詠史

天下軽於一羽軽　碧渓洗耳有余清　箕山山裏埋称誉　却得千秋不朽名

五六　詠史
天下は一羽の軽きよりも軽く、碧渓に耳を洗いて余清あり。箕《き》山々裏に　称誉を埋《うず》め、却って千秋に不朽の名を得たり。（八庚韻）

〔訳〕
往古以来、天下を得んがために争いがくりかえされているが、天下の命運は軽い一枚の羽根よりも軽い。それに反して堯帝が帝位を許由《きょゆう》に譲ると沙汰したところ、許由は嫌《いや》なことを耳にしたといって耳を谷川で洗い浄《きよ》めて大いにすっきりしたと伝えられている。また巣父《そうほ》も許由《きょゆう》と一緒に箕《き》山に隠れ、天下の最高位などという栄誉を埋《うず》め、そのためにこそ何千年の後にまで不朽の名をとどめることができた。

五七　観三保桃花

数里春山接海低　幾多屐歯印沙泥　竜門奇句君須記　桃下真然自作渓

五七　三保の桃花を観る

数里の春山　海に接して低し、幾多の屐歯《げきし》　沙泥に印す。竜門の奇句を　君すべからく記《おぼ》ゆべし、桃下に真然として自《おのずか》ら渓《こみち》をなすを。（八斉韻）

〔訳〕

数里にわたる春の野山は低く海につづき、多くの下駄の歯跡が砂地にぺたりと捺《お》されている。「三級浪高うして魚　竜と化《け》す」と『碧巌録』に伝えられた黄河の段丘竜門の名句を君たちは記《おぼ》えておくべきだ。竜門を登りつめたような人間にして始めて俗《ぞく》っ気《け》が失せて真実そのものになりきりうる。桃が本当に熟《う》れると、桃下には誰言うとなく人が集まってきて渓《こみち》ができるようなものである。

五八　題堪助井

蘚苔擁井百尋深　勘破英雄自在心　莫以容姿取人士　容姿恐是失名琛

五八　堪助井に題す

蘚苔《あおごけ》井を擁《いだ》く　百尋《ももひろ》の深さ、英雄を堪破す自在心。容姿をもって人士を取ることなかれ、容姿恐らくはこれ　名琛《しん》を失わん。（十二侵韻）

〔訳〕

武田信玄の武将山本勘助が久能山頂に掘った勘助井戸のまわりは、青苔がびっしりととり囲み、百尋の深さに及んでいる。勘助は、英《すぐ》れた人物を見抜くという、一切の束縛から解放された心の持ち主であったという。けれども人の姿、形だけから人物を採点してはならない。外形だけから判断すると、その人の優《すぐ》れた宝を見失うことになろう。

五九　詠史

執戟不妨為老儒　平生自道守真徒　太玄畢竟玄猶白　終著美新求紫朱

五九　詠史（1）

戟《ほこ》を執る《とる》も　老儒たるを妨《さまた》げず、平生自《みずか》らいう守真の徒と。太玄は畢竟　玄《くろ》なお白のごとしと、終著の美は　新求の紫朱なりと。（七虞韻）

〔訳〕

たとえ武器を手にしても老儒者としての立場が失われる訳ではない。ましてや平生から道家のいう自然の本性を全うする徒と同じようであろうとも。漢の楊雄の著『太玄経』では、つまるところ玄《くろ》は白と同じようだと説く。また最終の美は、今の人達が求めている紫がかった朱であると。

（1）若き半仙は、宋・元の理気哲学から道家の思想まで批判している。

六〇　聞蛙　戯作

間攤金経対短檠　数行未了笑相迎　青蛙不学書生怠　誦尽通宵千万声

六〇　蛙《かわず》を聞く　戯れに作る

間《このごろ》　金経を攤《ひら》き短檠《けい》に対す、数行《ぎょう》未了なれど　笑いて相い迎う。青蛙《せいあ》は学ばず　書生の怠《おこた》りを、誦《とな》え尽くす通宵千万の声。（八庚韻）

〔訳〕

この頃、小さな灯《あかり》をともして大事な経典をひらくと、数行も読み終わらないうちに青蛙たちがニッコリと私を迎えてくれる。青蛙は、読書の途中に他に気を転じてはいけないなどということは教えて貰っていないいため、夜っぴいて沢山の声で蛙のお経をとなえてやまない。

六一　葵花

奇姿弱質守貞誠　愛尓慇懃向日傾　恰似孤臣逢斥黜　精忠不屈慕君情

六一　葵の花

奇姿弱質　貞誠を守り、尓が慇懃《ねんごろ》に日に向かいて傾くを愛す。あたかも孤臣の斥黜《せきちゅう》に逢うに似たり、精忠不屈　君が情を慕う。（八庚韻）

〔訳〕

弱《よわ》々しそうだがめずらしい姿をしていて、その中に操《みさお》の正しさとまことを保っている。ねんごろに太陽に向かって身を傾けているその忠誠ぶりを私は愛する。あたかも主君に見捨てられた家臣が、精忠不屈でいよいよ主君の苦衷を慕うかのような点を。

六二　夏菊

日照南窓露欲乾　金英豈有粉香残　淵明帰去無知己　被俗人言不耐寒

六二　夏菊

日は南窓を照らし　露は乾《かわ》かんとす、金英あに粉香の残ることあらんや。淵明帰り去って知己なし、俗人に寒に耐えずと言わる。（十四寒韻）

〔訳〕

太陽は南の窓辺を照らすので、露は乾いてしまいそうである。黄金色のしべも、そういつまでも香りが残ることはあるまい。菊づくりの名人淵明が任地から引き揚げてしまうと夏菊を知る人はなくなってしまい、その上、風流のわからない人は、夏菊は寒さに耐《こら》えられないといって珍重しない（が、実はそんなことはない）。

六三　杜若

岸上不堪朝露重　臨池雲髻玉釵垂　恰如丹瞼猶留酔　背却春風坐睡時

六三　杜若

岸上は　朝露の重きに堪えず、池に臨む雲髻　玉釵のごとく垂る。あたかも丹瞼なお酔いを留むるがごとく、春風に背却《せむ》け　坐睡《いねむ》るの時。（四支韻）

〔訳〕

岸の上では、朝露の重さに堪え難いように、池に臨んでその雲髻《たぶさ》が、かんざしのように重そうに垂れ下っている。そのたぶさをよく観ると、酔い覚めの美人の丹《あか》い瞼《まぶた》にまだ酔《よ》いが残っているかのようにも見かけられる。その風情たるやそよ吹く春風に背を向けて坐睡《いねむ》っているかのような艶《あで》やかさである。

六四　偶感

陋巷何妨了此生　懶敲牛角釣声名　朝三暮四狙公術　孰与人間得失情

六四　偶感

陋巷《ろうこう》に何《なん》ぞ妨《さまた》げん　この生の了《おわ》るを、敲《たた》くに懶《ものう》し牛角に　声名を釣るを。朝三暮四は　狙《そ》公の術。孰《た》れか人間に得失の情を与えしぞ。（八庚韻）

〔訳〕

狭い路地裏で生涯を閉じようとも、私にとっては何も妨げになるようなことはない。春秋時代、斉の甯戚《ねいせき》が桓公に用いられてよい評判を得ようとして牛の角を叩いて歌を歌ったというが、それまでして用いられような どとは考えても嫌《いや》なことだ。狙公が猿を手懐《てなづ》けるのに餌《えさ》を朝四つ、暮三つといった手立てを弄《ろう》したというが、一体誰が人間に損得の思い入れを授けたのであろうか、あさましいことである。

六五　有所求贈人

年少自期排異端　丹心一片髪衝冠　廻瀾既倒英雄事　勿作越人肥瘦看

六五　求むる所ありて人に贈る

年少にして自《みずか》ら期す　異端を排するを、丹心一片　髪冠を衝《つ》く。廻瀾既倒《かいらんきとう》は　英雄の事、越人肥瘦《ひそう》の看を作《な》すことなかれ。（十四寒韻）

〔訳〕

私は年少の頃から自分の信ずるところと違うとその教説を排除していた。そして春秋戦国時代、越の藺相如の忠誠一方の人が、怒髪冠《かんむり》を衝《つ》いた気性《しょう》に思いを入れていた。大波をめぐらし倒し尽くすことが英雄の意気甲斐。南方越の人が、北方秦の人の肥瘦を見ても何とも思わないように、関係がないからといって無関心をよそおうことはよくない。

六六　詠史

甕牖縄枢草作茵　不求栄路不愁貧　敝衣藜杖趨迎客　却愧軒車問病人

六六　詠史

甕牖《おうよう》縄枢は　草を茵《しとね》とす、栄路を求めず　貧を愁えず。敝衣藜杖《へいいれいじょう》　趨《わし》りて客を迎う、却って愧《は》ず　軒車にて病人を問えるを。

〔訳〕

粗末な家につましく住む人は、草をしとねとしても平然としておられる。そうした人は、顕栄を求めず、貧乏を気にしない。粗衣のままあかざの杖をついたまま、小走りで来客をお迎えするが反対に弓形に反《そ》った屋根つきの高級車に乗って病人を見舞うといったことを愧《は》ずかしく思う。

六七　寓意

園桃巷柳易為春　自惹狂蜂不厭新　独有芙蓉山上雪(1)　東君未得一時均

六七　寓意

園桃巷柳は　春となりやすし、自《おのずか》ら惹《ひ》かる　狂蜂の新を厭《いと》わざるを。ただ芙蓉山上に雪あるのみ、東君《はる》は未だ一時の均《ひとし》きを得ざりしを。（十一真韻）

〔訳〕

庭先の桃とか巷《ちまた》の柳などは春の訪れをいち早く知らせてくれる。気違いじみた蜂が、新年には関係なく忙しく飛びまわっている姿に惹《ひ》かれるものがある。芙蓉山だけには雪があるため、未だ一様に春が訪れているとはいえない。（白雪陽春の曲に和しうる者だけが春と一体になりうる者だと私は思う）。

（1）宋の芙蓉道楷《ふようどうかい》は、天子からの禅師号を拝辞して山に入る。しかるに修行者が参集して芙蓉山が叢林《そうりん》（禅の修行場）となる。芙蓉道楷は、白雪陽春の曲（楚の国で奏《かな》でられたこの曲は、高尚なるが故にこれに唱和する者は少なかった）にたとえられる。

六八　東上車中賦呈桜痴居士(1)

朝辞城市五層楼　指顧山河一掬愁　吊古未評劉項尽　快車帯夢入三州

六八　東上車中にて賦みて桜痴居士に呈す

朝《あした》に辞す　城市五層楼、山河を指顧すれば一掬《きく》の愁《うれ》いあり。古を吊《とぶら》えど　未だ劉項を評し尽くさず、快車夢を帯びて三州に入る。(十一尤韻)

〔訳〕

早朝に徳川家康が築いた名古屋城の駅を発車し、車窓に映る山河を指さしてみれば、いささか涙を拭わせるものがある。関ヶ原合戦の昔から幕府崩壊静岡下向のことを哀れと思うが、まだ漢の高祖となった劉邦と楚の項羽との哀史を評するほどの苛酷さはない。汽車は古今の夢をいっぱい載せて愛知県東部三河の国にさしかかる。

(1)　京都より東上車中、同車した福地桜痴居士(居士号は半仙の本師畔上楳仙禅師より授けられた)と名古屋で一泊し、車中で詩の応酬を試みる。

六九　同畳韻

客舎連霄共一楼　檠灯対話不知愁　況還鶴錫追随意　詩酒唱酬過遠州

六九　同じく畳韻(1)

客舎に連宵　一楼を共にす、　灯を檠《かか》げ対話して　愁《うれ》いを知らず。　いわんやまた鶴錫《かくしゃく》にて　意を追随せんとは、　詩酒

唱酬しつつ　遠州を過ぐ。（十一尤韻）

〔訳〕

桜痴居士と連夜、同宿し、灯火のもとで語り合い、日頃の心配ごとなどすっ飛ばしてしまうことができた。ましてや鶴に型どった錫製の盃で、お話のあとに裏づけをするかのようにして、詩と酒との応酬を繰り返しながら静岡県の西部遠江国を通過する。

（1）「畳韻」は別に「次韻」「和韻」ともいい、他《ひと》が寄せた詩の押韻字と同じ字を使ってお返しをする詩のこと。

七〇　同畳韻

亭駅青帘認酒楼　急車何処掃新愁　壺中自以謫仙擬　傲笑無由驚四州

七〇　同じく畳韻

亭駅の青帘《せいれん》を　酒楼と認め、　急車何処にて　新愁を掃《はら》える。　壺中自《みずか》ら以《おも》う　謫《たく》仙に擬《なずら》うと、　傲笑《ごうしょう》するも　四州を

驚かすに由なし。（十一尤韻）

〔訳〕

停車場《ステンショ》に見える酒屋の旗を酒楼と思えば、汽車の旅では、何処でも、新たな愁いを一掃できる。このように酒を飲んで愁《うれ》いをはらい、別天地に遊ぶ楽しみは、罪をおかして天から地上に降ろされた仙人にそっくりだなと高笑いするが、仏説でいう三千世界を驚かすには由ないことである。

七一　詠犬

晋室続貂彼一時　蔡門追兎竟従誰　老来無復功名意　桑柘春迎稚子嬉

七一　詠犬

晋室の続貂《ぞくちょう》は　彼の一時《とき》、蔡門の追兎《ついと》は　竟《つい》に誰に従えるや。老来ふたたびは　功名の意なし、桑と柘《やまぐわ》　春を迎え稚子嬉《よろこ》ぶ。（四支韻）

〔訳〕

晋の趙王倫の一党が、みな官爵を授かり、貂《てん》の尾の飾りを冠につけたということも一時《いっとき》のこと。周の姫《き》は、武王の弟の封ぜられた国であるが、追随する一党は、誰に従うことをよしとしたのであろうか。私は年をとってきたが、他《ひと》の尻尾《しっぽ》についてふたたび顕栄の地位につこうなどと考えたことはない。桑《くわ》でも柘《やまぐわ》（柘に繭《まゆ》玉をつけお飾りとする）でも同じく春を迎えることができ、子供たちも喜ぶことができるではないか。

七二　送清太入営

多歳曽参棒喝機　也宜向軍旅間揮　容身死地知能活　是不是兮非不非

七二　清太《せいたい》の入営を送る

多歳曽て参ず　棒喝の機に、また軍旅の間の揮《さしず》に向かうも宜《よろ》し。身を死地に容《い》れ、能く活《い》くるを知る、是と不是とか　非と不非とかを。（五微韻）

〔訳〕

半仙令妹の長男土屋清太郎、法号朴堂清太《せいたい》は、長いこと越後の青山物外老漢の会下《えか》に参じ、払拳棒喝《かつ》といって黄檗希運と臨済義玄の手荒《てあら》な指導方法を摸した修行を受ける機会に恵まれ、また軍隊に入っての修行もよろしかった。そうして死を踏まえての大活現成の真意も分かることになった。さらに是と不是、非と不非との道理も身をもって理解できることとなった。

七三　同　其二

運水搬柴都仏事　経行坐臥亦参禅　試将衣鉢換長剱　那箇是真那箇権

七三　同　其二

運水搬柴《はんさい》　すべて仏事、経行《きんひん》坐臥も　また参禅。試みに衣鉢を将《もっ》て　長剱に換《か》えなば　那箇《いずれ》かこれ真　那箇《いずれ》か権《けん》。
（一先韻）

〔訳〕

修行僧が、水を汲み薪をはこぶ作務《さむ》もすべてが仏作仏行《ぶっさぶつぎょう》である。僧堂内で長時間坐禅の際、足ならしのため坐をやめ単を降り、ゆっくり一足半歩で堂内を歩くことも参禅。ためしに宗門で一番大切な衣鉢《えはつ》（お袈裟と鉢《ほ》盂《う》＝応量器、食器）代わりに、軍隊の銃剣をあてたならば、どちらが本物でどちらが他からの借り物であるかがはっきりすることであろう（森林太郎軍医総監が禅僧の雲水行脚姿に擬して軍装、食器背嚢を摸した）。

七四　浅間山

挺抜千峰万岳群　噴来気焔迸衝雲　眼中天下英雄少　只許芙蓉視使君

七四　浅間山
千峰に挺抜せり　万岳の群、噴《は》き来《きた》る気焔は　衝雲を迸《ほとばし》らす。眼中には天下　英雄すくなし、ただ許すは　芙蓉を使君に視せしむるを。（十二支韻）

〔訳〕

多くの峰々をはじめ、多くの高岳の群を圧して聳えていて、その噴煙は、勢い盛んな雲さえ飛び散らすほどである。浅間山の眼中には、天下に英雄として目《もく》すべき対象がない。ただ東海に君臨する富士山を貴君（浅間山）

に視せ得るだけである。

七五　即興

臨江閣畔柳依依　我党之人（游子懐帰）何不帰　春服既成遠相寄　仙台方及（尚）浴乎沂

七五　即興

臨江閣畔　柳依々たり、(1)我が党の人（游子懐帰）　何《なん》ぞ帰らざる。春服すでに成り　遠く相寄す、仙台　まさに沂《ぎ》に浴するに及べるか。（五微韻）

〔訳〕

前橋公園の一角、利根川を俯瞰し、上毛三山を望見できる景勝の地に建てられた貸会場臨江閣のあたりには柳葉が依々《なよなよ》と揺れている。それにつけても、仙台青葉城下の東北帝大に遊学している石島快隆は、この春休みにどうして帰省しなかったのであろうか。春着《はるぎ》も仕立てあげて遠く仙台まで送っておいたではないか。新学期が始まって、孔子が暮春に際し、春服を着て弟子たちとともに沂《ぎ》に出かけて水遊びや、雨乞いの舞雩《ぶう》の祭の舞に興じたりしたように春を楽しまれてのことか。

（1）一人息子の四番弟子馨苗師兄《すひん》への詩は遺《のこ》していないが三番弟子快隆師兄《すひん》へのこの思い入れ、五番弟子の私は羨望にたえない。

七六　賀檜笠堂一蓑翁(1)嗣六華苑　翁業馬医聞翁先人毎警翁以蘇語故起句及焉

敢為牛後辱阿爺　相馬余能及藻葩　蓑笠閑中曽料理　満身帯雪賞梅花

七六　檜笠堂一蓑翁六華苑を嗣ぐを賀す。翁は馬医を業とす。聞くならく　翁の先人毎に翁を警しむるに蘇語を以てせり。故に起句これに及べり

あえて牛後となる　阿爺を辱《かたじけ》なくす、馬を相《み》る余能は　藻葩《そうは》に及べり。蓑笠《さりゅう》閑中に　曽て料理せしとき、満身に雪を帯び　梅花を賞《め》でぬ。（六麻韻）

〔訳〕

私は、あえて牛後となることを信条とされた天王院檀徒総代石川明世氏のお祖父《じい》さんをありがたいお方だと思っている。獣医を本業とし農家も兼ね、余技として文雅をたしなむ。蓑笠を着け、忙中に閑を得て、矢立《やたて》を取り出し一句をひねるのだが、全身雪まみれになって梅花を賞《め》でておられる。

（1）南足柄市天王院檀徒総代石川明世の祖父貞治。『史記』蘇秦伝に〃むしろ鶏口となるも牛後となるなかれ〃とある。なお半仙は、天王院に現存する翁の頌徳碑に〃蓑笠《みのかさ》の支度《したく》で賞《め》でよ雪の花〃と題して刻した。

七七　呈玉峰山主

金檀香度没無遮　普放蝶蜂飽藻葩　他日令人勝瞬目　擬将那箇供拈華

七七　玉峰山主(1)に呈す

金檀に香度《わた》り　没無遮《もつむしゃ》、普く蝶蜂を放ち　藻葩《そうは》に飽《あ》く。他日　人をして瞬目せしめなば、那箇を将《も》って拈華《ねんげ》に供えんと擬《ほっ》するや。（六麻韻）

〔訳〕

お仏壇には香がゆきわたり、さえぎるもののないひろやかな世界につきている。蝶や蜂をあまねく放ち美しい花に蜜を探らせるように、悉曇《しったん》学に至るまで学問の手をさしのべられ堪能された。いつの日か人あって老師の説法を聴聞しようとする者がいるならば、老師は、どのような聞法者に対して、華を拈《ねん》じて頷《うなず》きのしぐさをなさりたいのやら。

（1）玉峰山主とは、南足柄市長泉院第二十二世大森恵範老師のこと。師は、耳に金環を飾り羅漢様さながらの風貌であった。

七八　調磨磚

縦横画策秘方寸　高臥函山旧草廬　饒舌至今無一語　磨磚老漢近何如

七八　磨磚を調《かんが》える

縦横の画策《かくさく》を　方寸に秘め、函山の旧草廬に高臥す。饒舌は今に至るも　一語もなし、磨磚の老漢よ　近ごろ　如

何。（六魚韻）

〔訳〕

戦国時代の遊説《ゆうぜい》弁舌家蘇秦、張儀の合縦《がっしょう》連衡《れんこう》策にも比《たぐ》える秘策を胸に秘めながらも表《おもて》に現さず、箱根の山下底倉《そこくら》温泉に浸《ひた》って悠々自適していなさる。釈尊の弟子の中で弁舌第一の富楼那《ふるな》尊者の再来のような方であったが、孝明天皇崩御（参議）、明治維新後は口を噤《つぐ》んだまま。磨碑老漢よ、近頃の御機嫌はいかがで御座いますか。

七九　次春牛先生

蒲団禅版旧茆廬　衣鉢随縁渾一如　此事被君猜得中　陶然和偈不裁書

七九　春牛先生に次す

蒲団禅版は　旧茆《ぼう》廬、衣鉢は縁に随い　すべて一如。この事は　君に猜《うたが》われ中《あた》るを得たり、陶然として偈に和し書を裁《さば》かず。（六魚韻）

〔訳〕

坐蒲《ざふ》と禅版とは元天王院時代の必需品であり、袈裟と応量器もともに禅堂生活の大事なものにかかわりはない。天王院から前橋の橋林寺に転住してからは、貴下に疑われた通りの生活形態ではあるが、心地よく酔いながら貴下の偈に和韻し、貴下の書風については論じないことにする。

八〇　送琴荘先生遊中華民国

胸中文献諳千秋　袖裏版図隘九州　控鶴大観何処是　孤山亭子岳陽楼

八〇　琴荘先生の中華民国に遊ぶを送る

胸中の文献は　千秋を諳《そら》んず、袖裏の版図は九州を隘《ふさ》ぐ。鶴を控《ひか》えて大観すれば　何処《いずく》か是《ぜ》なる、孤山の亭子　岳陽楼ならん。（十一尤韻）

〔訳〕

国分青厓門下の松村琴荘先生の胸に蔵《しま》ってある中国の文献には、千古の詩篇が詰《つ》まっている。また中国全土の版図がところ狭しと詰まっている。袖の中には、仙術を得て鶴に乗って飛行したという周の霊王の太子晋ではないが鶴をそばに待たせて、中国で先ずは尋ねてみる処は何処かと大観してみると、湖南省孤山の楼である洞庭湖に面した岳陽楼であろうか。

八一　題淵明高臥図

依稀三逕午風軽　寄傲南牕審夢清　斗米当年淹彭沢　門前五柳奈先生

八一　淵明高臥(1)の図に題す

依稀たる三逕(2)に　午風軽し、南牕に寄傲《きごう》し　夢の清らかなるを審《つまび》らかにす。斗米当年　彭沢《ほうたく》に淹《とど》まる、門前の五柳先生をいかんせん。（八庚韻）

〔訳〕

晋の陶淵明先生のお宅の庭内におぼろに通う三本の道、そこに午下りの風がそよと吹く。先生は、南向きの窓べにのびのびと寄り添って、清らかなご自身の夢を反芻《はんすう》していらっしゃる。先生が奉職した彭沢の県令の月給はお米一斗。さて職を辞《や》めて田園の居に帰られた先生のお宅の前には五本の柳があり、世間では五柳先生と呼ばれたが、その先生のお気持ちは如何なものであったろうか。さぞやさわやかなお気持ちであられたことだろう。

（1）俗世間のわずらわしさを避けて気ままに暮らすこと。
（2）隠者の住まいの庭園中の幾本かの小径（表門、裏門、廁に通ずる三本のみち）。

八二　謝香集主盟寄柑

衣鉢自甘蔬筍気　歳時猶憶蓴鱸秋　黄柑遠寄郷人意　無擬所錫鼓吹不

八二　香集主盟の柑を寄するに謝す

衣鉢自《おのずか》ら甘んず　蔬筍の気、歳時なお憶《おも》う蓴鱸《じゅんろ》の秋。黄柑を遠くより寄す　郷人の意、錫する所を鼓吹《こすい》せよと擬することなきや否《いな》や。（十一尤韻）

〔訳〕
禅僧の身につけるものは一衣《おけさ》と鉢盂、口にするものは野菜や筍《たけのこ》ばかり。それでも味の最もよい旬《しゅん》ともなると、じゅんさいの吸物やすずきのなますが思い出されます。時に蜜柑《みかん》を遠い相州足柄の里から贈って下さった御厚情《おこころ》は、よもや錫杖を留めて止住する処がすばらしい所だと吹聴しようというのではありますまいね。（私も曾て御地、足柄の住人であったので大変郷愁をそそられた次第です）。

八三　首座賀偈

且分半座供趺跏　千古叢林重作家　四月河陽紅紫満　揚眉拈出果何華

八三　首座(1)の賀偈
且《しばら》く半座(2)を分かち　趺跏《ふか》に供《そな》う、千古の叢林は　作家《さっけ》を重んず。四月の河陽に紅紫満ち、揚眉を拈出して　果《はた》して何《なん》の華ぞ。（六麻韻）

〔訳〕
首座《しゅそ》たる者は、九十日間、堂頭《どうちょう》和尚に代わって第一座に就く者ゆえ、堂々と結跏趺坐の場が供せられる。大昔からの叢林(禅僧の修行道場)では、禅の真実を身につけた道心堅固な人物を尊重する。四月の黄河の北岸の地に色とりどりの花がいっぱい咲き誇っているのに、見て見ぬような風《ふり》をするような首座であったなら、咲いた花が可愛そうではないか(そうならないような首座《しゅそ》でありたい)。

（1）叢林における大衆《だいしゅ》の中で夏会《げえ》冬会各九十日間、僧堂で首位に坐る者を首座《しゅそ》という。

（2）釈尊が弟子の摩訶迦葉《かしょう》に半座を分かった故事に基づき、堂頭《どうちょう》和尚(住職)に代わって首座が大衆に説法し提唱すること。分坐ともいう。半仙は、明治二十七年大雄山最乗寺夏会《げえ》で首座となり、堂頭星見天海に座を分けていただき、『従容録《しょうようろく》』の提唱を完了した。ために堂頭が驚嘆し、尓後、「閣下」の敬称をもってしたとのこと。

八四　秋日遊嵐山

山水与心難等閑　水村山落任吾攀　山前隔水望山処　水気鎖山不見山

八四　秋日嵐山に遊ぶ

山水と心とは等閑《なおざり》にしがたし、水村山落　吾が攀《した》うに任す。山前に水《かわ》を隔てて山を望む処《とき》、水気山を鎖《とざ》して山を見《あらわ》さず。(十五刪韻)

〔訳〕

道元禅師は『山水経』によって、山水を参学する功徳を説き示めされたが、山水と人の心の間には深い関わりがあり、なおざりに考えることはできない。私はこの村里の山水に勝手にひかれて登っているが、河の向こうに山を眺めようと思っても、水から立ちのぼる靄《もや》で山の姿を見ることはできない。

八五　奉祝大典

草莽何由仰冕旒　瑞雲深繞宸楓秋　宰臣唱起南山寿　万歳声和五大州

八五　大典（1）を奉祝す

草莽《そうもう》　何によりてか　冕旒《べんそ》を仰がん、瑞雲深く繞《めぐ》る　宸楓の秋。宰臣唱え起こす　南山の寿を、万歳を声和《しょうわ》す　五大州に。（十一尤韻）

〔訳〕

国民は、どのようにしたならば、喜ばしい天子様の竜顔《りょうがん》を仰ぎみることができましょうか、めでたい雲が皇居にたちこめる秋に際して。各大臣がたも国民も聖寿の無窮ならんことを唱え起こさずにはいられない。そして万歳を唱える声は、アジア・アフリカ・ヨーロッパ・アメリカ・オセアニア州のはてにまでも届けよとばかりに。

（1）昭和元年に挙行された昭和天皇の御即位式。

八六　酬臥痴

雪夜青灯適読書　四明況復俗塵疎　寡聞有意随君質　奈此離群索居如

八六　臥痴（1）に酬《こた》う

雪夜の青灯は　読書に適《かな》う、四明況《いわん》やまた　俗塵疎ならん。寡聞するに意ありて　君の質に随う、この離群索居を

いかんせん。（六魚韻）

〔訳〕

晋の孫康《そんこう》が雪の明《あか》りで読書にはげんだ故事もあるように、雪夜の青い灯は読書するには適しております。貴下が学んでいる比叡山四明ヶ岳上に在る天台学寮もまた俗塵を遠く避けての処だと思われます。私は世間のことには疎《うと》いが、そこは貴下の性格にぴったりだと思います。でもこの友人知己から遠く離れて一人でいることを貴下はどのように思っておいででしょうか。

（1）河野紹岡。

八七　探春小草　芳山桜花毎歳以重三前後為盛矣今茲軽寒陰雨荐臻花期為晩者殆旬日仍賦遣悶云

桃李飄零満梵台　軽寒何意半回来　料知東帝惜春色　不教桜花容易開

不与寒梅争一時　両般春色各随宜　為知大器晩成意　勿怪桜花許様遅

八七　探春小草。(1)　芳山（吉野山）の桜花、毎歳重三（三月三日）前後を以って盛りとなせり。今茲《ことし》軽寒陰雨しきりにおき、花期晩《おそ》しとなすことほとんど旬日（十日）。よりて賦して悶《もん》を遣《や》ると云う

桃李の飄零　梵台に満つ、軽寒何《なん》ぞ意《おも》わん　半ば回《めぐ》り来れば。料《はか》り知りぬ　東帝の春色を惜しめるを、桜花をして容易に開《さ》かしめざれと。（十灰韻）

〔訳〕

桃や李の花が、ひらひらと寺の境内いっぱいに散り(その美しさ故か)、いささかの寒さなど少しも気にかからない。春も半ばすぎてみると、春を司《つかさど》る神が春景色の失せるのを惜しまれ、桜の花をたやすく咲かせてはくれないようだ。

寒梅と一時《とき》を争わざれ、両般の春色は、おのおの宜しきに随え。ために知る　大器は晩成の意を知る、怪しむことなかれ　桜花の許《こ》の様《よう》に遅かりしを。(四支韻)

〔訳〕

春の訪れを待ちわびて寒梅の咲くのを遅《おそ》いととがめなさるな。春景色の二本立て、それぞれの宜しい点に随いなされ。世上の諺《ことわざ》に、大器は晩成ともいわれているではないか、たとえ桜花の咲くのがこのように遅れても不審に思わないでいただきたい。

(1)　半仙は、明治二十九年八月より奈良県吉野郡川上村運川寺へ首先住職。ついで明治三十五年六月より神奈川県足柄上郡岡本村天王院二十四世となる。この間の作。

八八　寄磨磚　時両宮殿下幸底倉

満山枯木受恩深　玉輦穏従天上臨　寄語寒嵐狂懶子　詩成慎勿放声吟

疎才無意賦三都　樵唱漁歌尽唱呼　有酒不知賓耶主　与雲相対我忘吾

人間無地著蓬萊　渓上雲山野鶴哀　衰老身如風後葉　先秋零落萎蒼苔

八八　磨磚(1)に寄す。時に両宮殿下底倉《そこくら》に幸《みゆき》す

満山の枯木　恩を受くること深し、玉輦おだやかに天上より臨めり。語を寄す　寒嵐の狂懶子に、詩成るも　慎んで声吟を放つことなかれ。（十二侵韻）

〔訳〕

全山の朽木《くちき》も聖恩を深く受けている。その証《あかし》に、ここ底倉にも天上より玉輦がひそかに運《はこ》ばれた。寒風にさらされ通しの偏屈男に申し上げますが、行啓を仰ぐ光栄に浴しえたからとて、詩を作るのはよいが、他に聞えるように吟じなさることはさしひかえられよ。

疎才無意にして　三都を賦す、樵唱漁歌　ことごとく唱呼す。酒あるも　賓の耶主を知らず、雲と相対し　我吾《われ》を忘る。（七虞韻）

〔訳〕

貴下は、才智にうといと云いながらも晋の時に洛陽の紙価を高からしめた（人気がありよく売れた）という左思の『三都賦』を賦《うた》う。かと思えば樵夫《きこり》や漁夫《りょうし》が唱う歌までなんでも唱いなさる。酒を振る舞われても御主人がどちらか分からないほどで恐れ入る。また空に浮かぶ雲とむかい合って忘我の境に入ることができ羨ましい次第である。

人間《じんかん》に地なく　蓬萊に著く、渓上の雲山に　野鶴哀《かな》し。衰老の身は　風後の葉の如く、秋に先んじて零落し　蒼苔を萎《しぼ》ます。（十灰韻）

〔訳〕

貴下は、俗世間には棲むに値《あたい》する地を探し求めることができなく、ついに仙人の棲むという蓬萊島に着いた。けれども渓谷の上の雲の行き交う山には鶴の哀調をこめた声が聞かれるばかり。衰《おとろ》えてきた老いの身は風に見舞われた後の木の葉のように、秋に先んじてうらぶれて落ち、蒼い苔までしぼますばかりである。

（1）未詳。足利氏が擁立した北朝に忠節を捧げた藤原家系の公卿の後裔か、明治政府に仕えずこの地箱根宮の下、底倉温泉に隠棲。大正末年、皇太子摂政宮裕仁親王殿下（昭和天皇）と妃、ここに行啓される。半仙とのかかわりも未詳。あえて他に知られることを拒《こば》み、しかも堂々と生きぬくことのできた大らかな明治大正の大御代《おおみよ》がしのばれる。

八九　次宝珠主盟所示韵新年書懐

衣鉢何縁托此身　自安方外一閑民　道根深記三朝沢　慈雨仁風六十春

八九　宝珠主盟(1)の示す所の韵に次し、新年に懐《おもい》を書す

衣鉢何に縁《よ》りてか　この身に托せらる、自《みずか》ら安んず方外の一閑民。道根に深く記す　三朝の沢《たく》、慈雨仁風　六十春。（十一真韻）

〔訳〕

仏法の命脈を象徴する袈裟と鉢盂《ほう》（応量器）は、どのような因縁によって我が身に受け継がれてきたものか。私は、そうした因縁については、詮索しないで悠々自適している世俗世情を超越している一僧侶にすぎない。

けれども仏道にかかわりある根は深く元旦を迎える恩沢に恵まれ、めぐみ深い雨、おもいやり厚い風のお蔭で六十歳の春(昭和二年)を迎えることができた。

（1）私の父松村以一。群馬県赤堀町宝珠寺二十九世。

九〇　庚午新年所感

五州合致太平春　重訳来同節鉞臣　毀得艨艟換樽俎　銷兵四海鋳金人

九〇　庚午(1)新年の所感

五州まさに致すべし　太平の春、訳《やく》を重ねて来同す　節鉞《せつえつ》の臣。艨艟《もうどう》を毀《こぼ》ち得て(2)樽俎《そんそ》に換え、兵を銷《とか》し四海　金人を鋳《い》ん。（十一真韻）

〔訳〕

世界の五大州の人たちは、当然太平の春の招来に心すべきである。そのための第一歩として五ヶ国の全権団が通訳官を伴ってロンドンに集まった。私はこのように希望する。世界の列強が率先して軍艦を廃棄して社交上の宴席費に充当し、また、各種の兵器を銷《とか》して仏像を造り、世界の人々にお祀《まつ》りしてもらいたい。そうしたならば、太平の春を期待することができよう。

（1）昭和五年（一九三〇）一月二十一日、ロンドンにおいて、英国、日本、米国、仏国、伊国による海軍軍縮会議開催。

（2）転句結句の発想は、盛唐李華の「古戦場を弔う文」に通ずる。戦争の惨状を述べ、これを除去するには仏法の「和を以て貴し」とするにありと。

九一　恭奉賦海辺松

欧山阿水逆風馳　烏鵲南飛羽翮遅　知否東瀛穏波岸　歳寒自有可依枝

九一　恭《つつし》んで海辺の松(1)を賦し奉る

欧山阿水に　逆風を馳《は》せ、烏鵲《うじゃく》を南に飛ばせ　羽翮《うかく》おそし。知るや否や　東瀛穏波《とうえいおんぱ》の岸、歳寒《とし》うして　自《おのずか》ら枝に依るべきあり。（四支韻）

〔訳〕

ヨーロッパとアジアによこしまの風が吹き出し、魏の曹操の「短歌行」にある烏鵲《かささぎ》は南に飛んだが、現時《いまどき》の烏鵲の羽は遅くまだるっこい。なぜかといえば、東方の海のおだやかな波が寄せる岸辺は、寒気が甚だしく、飛び立つ元気も失せ、自然と枝から離れにくいとみえるから。

（1）「海辺の松」が昭和五年の新年御題。

九二　寄樋口良歩師

是賓是主本閑名　退皷鼕鼕撃則鳴　忘却所知聞愈好　観音堂裏返流声

九二　樋口良歩師(1)に寄す

これ賓これ主　本より閑名、退皷鼕々《たいくとうとう》　撃《う》たばすなわち鳴る。所知を忘却すれば　聞《もん》いよいよ好《よろ》し、観音堂裏に流れを返すの声。（八庚韻）

〔訳〕

貴師の法名退進はもとより雅名で禅語の賓と主にあたる。また僧堂で、斎退斎罷《さいついさいは》（午食が終わる）に退く鼓《く》を打てば、どんどんと鳴りひびくようなもの。知性や理性をたよりとしている世の人々の寄る辺を忘却の彼方に押しやれば、禅者としての評判はいよいよよろしい。あたかも観音堂でたたく太鼓の音が響き返ってくるように。

（1）法名は、退進良歩。群馬県松井田町補陀寺四十一世。半仙愛誦の一首。橋林寺会中の者みな吟ず。

九三　呈覚王青山師兼寄全徳宗将

霊山昔日漫拈華　料否児孫多作家　且喜覚王塔頭月　余光一様照袈裟

九三　覚王の青山師に呈し兼ねて全徳(1)の宗将に呈す

霊山昔日《りょうぜんそのかみ》　漫《みだ》りに拈華《ねんげ》す、料《はか》るや否や児孫作家《さっけ》多きを。且喜《しゃき》すらくは覚王　塔頭の月、余光一様に　袈裟を照らす。（六麻韻）

〔訳〕

昔、釈尊が霊鷲山上で説法されたとき、壇上に立つや、なおざりに華を拈《ひね》られたところ弟子の摩訶迦葉がにこりとされた。つまり釈尊の真実(正法)が確かに授記《うけつ》がれたという。以来、釈尊の多くの法孫のうち特に立派な宗師がたは、拈華《ねんげ》の意味を理解しているのであろうか。ともあれ嬉しいことに覚王山の釈尊御舎利奉安殿の塔上の月は、曽て霊鷲山上を照らした月の余光で堂頭《どうちょう》和尚のお袈裟を照らしていて下さることよ。

(1) 未詳

九四　観洒水瀑布記

飢而思食渇而思飲　是人情所不能免　然何啻飲食事皆然也　烈士之於名　君子之於道　小人之於利　汲汲唯恐不及　而騒士之於山水煙霞　亦有飢渇之思如此矣

明治十六年七月　予在雄峰照心場　会考試及第　是以賜暇　時炎官恣虐　予謂避之莫若山水矣　曽聞洒水瀑布之勝　而有飢渇之思久　偶友人誘予　予欣然従焉　洒水瀑布在足柄上郡平山村　距雄峰三里許　山径盤迂屈曲　如近而遠　伐木丁丁響幽谷　蟬吟樵歌相和　使人為世外之思　午達平山村　従是径路漸絶　遙聞隠隠有響　覚是洒瀑不遠　乃又穿林藪渉渓谷而漸進　既忽見断崖峭壁直立千尋　瀑布出巌頭勢躍玉竜　響隠隠如雷霆　飛沫霏霏似煙雨　飛下未数尋　断崖突出　水激拍之　自穿為淵　淵水迸溢而為渓流焉　於是占坐於盤石上　折枯木為薪　汲渓水以煎茶　仰望青嶂之嵯峨　俯聴深渓之丁東　相共吟賞　頓忘炎気之苦　而飢渇之思亦充塞矣　因訪村老飯田某　主人待遇慇懃　為予審説瀑布之奇事　且曰洒水瀑布直下三十五間　又可謂大

焉　惜乎以中間岩崖突出　無高名于天下也　然而人未能測此淵之深浅　父老或曰此淵中有潜竜云　唯恨予年
十五未能記事　然毎炎熱未曽不思慕之也
今茲丙戌七月亦炎威鑠金　忽思昔遊　即追記之　亦以聊医飢渇云

九四　洒水《しゃすい》の瀑布を観るの記(1)

飢えては食を思い、渇《かわ》いては飲を思う、これ人情の免《まぬが》る能《あた》わざる所なり。然れども何《なん》ぞ啻《ただ》に飲食の事のみならんや、皆しかるなり。烈士の名における、君子の道における、小人の利における、汲々《きゅうきゅう》としてただ及ばざらんことを恐るるのみ。而して騒士の山水煙霞における、また飢渇の思いあることかくの如し。

明治十六年七月、予雄峰の照心場にあり。会《たまたま》考試に及第せり。ここを以て賜暇せり。時は炎官恣虐《しぎゃく》、予これを避くるは山水にしくはなしと謂《おも》えり。曽て洒水《しゃすい》の瀑布の勝を聞けり。しかして飢渇の思《おもい》あること久し。偶《たまたま》友人予を誘《いざな》えり。予欣然としてこれに従う。洒水の瀑布は足柄上郡平山村(山北町平山)にあり、雄峰を距《へだ》つこと三里ばかり。山径《やまみち》は盤迂屈曲し、近きが如くにして遠く、伐木丁々《とうとう》として幽谷に響き、蟬吟と樵歌と相和し、人をして世外の思いを為《おこ》さしむ。午《ひる》に平山村に達す。これより径路漸《しだい》に絶《き》ゆ。遙かに隠々《おんおん》たる響きあるを聞き、ここに洒瀑の遠からざるを覚ゆ。すなわち又林藪《りんそう》を穿《とお》り渓谷を渉《わた》りて漸《しだい》に進む。すでにして忽《たちま》ち見《あら》わる断崖峭壁、千尋《せんじん》に直立し瀑布巌頭《がんとう》に出で勢《いきお》い玉竜を躍《おど》らす。響きは隠々《おんおん》として雷霆の如く、飛沫霏々《ひひ》として煙雨に似たり。飛下すること未だ数尋ならざるに、断崖突出、水激しくこれを拍《う》つ。自《みずか》ら穿《うが》ちて淵をなし、淵水迸溢《ほういつ》して渓流となれり。ここにおいて坐を盤石上《ばんじゃくじょう》に占《し》め、枯木を折りて薪となし、渓水を汲み以て茶を煎ず。青嶂の嵯峨たるを仰ぎ望み、深渓の丁東《ちんとん》たるを俯聴す。相い共に吟賞し、頓《とみ》に炎気の苦を忘《わす》る。而して飢渇の思いもまた充塞せり。因《ちな》みに村老飯田某を訪《おとの》う。主人待遇すること慇懃《おんごん》。予が為に瀑布の奇事を審《つまび》らかに説《かた》る。且つ曰《い》う洒水の瀑布は直下すること三十五間、また大なりと謂《い》つべし。惜しいかな中間に岩崖突出するを以て、名を天下に高うすることなし。然れども人未だこの淵の深浅を測《はか》ること能わず。父老あるひと曰《いわ》くこの淵中に潜竜ありと云う。ただ恨《うら》むらくは予年十五、未だ事を記する能わず。然るに炎熱あるごとに未だ曽てはこれを思慕せずんばあらず。今茲《ことし》丙戌七月また炎威金を鑠《と》かす。たちまち昔遊を思い、すなわちこれに追記す。また以ていささか飢渇を医《いや》せりという。

〔訳〕

お腹《なか》が減《へ》れば食物のことを思い、喉《のど》が乾《かわ》けば飲物のことを思う。これは人の情としてのがれ得ないところである。けれども考えてみれば単に飲食の事ばかりでなく、万般みなそうだといえる。一本気で節義を守る男が、その名分を重んずるのも、知識教養を見につけた仁《ひと》が、人の道を重んずるのも、また徳のない身分のいやしい人が、わずかな利を求めて右往左往するのも、何《いず》れもみな、あくせくとして、及ばないことを気に病《や》んでいるのである。そしてまた詩人が山水がぼんやりかすんで見えるさまを如何《いか》に表現しようかと思いわずらうのも同じで、飢えや渇《かわ》きの思いは、このようにまぬがれえない。

明治十六年七月、私は神奈川県大雄山最乗寺専門僧堂に詰めていた。たまたま定期の学科試験に及第した。そこで休暇を頂くことができた。折しも日照りが容赦《ようしゃ》なく続く。私はこれを避ける手段《てだて》は、山水の勝景を尋ねるにこしたことはあるまいと考えた。以前に洒水《しゃすい》の滝の勝景を耳にしたことがあった。そしてどうしても尋ねてみたいという切なる思いを久しく抱き続けていた。たまたま友人が私を誘ってくれたので、私は大層喜んで御一緒させて貰うことにした。その洒水の滝は、足柄上郡平山村(南足柄市山北町平山)にあり、大雄山から三里ばかりの距離にある。山みちはぐるぐると曲りくねり、近いかと思えば遠くにも感じられ、木を伐る音がトーン、トーンと静かな谷間に響き渡り、蟬しぐれと、樵歌《きこりうた》と調和し、訪れる人に浮き世の外の念《おも》いを起こさせる。午頃《ひるごろ》に平山村に着く。ここより細い路が次第に消えてしまった。遙《はる》か彼方《かなた》からおんおんたる響きが聞こえてきたので、この辺から洒水の滝が遠くでないことがわかった。そこで再び藪《やぶ》を通り抜け谷を渉《わた》ってすこしずつ歩を進める。やがて突然、断崖絶壁が現れた。非常に深く直立し、巌頭が突き出ているさまは、玉石に刻《きざ》まれた竜が勢《いきお》いよく躍《おど》り出ているかのよう。滝の響きはおんおんとして雷鳴のごとく、しぶきは激《はげ》しく飛び散り、霧雨のよう。水が落下して、未だわずかの深さの所に断崖が突き出ていて、水が激しく打《ぶ》っ付《つ》かっている。滝水の力で淵を作り、淵の水がほとばしり溢れて渓流となる。そこでしっかりした大きな岩の上に席をとり、枯木を折って薪とし、谷水を汲んできて茶を沸《わ》かす。青い山なみの嶮《けわ》しさを仰ぎ見、深い谷からのチントンの音《ね》に耳を澄ます。友と互いに詩を吟じ合い、一気に炎暑の苦しさを忘れ、ひもじさの思いもまた充《み》たされた。ついでに村の年老者飯田某氏をお尋ねした。主人はねんごろにもてなして下さる。私たちのために滝にまつわる珍しい話をこと細かに語って下さった。滝は直下すること三十五間とのことであるが、大滝というべきである。惜しいかな中間に岩壁が突出しているので、天下に名を高めることがないのだと云う。けれども誰も未だこの淵の深浅を測量していない。ある老人の話によると、この淵の中に竜が潜んでいるとのことだ。ただ残念なことに私は十五歳、未だ事を細かに記すことができない。けれども炎熱に遇うごとにこれまで一度たりともこの滝のことを想い起こさなかったことはない。

ことし明治十九年七月、また大層きびしい暑さが訪れた。すぐさま、かつて洒水の滝を訪れたことを思い出したので、この紀行に追記した。こうすることによって、いささか気にかかっていたことを吐き出すことができてほっとすることができた。

(1) 明治十六年七月、神奈川県足柄上郡山北町平山にある洒水の瀑布を訪れる。これを十九年に筆録。

九五　刀環余響

(一)

余妙齢失家厳　八歳奉萱堂之訓　遠遊数百里外之東都　流寓落魄　曽振錫参禅于雄峰　或執経問礼於駿府　戊子四月　復負笈西入旧都　寒窓夜雨　枕席留涙痕者　十有五年于茲　志常在墓題柱棄札之古焉　今茲庚寅一月下浣　以年適丁年　被官徴召将帰故郷　雖不吾志　義不可辞也　且欲掃先夫子之墓　而慰霊於九原之下　探山海之勝　以恣登臨之楽乃決意而起　及旅装全備　与親朋数輩　飲于羅城門外酒亭　陽関三畳猶未了　急投袂而起　趨趣七条停車場　実明治廿三年初月念五日也　時斜曛西嶧余紅在鴉背

九五　刀環余響

(一)

余　妙齢にして家厳を失えり。八歳にして萱堂《けんどう》の訓《おしえ》を奉じ、遠く数百里外の東都に遊《きた》り、流寓落魄《らくはく》せり。曽《すなわ》ち錫を振いて雄峰に参禅、或《また》経《けい》を執《と》り礼を駿府に問う。戊子四月　復《ふたた》び笈《おい》を負《お》いて西のかた旧都に入る。寒窓の夜雨に、枕席に涙痕《るいこん》を留《とど》むること、ここに十有五年。志は常に題柱棄札《だいちゅうきさつ》の古《いにしえ》を慕いしにあり。今茲《ことし》庚寅《こういん》一月下浣《げかん》、年丁年《としとう》に適するを以て、官に徴せられ、召されてまさに故郷に帰らんとす。吾が志ならずといえども、義として辞すべからざるなり。且《か》つ先夫子《せんぷうし》の墓を掃《はら》いて霊を九原の下に慰め、山海の勝《しょう》を探《さぐ》り、以って登臨の楽しみを恣《ほしいまま》にせんと欲し、すなわち意を決して起《た》てり。旅装を全備するに及び、親朋数輩と羅城門外《らしょうもんがい》の酒亭に飲み、陽関三畳なお未だ了らざるに、急に袂《たもと》を投げて起《た》ち、七条停車場に趨趣《すうしゅ》す。実に明治廿三年初月念五日なり。時に斜曛《くん》西嶧《えき》に余紅鴉背《あはい》にあり。

〔訳〕

私は幼少にして父上に身まかられた。八歳にして母上のお諭《さと》しを身につけ、遙か数百里も離れた東京へ逃《のが》れ来て、さすらい落ちぶれの身となった。幸いなことに、雲水行脚《うんすいあんぎゃ》の出でたちで相模《さがみ》の大雄山最乗寺の門に入り参禅弁道に身をおくことができた。また経書《けいしょ》を携《たずさ》えては、静岡の三余堂漢学塾に入門。次いで明治二十一年四月、ふたたび勉学のため関西は京都に行く。寂《さび》しい部屋で夜雨の声を聴き、枕としとねに涙の痕《あと》を残すこと十五年に及ぶ。いつも心に期し、慕っていたことは、漢の司馬相如《しばそうじょ》が、故郷の四川省成都を去るに際し、橋の柱に決意を記し、鎧《よろい》の小ざねを棄てて学に専心しようと誓ったという故事である。

ことし明治二十三年一月下旬、成人に相当する年令に達し、徴兵検査の令状を受けていた。自分で志願したわけではないが、国民の義務として応じないわけにはゆかない。そのうえ先に逝《ゆ》かれた身内の大事な方々のお墓参りをして、祖霊を安んじ奉《たてまつ》り、かたがた山海の名勝を尋ね、山に登り海に臨んで思いのまま気を晴らして来ようと思い立った。旅装を充分に整え、親友数人と京都御所の南門こと羅生門外《らしょうもんがい》の小料理屋に上《のぼ》り、唐の王維の詩「西のかた陽関を出づれば故人なからん」を三遍繰り返しての唱和が終わらないうちに、急いで袂別《おわかれ》して西郊の七条停車場に足ばやに駈けつけた。実に明治二十三年一月二十五日のことであった。時あたかも夕陽は西の峰にあり、その残照がはしぶと烏の背に宿る頃であった。

（1）明治二十三年一月二十五日から二月二十四日まで徴兵検査に応ずるため故郷の山口県萩市に還ったときの紀行文である。刀環とは刀のつば。環は還に通じかえるの意。余響はつばのひびき。徴兵検査に帰郷したときの余聞を記した叙事詩文。徴兵検査は、昔の男子の元服であり、成人式でもあった。

（二）

鉄笛一声　火輪急穿暮色蒼靄之間　蜿蜿如長蛇走壑　車窓可望数里　然残山剰水　無可以足記者　至神戸日色全暗矣　下車歩市街　電灯遠映　店火相連宛然不夜城也　投港辺一旅亭　楼上倚欄望　無数漁火明滅映水波　呼快良久

半夜傚小舟　達敦賀丸　敦賀丸鉄甲大艦也　而客僅三人耳　静幽如此又自騒士之清福也　余潜期明暁賞須磨明石之勝　於暁雲模糊之間　乃呼枕而眠焉　少間被舟子喚起　垢顔蓬髪　急上船楼而望　何図身已在播磨灘上　与二勝相距殆十里僅見淡島浮沈于煙波　而嘲吾晏起而已　朗吟以排悶

山陽勝地定応多　奈此奔船似箭何　半夜松濤不如処　空将夢想過須磨

二十六日　海天晴朗　竟日横臥于甲上　曝背而眠　日暮船過水島灘　水天一色数幅帰帆　幾点浮鷗瀟洒可愛

杳杳水雲間　悠悠楼船暮　波動蜃気楼　月懸珊瑚樹　寒汀水浅辺　白帆伴白鷺

二十七日　払暁過壇浦　実是源廷尉殲平族之地也　古人仮銀沙落日無王気　血戦余声有怒濤句以弔焉

真是矣　先哲弔壇浦詩　以柱彩巌為第一　其詩曰

海門風浪怒難平　此地曾屯十万兵　金鏑頻飛魚鼈窟　楼船空保鳳凰城

偏憐朱紱結纓死　無復青衣行酒生　不識英魂何処所　月明波上夜吹笙

今吾過此地　寒雨霏々　水烟茫々　感慨豈可無新詩弔古哉

竜舟覆何辺　挙手問漁父　幽々暁寺鐘　蕭々蓬窓雨　白鷺飛如箭　怒濤響鼙鼓　撫古弔御魂　陰雲満壇浦

到赤関　下汽船　休于海浜某亭　雖僮僕炊婢　執礼甚恭　且郷音素朴可愛　及食後見価甚貴　始知言語

雖素　其心未必素焉　余欲先赴巴城　而掃先子之墳墓　然未知巴城　在何方又未知墳墓在何辺乃　欲訪

叔母相問　然而亦未知叔母在何処　唯曽聞其嫁美祢郡秋吉村某　仍先訪焉　到則日全沈風雪没渓満目風

光銀耶　塊耶　将柳絮耶　四山一白不現尺翠捲簾楼上　捲簾而望者誰也　巴城遊子也

灯下召主婦問之　婦曰　吾叔父有高木某者　其妻巴城人　初適于某氏　某氏死乱於仙崎　乃携一子　再

嫁我叔者　恐是歟　予拍掌曰好矣　一子即五郎也急馳僮召之　且陳酒肴以待焉　少間一老婦共一少年来

謂曰　郎君何事　敢召吾曹歟　既而驚曰　子不我兄之子哉　否則何其容貌之酷相肖乎　余挙觴進曰　叔

母無恙哉　五郎亦久濶矣　請把杯以永今夕　叔母喜極而泣曰　有之哉有之哉　待子之帰久矣　遂且話且

飲　不知夜已近于鶏鳴　然頼之得審国情

廿八日　晌午　約帰路再訪家　忽駆車而去　自太田村　路漸嶮也　乃穿草鞋徒歩　跋渉数里　途上得一

律

一隻芒鞋三尺笻　穿来村落又群峰　枯柴架澗擬橋板　刳筧引泉為水舂
奇石没荊眠白虎　老松銜霧走蒼竜　月明笑語翠微裡　知是仙翁採薬逢

車上過明城坂　彷彿記曽与祖翁遊焉

翁七十兮孫六歳　翁呼孫対白雲中　如今翁化孫還長　月下停車孫憶翁

（二）

鉄笛一声、火輪　暮色蒼靄《そうあい》の間に急穿《きゅうせん》す。蜿々《えんえん》として長蛇の如く壑《たに》を走り、車窓にて数里を望むべし。然るに残山剰水は、以て記するにたるものなし。神戸に至り日色全《まった》く暗し。下車して市街を歩きしに、電灯遠くに映え、店火相《あ》い連《つらな》り、宛然《さながら》不夜城なり。港辺の一旅亭に投《い》る。楼上の欄に倚《よ》りて望まば無数の漁火《いさりび》、明滅して水波に映《うつ》り、快を呼《さけ》ぶこと良久《ややひさ》し。

半夜　小舟を傭《やと》い、敦賀丸に達《いた》る。敦賀丸は、鉄甲の大艦なり。しかるに客は僅《わず》かに三人のみ。静幽かくの如きまた自《おのずか》ら騒士の清福なり。余ひそかに明暁　須磨明石《すまあかし》の勝《しょう》を暁雲模糊《ぎょううんもこ》の間《かん》に賞《め》でんと期せり。すなわち枕を呼《よ》せて眠る。少間《しばらく》して舟子に喚《よ》び起こさる。垢顔蓬髪《あかずらざんばらがみ》もて急いで船楼に上りて望むに、何んぞ図《はか》らんや身はすでに播磨灘《はりまなだ》上にあり、二勝と相い距《へだた》ること殆んど十里、僅かに淡島《あわじしま》の煙波に浮沈するを見て吾が晏起を嘲《あざけ》るのみ。朗吟し悶《つかえ》を排す。

山陽には勝地　定んでまさに多かるべし、ここ奔船《はんせん》の箭《や》に似たるをいかんせん。
半夜松濤　如《し》かざる処、空しく夢想をもって　須磨を過《よ》ぎらん。（五歌韻）

二十六日、海天晴朗。竟日甲上《かんじょう》に横臥し、背を曝《さら》して眠る。日暮 船は水島の灘《なだ》を過《よ》ぎる。水天一色、数幅の帰帆あり、幾点の浮鷗 瀟洒《しょうしゃ》たること愛すべし。

杳々《ようよう》たり水雲の間《かん》、悠々たり楼船の暮。波は蜃気楼を動かし、月は珊瑚の樹に懸《か》かる。寒汀 水浅き辺《あたり》、白帆 白鷺を伴《ともの》う。（去声七遇韻）

二十七日、払暁《よあけ》壇の浦を過ぎる。実に是れ源の廷尉 平族を殲《みなごろし》にせる地《ところ》なり。古人銀沙落日 王気なきに仮《か》る。血戦の余声 怒濤の句ありて以てここを弔《とぶら》う。まことに是《ぜ》なり。先哲の壇の浦を弔《とぶら》う詩あり。柱を以て巌を彩《いろど》るを第一となす。それ詩に曰く、

海門の風浪 怒《いか》りて平らかなり難《がた》し、この地は曽て十万の兵を屯《たむろ》せり。金鏑《きんてき》しきりに飛ぶ魚鼈《ぎょべつ》の窟《いわや》、楼船に空しく保つ鳳凰の城。

偏《ひとえ》に憐《あわれ》む 朱絞《あけのしぼり》に纓《ひも》を結びて死せるを。ふたたびは青衣《あおききぬ》もて酒生を行うなきを。識らず 英魂何処《いずこ》の所ぞ、月明の波上に夜笙《やしょう》を吹く。（八庚韻）

今吾この地を過《よ》ぎる、寒雨霏々《かんうひひ》、水烟茫々《すいえんぼうぼう》。感慨あに新詩もて古《いにしえ》を弔うべけんや。

竜舟 何《いず》れの辺にか覆《くつがえ》れる、手を挙げて漁父に問う。幽々たり暁時の鐘、蕭々たり蓬窓の雨。白鷺飛びて箭《や》のごとく、怒濤響くこと鼙鼓《へいこ》たり。古を撫《いつく》しみ御魂《みたま》を弔えば、陰雲壇の浦に満つ。（上声麌韻）

赤関《あかまがせき》に到り、汽船より下《お》り、海浜の某亭に休む。僮僕炊婢といえども、礼を執《と》ること甚だ恭《うやうや》し。かつ郷音《くにことば》素朴にして愛すべし。食後に及び価を見るに甚だ貴《たか》し。始めて知りぬ 言語素なりといえども、その心いまだ必らずしも素ならずと。余 先に巴城《はぎ》に赴いて先子の墳墓を掃《はら》わんと欲す。然れども未だ巴城《はぎ》を知らず。何方《いずれ》

に在りや又いまだ墳墓も何《いず》れの辺《あたり》に在るやを知らず。すなわち叔母を訪れ相い問わんと欲す。然れどもまた未だ叔母も何処《いずこ》に在《いま》せるやも知らず。ただ曽てその嫁《か》せるは美祢郡《みねぐん》秋吉村某と聞けり。よりて先ずここを訪《おとの》う。到れば日は全く沈み風雪渓《たに》を没《うず》め満目の風光銀たるか、塊《かい》たるか、はた柳絮《りゅうじょ》たるか、四山一白、尺翠　簾《すだれ》を捲《ま》く楼上に現ぜず。簾を捲いて望みし者は誰《た》ぞ。巴城の遊子なり。

灯火に主婦を召してこれに問う。婦曰く、吾が叔父に高木某《なにがし》なる者あり、その妻は巴城の人なり。初め某氏に適《かたず》き、某氏死して仙崎に乱《かえ》れり。すなわち一子を携《つ》れ、我が叔に再嫁せし者、恐らくはこれならんか。予　掌を拍《う》って好《よろし》といえり。一子とは即ち五郎なり。急馳せし僮《わらべ》をこれに召す。かつ酒肴を陳《なら》べ以てこれを待つ。少間《しばらく》ありて一老婦とともに一少年来たる。謂《い》いて曰く、郎君何事ありて敢えて吾曹《われら》を召されしや。すでにして驚いて曰く、子《そなた》は我が兄の子ならずや。ならずとするも何ぞその容貌の酷《きわめ》て相い肖《に》たるやと。余觴《さかずき》を挙げ進めて曰く、叔母よ恙《つつが》なかりしか。五郎もまた久しく闊《うと》かりき。請うて杯を把《と》り以て今夕を永うせんと。叔母　喜び極まり泣いて曰く、これあるかな、これあるかな。子《し》の帰るを待つこと久しと。遂に且つ話し且つ飲み、夜のすでに鶏鳴に近づくをも知らず。しかもこれを頼《さいわ》いに国情を審《つまび》らかにすることを得たり。

廿八日　晌午《くご》、帰路に再び家を訪《おとの》うことを約し、忽《にわ》かに車を駆《か》りて去りぬ。太田村より　路ようやく嶮《けわ》し。すなわち草鞋《わらじ》を穿《は》いて徒歩し、数里を跋渉す。途上にて一律を得たり。

一隻《せき》の芒鞋《ぼうあい》三尺の笻《つえ》、穿《とお》り来たる村落また群峰を。枯柴を澗《たに》に架け橋板に擬《なぞろ》う、筧《かけい》を剜《えぐ》りとり水春《うす》となす。奇石　荊《いばら》に没して白虎を眠らせ、老松霧《きり》を衝《つ》いて蒼竜を走らす。月明に笑語す翠微の裡《うち》に、知る　これは仙翁の採薬に逢えるならん　と。（二冬韻）

車上にて明城坂を過《よ》ぎり、曽て祖翁とここに遊びしを彷彿として記《おぼ》ゆ。
翁は七十なりしに孫は六歳、翁呼ばば孫は対《こた》えん　白雲の中に。如今《いま》翁は化《みまか》り　孫は長に還《かえ》り、月下に車を停《とど》め
孫は翁を憶《おも》う。（一東韻）

〔訳〕

汽笛一声《きてきいっせい》　七条を。汽車は、暮れ泥《なず》む薄暗い間を抜けて動き出す。うねうねと、まるで長蛇のように谷間を走り抜け、車窓から遠くの方まで見渡せる。けれども（自然の広大な景色ではなく）こまごまとした小さな眺めはわざわざ書きとどめておくほどのものではない。神戸に着くと、陽《ひ》は完全に落ちて真《ま》っ暗闇《くらやみ》。下車して市街《まち》を歩いたが、電灯が遠くにまで映《は》え、店屋《みせや》の灯火《あかり》がつらなり、さながら不夜城のようである。波止場《はとば》近くのとある宿屋に投宿。楼上の欄《てすり》に倚《よ》って遠望すれば、無数の漁火《いさりび》が明滅して水波に映《うつ》り、その美しさにしばらくの間、快哉《かいさい》を叫びつづけた。

夜中に小舟を雇《やと》い、沖合《おきあ》いの敦賀《つるが》丸に乗船した。敦賀丸は、鉄製の大きな船である。けれども乗客は、たったの三人だけ。このようにひっそりとしていることこそ文人墨客が心の倖《しあわ》せとするところである。私は、ひそかに明け方を期して名にし負《お》う須磨・明石の名勝をもやの立ちこめる間に鑑賞《め》でようと枕に言い聴かせて眠りに就いた。しばらくして船員《ボーイ》に呼び起こされた。垢面《あかずら》のざんばら髪《がみ》のまま、急いでデッキに上って望めば、意外や意外。我が身は、すでに播州《ばんしゅう》の播磨灘《はりまなだ》の上にあって、須磨・明石とへだたること十里あまり。かすかに淡路島のあたりに立ちこめたもやのたゆたいを見て吾が朝寝坊を自嘲する為体《ていたらく》。詩を声高らかに吟じて憂《う》さ晴らしの照れ隠《かく》し。

山陽地方には名所旧蹟が、きっと多いに違いない。だが遊覧船ならぬ、この矢のように早く走る船では如何《いかん》ともし難い。夜中に松濤《まつなみ》の音ならぬ海波の音を聞きつつ夢に想いを託して須磨を通過したことにしよう。(五歌韻)

二十六日、海上は天気晴朗。終日《ひねもす》甲板《デッキ》の上で横になり、腹匍《はらばい》になって眠る。日暮れて船は、備中《びっちゅう》の国『平家物語』水島合戦が行われた海上を過《よ》ぎる。見ればどこまでが海でどこから空なのか、天も水も一色《ひといろ》の中に数隻の帰帆船と幾羽かの鷗が点のように浮いていて、まことにすっきりとした眺めで愛《め》ずるに値する。暗く遙かな水と雲との間を悠々として櫓船《やぐらぶね》の通る日暮れどき。波は蜃気楼《しんきろう》を動かし、天の月が海底の珊瑚樹の上にかかり、冷《つめ》たい汀《なぎさ》の浅瀬のあたりに白い帆掛船《ほかけぶね》が、白鷺を伴《つ》れて走っている。まことに幻想的な景色を現している。

二十七日、夜明けに壇の浦を過《よ》ぎる。実にここは、九郎判官源義経が平家の一族を殲滅《せんめつ》した所である。かつての平家の人々は白砂に夕陽が落ち、王者となるべき気《き》が失《う》せた様さながらを想わせ、ただ血みどろの戦いを想わせる怒濤の響《ひび》きのみが聞こえてくるので合掌して弔意を表した。まこと理に適ったしぐさであった。昔のお偉《えら》い方々が壇の浦を弔《とぶろ》うた詩に、高貴な天子様を以って、千代に八千代に君たるべき巌《いわお》に擬しての歴史を鑑《かんが》みるだけの詩を以って第一としていた。さて私の詩は……、

瀬戸の海門海峡の風浪は、怒り狂うかの如くおさまり難い。このあたりは、昔、十万の兵《つわもの》どもが駐屯していたところ。美しい鏑《かぶらや》が、魚類の屯《たむろ》す窟《いわや》にしきりに放たれ、楼船には神器を抱いた安徳天皇の宮居《みやい》が空しい。一層に憐《あわ》れを誘《さそ》うことは、朱いしぼり染めの鎧直垂《よろいひたたれ》のひもを結んで海の藻屑と消え、二度と再び朝服の青い衣を着て酒宴をすることもかなわぬこととなってしまった朝に仕えた人達のことである。すぐれた人達の御魂《みたま》

は、今いずくに在るか判らないが、ただ月光をあびた波上で、昔を偲《しの》び笙《しょう》を吹く音《ね》が聞こえてくるような気がする。

ただ今、私はこの地を過《よ》ぎる。さむざむとした冬の雨がしとしと、水しぶきは、はてしもなく海上に立ちこめ、この感慨を叙するのに、どうしたら新詩でもって、昔を偲び弔うことが出来ようか。天子さまが乗られた御座舟は、どのあたりで顚覆されたのであろうか。私は、手を挙げて漁夫《りょうし》に尋ねてみる。時にもの静かに聞こえてくる寺の暁《あかつき》を告げる鐘の声。さびさびと船窓を打つ雨の音。箭《や》のように早く飛んでゆく白鷺。騎兵が馬上で鳴らす小鼓《こつづみ》のような怒濤の音。往事をいつくしみ返らぬ御霊《みたま》を弔《とぶら》えば、なぜか涙に暮れたような暗雲が、古戦場壇の浦に覆《おお》いかぶさる。

安徳天皇をお祀《まつ》り申した赤間神宮のある赤間ヶ関、今の下関に到着したので下船《げせん》し、海浜《かいひん》の某亭で憩《いこ》う。店員女中さん方に至るまで、きちんと躾《しつけ》が身について立派。その上、郷言葉《おくに》も素朴で珍重に値《あたい》する。食事が済んで勘定《かんじょう》に及ぶや大そうな値段。やっと分《わか》ったことは、言葉こそ素朴ではあったが、心はかならずしも素朴ではないのだということ。私は、最初に指月城《しづき》のある萩に出向き、先祖の方々の墓参をと念じた。けれども、未だ萩への道順も分らない。目指す萩、そして檀那寺《だんなでら》の在《あ》り所《か》さえ知る由もない身。そこで叔母上を尋ねてお聞きすることにした。そうはいうものの、肝腎な叔母上の居所も分らない。ただ以前に嫁入りしたその先きが美祢郡《みねぐん》秋吉村の某家と聞き及んでいるだけ。よって先《ま》ずここを訪れた。出向いてみれば、日は完全に沈み夜となり、風雪は渓谷を没《うず》め見渡す限りの風景は銀色のかたまりといったらよいか、あるいは柳わたといったらよいか、ともかくもめぐる山は白一色。簾《すだれ》を捲いて楼上を眺めたとしても、わずかな緑すらみえない。その簾を捲いて眺めた者は一体誰か。「香炉峰《こうろほう》の雪は簾をかかげてみる」と賦った、かの白楽天ならぬ萩から他郷に出た旅人（私）である。

灯《あかり》の下で、主婦にお出ましを願ってお伺い申した。主婦が仰入《おっしゃ》るには、私の叔父に高木某《なにがし》と申される者がおりまして、その妻は萩の人で御座います。初め某氏に嫁《とつ》ぎ、某氏が亡《な》くなってから長門《ながと》市の仙崎港に帰られた。そこで一人の子を連れ、私の叔父に再婚された者が、恐らくは、そのお方ではあるまいか。私は手を拍《う》って、その通りです、と申し上げた。その一子とは、つまり五郎のことである。急いで駈《か》けつけた子供をここに呼んだ。その上、酒肴《しゅこう》をならべて来者を待つ。しばらくして一老婦と一緒に一人の少年が見えた。そして若旦那《あなた》さまは、どのようなご事情で私たちをお招《よ》びなさったので御座いますかという。やがて、びっくりしたような表情で、貴子《あなた》は、私の兄の子供ではありませんか。もし違ったとしても、なんと顔かたちが似ていなさるんでしょう、と。私は盃《さかずき》をとり、奨《すす》めて、叔母上御機嫌よろしうございます。五郎君にもまた長らく御無沙汰致しました。なにとぞ盃をとり交わして今晩はゆっくりと寛《くつろ》ぎましょうと。叔母は、うれしさのあまり泣き出して申しますのに、〝こんなことは滅多にない喜びだ〟と繰り返し仰入《おっしゃ》られた。貴子《あなた》のお帰りをどれほど長いことお待ち申したことか、と。遂《つい》に語り飲み明かして夜明けが近づいたことも知らなかった。しかもこのことが幸いして故郷の事情も詳細に知ることができた。

二十八日　陽射《ひざ》しが温かくなる頃、帰国の途次ふたたびお尋ねすることを約束し、すぐさま人力車を走らせておいとました。太田村あたりからの路は、だんだんと嶮《けわ》しくなってきた。そこで草鞋《わらじ》を穿《は》いて徒歩《かちある》き、数里の山路を踏破した。途上で七言律の一詩を賦《よ》む。

達磨さんは、片一方《かたいっぽう》の履物《はきもの》で故国のインドへお帰りになったという伝説があるが、私も破れ草鞋《わらじ》に三尺の杖で村里や山々を通り抜けてきた。その様子を記せば、枯柴《かれしば》を渓間《たにま》に架けて橋板のかわりとし、筧《かけい》をえぐり取って水碓《みずうす》のかわりにして米を搗《つ》き腹ごしらえをしてきた。奇岩が荊棘《いばら》に埋れて、まるで白虎《びゃっこ》が安眠しているような所や、老松のわだかまりが、霧《きり》を吹いて蒼竜を走らせているかのような所を過《よ》ぎった、また山の中腹で月が明らかに笑って語りかけたように思い、これは仙人が薬草を採っているところに出逢えるのではないかとさえ思えた。

人力車で明城坂を過《よ》ぎりながら、以前に祖父とここら辺に遊びに来たことなどが、ありありと想い出されてきた。

お祖父《じい》さんは七十歳で孫の私は六歳であった。お祖父さんが孫《わたし》をお呼び下さったなら、私はあの白雲の中にお応《こた》え致そうものを。けれども今や祖翁《おじいさん》は化《みまか》り、孫《わたし》は長州の萩に帰還し、月下に車を停《とど》め、祖父《あなた》のことをなつかしく回想している。

（三）

初夜入巴城　宿唐樋街阿武楼　浴後灯下独酌陶然就枕

廿九日早起　駆車謁先君於報恩寺　噫隔地三百里余　不相見十有六年　今日帰来而不能拝怡々慈顔　独有青苔埋古碑而已　欲不発秋葉負米之嘆豈可得乎

海浜青松下　折枝掃古墳　古墳何累々　両祖与巌君

墳前曽泣血　忽試千里別　大湖晩問津　関山暁踏雪
辛苦非所辞　何恨学成遅　忍羞包恥者　曽聞是男児
　帰来数行涙　和詩訴吾意
　帰路到江向村　村即吾閭里也　曩昔以挙村悉為毛利氏臣　高楼大厦相接　園桃巷柳各闘美争妍　今也則
　衰草寒烟之外　無可見者　雖吾旧園　唯僅存頽門廃墻而已矣　噫謂之何哉
笛声々一曲　一曲断人腸　遇友疑非友　帰郷却夢郷
頽門臨曲水　古木立斜陽　遺愛梅花在　隔墻暗送香
　日夕登指月山　山国侯之城墟也　而今為公園在巴城西端　三面臨海　隔海而直対鶏林　渺茫可望数百里
　也　山頭追想昔遊　賦長篇一章
指月山頭仰指月　遙向蒼穹訴不平　憶昔家厳無恙日　桃李春暖遊此城
伯兮叔兮悉来会　呑海楼上瑞靄横　白鷗洲頭忽解纜　波穏春帆載酒行
自一朝被鬼神嫉　復剝変転欠満盈　底事家君騎鶴去　夜雨秋窓哭三更
幸遵慈母断機訓　妙齢負笈入東京　廟堂不一国是策　征韓遂為征長兵
霜鋒白刃賊脅叔　叔兮南冠死結纓　一家三門三処散　流寓顚沛旅魂驚
明城山雪深三尺　母兮負祖又抱嬰　回首十有五年梦　帰来却為客中情
他郷常慕買臣志　轗軻未得衣錦栄　孤負昇平橋畔誓　猶是白面一書生
今日来訪曽遊跡　感慨往事新詩成　忽見陰雲奪月去　満城風雪怒濤声

（三）

初夜に巴城《はぎ》に入り、唐樋街の阿武楼《あんのろう》に宿る。浴後　灯下に独り酌み陶然として枕に就く。二十九日早《つと》に起き、車を駆《か》りて先君に報恩寺に謁《まみ》ゆ。ああ地を隔《へだ》てること三百里余、相い見《まみ》えざること十有六年。今日帰り来たるも怡々《いい》たる慈顔を拝すること能《あた》わず。ただ青苔のみありて古碑に埋《うず》まる。秋葉負米の嘆を

　発《おこ》さざらんと欲するも豈《あに》うべけんや。

海浜青松の下《もと》、枝を折りて古墳を掃《はら》う。古墳何ぞ累々《るいるい》たる、両祖と厳君と。（十二文韻）墳前にて曽て血に泣き、忽ちにして千里の別れを試みぬ。大湖に晩《くれ》に津《しん》を問い、関山に暁《あかつき》に雪を踏めり。（入声九屑韻）辛苦は　辞するところにあらず、何んぞ恨まん　学成ることの遅きを。羞《はずかしめ》を忍び　恥を包む者を、曽てこれ男児なりと聞けり。（四支韻）

　帰り来たれば数行の涙、詩に和して吾が意を訴う。

帰路　江向村《えむかいむら》に到る。村はすなわち吾が閭里《ふるさと》なり。曩昔《さきのむかし》村を挙げことごとく毛利氏の臣を以てす。高楼大《だい》厦《か》相い接し、園桃巷柳おのおの美を闘《きそ》い妍《けん》を争えり。今や衰草寒烟の外に見るべきものなし。吾が旧園といえども、ただ僅かに頽《くず》れたる門と廃《こわ》れたる墻《かき》の存するのみ。ああ　これ何をかいわんや。

笛声々一曲、一曲　人の腸《はらわた》を断つ。友に遇うも　友にあらざるかと疑い、郷に帰り　却って郷を夢む。頽門《くずれもん》は曲水に臨み、古木　斜陽に立つ。遺愛の梅花あり、墻《かき》を隔て　暗《あん》に香を送る。（七陽韻）

　日夕《ひぐれ》に指月山《しづきやま》に登る。山は国侯の城墟《しろあと》なり。しかるに今や公園となりて巴城の西端にあり。三面海に臨み、海

を隔てて直《じか》に鶏林《けいりん》に対す。渺茫《びょうぼう》として数百里を望むべし。山頭にて昔遊を追想し、長篇一章を賦《よ》む。指月山頭に　指月を仰ぎ、遙かに蒼穹に向かいて　不平を訴《うった》う。憶《おも》えば昔　家厳恙《ちちうえつつが》なきの日、桃李春暖に　この城に遊びぬ。伯も叔も悉《ことごと》く来たり会し、海を呑む楼上に瑞靄《ずいあい》横たわる。白鷗洲頭に　忽ち纜《ともづな》を解《と》けり。波穏《おだや》かに春帆《しゅんぱん》　酒を載せて行く。一朝鬼神に嫉《ねた》まれしより、復剝《ふくはく》変転して　満《みつる》と盈《かくる》を欠《か》く。底事《なにごと》ぞ　家君のみ　鶴に騎《の》りて去《ゆ》き、夜雨秋窓の　三更に哭《な》くとは。幸い慈母断機の訓《おしえ》に遵《したが》い、妙齢にして笈を負《お》い　東京に入りぬ。廟堂一ならざるが　国是の策、征韓ついに征長の兵《いくさ》となれり。霜鋒白刃　賊は叔を脅《おびや》かし、叔や冠を南にし死して纓《ひも》を結ぶ。一家三門　三処に散り、流寓顚沛《てんぱい》　旅魂驚く。明城の山雪　深きこと三尺、母や祖を負い　また嬰《みどりご》を抱けり。首《こうべ》を回《めぐ》らさば　十有五年の梦《ゆめ》なりき。帰り来たれば　却《かえ》って客中の情となる。他郷に常に慕う　買臣の志を、轗軻《かんか》にして未だ錦を衣《き》るの栄を得ず。昇平に孤負《こふ》す　橋畔の誓を、なおこれ　白面の一書生。今日来たり訪《とぶろ》う　曽遊の跡、往事を感慨し　新詩成る。忽ち陰雲を見　月を奪いて去る、満城の風雪　怒濤の声。(八庚韻)

〔訳〕

午後八時頃に萩に入り、御許町五十二番地の阿武楼《あんのろう》に投宿。入浴してから火影《ほかげ》のもとで手酌《てじゃく》、うっとりとよい心地で眠《ねむ》りにつく。

廿九日　早朝に起き、人力車で亡き父君にお目にかかりに菩提寺の浄土宗報恩寺にお参りする。ああ、この地と東京とは三百余里のへだたり。お参り出来ずに十六年余もたってしまった。本日、墓前に帰ることができても、にこにこした慈愛あふれる尊顔に接することは出来ない。ただ青苔のみが古碑を埋《う》めているばかり。秋に木枯《こがらし》が吹きすさぶ頃、お米を背負うて行き孝養を尽くせなかった嘆《なげ》きを、いま起こすまいと思っても、どうして起こさずにおられようか。

長門《ながと》の海浜　青松の下《もと》、松が枝《え》を折り　苔むす墓を掃《はら》う。先祖のお墓は　なんと沢山列《なら》んでいることか。祖父母に父上と。その墓前で私は曽て血の涙が出るほどに激しく泣きむせんだものである。かくてたちまち遠い旅路をたどる別れとなり、暮れ方、大きな湖に行きあたっては渡し場を尋ね、明け方、険《けわ》しい山の雪路をたどりもした。辛《つら》い思いなど厭《いと》うところではなく、学問のなかなか進まないことなども恨《うら》みごちたこともなかった。世間的な羞《はずか》しめに耐え、恥を心のうちに包むことが男児の真面目《しんめんもく》だと曽て聞かされてきたから。

その私が、こうして故郷に帰り来てみれば、出るのは数行の涙ばかり。そこで詩に託して吾が意中を訴える。

墓参の帰路、江向《えむかい》村にやって来た。村は、つまり私の閭里《ふるさと》である。幕末までは、全村ことごとく毛利藩主の臣下ばかりであった。立派なお屋敷の建物《たてもの》が犇《ひし》めいてならび、庭には桃花の紅が、通りには柳の緑がそれぞれに美を闘《きそ》い、妍《けん》を争っていた。しかるに今や、哀れを誘《さそ》う草と細《ほそ》ぼそとした竈《かまど》の煙以外には見るべきものがない。さてこそ我が旧苑も、他の例にもれず、ただ僅かに頽《くず》れかかった門と廃《こわ》れた墻《かき》が残っているだけ、ああ、これを見るにつけ、言うべき言葉もない。

哀れを誘《さそ》う笛の音《ね》が聞こえてくるような気がする。一曲聴くごとに断腸の思いを禁じえない。旧友に遇《あ》っても、人違いかと疑い、故郷に帰っていながら、かえって故郷(の昔)を夢みる始末。頽《くず》れかかった門は、(昔の明倫館学堂裏にあった)お堀りに臨み、古木も夕陽をうけて立っている。また父祖が愛《め》でた梅花も、墻《かき》を隔《へだ》ててそれとなく芳香を漂《ただよ》わせてくる。

日暮れて（海に面した古城）指月山《しづきやま》に登る。この山は、毛利侯の城跡である。だが現在は公園となり萩の西端に位置し、三方面が海に臨んでいる。海を隔てて直《じか》に昔の新羅《しらぎ》（現朝鮮半島）に対している。広くはてしなく数百里外に望みうる。山上で昔ここに遊んだことを追想して長篇の詩一章を賦《よ》む。

指月山上で、万人から仰ぎ見られる月を見て、遙《はるか》なる青空に向かって不平を託《かこ》つ。想えば昔、父上が御健在であった時、桃李が咲き誇った暖い春の日に、このお城で遊んだものである。時に伯父叔母がたも揃《そろ》ってお出ましになられ、船上に宴席をしつらえ、楼上には瑞雲が棚《たな》びいていた。白鷗が舞い立つ洲《す》のほとりから船は動き出し、波おだやかな上を春風に帆《ほ》を張った酒盛《さかも》りの一行。が、一朝にして急変し、荒々《あらあら》しい神に嫉《ねた》まれてから、治乱興亡が繰《く》り返《かえ》され、正《せい》も負《ふ》も、満も欠もけじめを失ってしまった。どうした巡り合わせか、吾が父上は、蘇東坡《そとうば》の「緑筠軒《りょくいんけん》の詩」ではないが、鶴に騎《の》って揚州（江南地方）ならぬあの世へと旅立ってしまわれ、秋の夜更《よふけ》に窓うつ雨の音、それが慟哭《どうこく》の声と聞こえる。幸いなことに慈母が孟子の母のような厳しい庭訓《ていきん》を垂《た》れ給わって下さった。その母は、歳《とし》若くして私に笈《おい》を負わせて東京に連れてきた。最高の決議機関の廟議が割れた結果、征韓論が破れて長州征伐となる。秋霜を想わせる三尺の白刃が父上の弟を脅《おびや》かした。叔父は、冠《かんむり》を藩侯毛利氏の方に向け、冠の纓《ひも》をゆわえて死なれた。一家は、四散ならぬ城の三門より三散し、落ちぶれ流離《さすら》い、つまづき倒れ、私の旅情は驚き入るばかり。萩藩を抜け出るのに山の雪は深く三尺も積っており、母上は、祖父を背負い赤ん坊の妹を抱いての東京行。想い起こせば夢のような十五年前の出来事であった。いま故郷に帰ってみると、事実と裏腹に旅情にも似た気持ちになるのは、どうしたことか。他郷に在って私はいつも漢の朱買臣《しゅばいしん》（二宮金次郎のように苦学しても早急に立身出世を願わなかったので妻に逃げられた人）が、困窮不遇の身で故郷に錦を飾れなかったことを慕わしく思っていた。そして泰平の世にひとり背をむけ橋の畔《たもと》で誓った。だがこれは白面の一書生のこと。こうして私は、本日幼少の頃遊びなれていた跡かたを訪れる。そして当時のことを追懐し、感慨のあまり新詩が出来た。すると、みるみるうちに黒雲が月光をかくしてしまい、城下いっぱいに風雪がたちこめ、怒濤の声さえ聞こえてきた。

（四）

過数日　航海至仙崎港　訪五島氏　氏予知予来訪　盛陳肴核待焉　至則外伯父伊藤翁及藤田某已在座矣　於是酒杯之間　或談或歌　玉山倒而後止　嗚呼余落魄甚于蘇秦　而故旧待余如此厚矣　非先人之余徳而何也　明日去浴湯本温泉　湯本距深川里許　峰巒囲三面　地勢如箕舌　清渓奔注其間　嵫崖蹴石奇態万状不易方物　谿左小亭両三依山構者　即浴室也　甃石作槽縦横丈余其深没肩壁上架一筧以引霊泉滾滾如瀑布　冷温亦適宜　余宿波多野楼　朝沐暮浴頗覚有霊　渓西数百弓　有蘭若　扁曰泰寧禅寺　蓋大内義隆　為其臣陶晴賢所逐　自殺之地也　寺有仮粧泉　俗伝義隆将死也　猶臨泉沐浴　施粉黛云

吟月酔花意漫狂　不知禍乱伏蕭墻　皷鼙動地軍投旆　激浪捲天風折檣

難操霜刃快末路　空臨水鏡惜残粧　離離独有王孫草　夕照影中含恨長

曩昔無隠禅師住此寺　与滝鶴台輩　為方外寡二之友　騒名高于一時　人以比白蓮社焉　如今禅師已化矣　高儒亦逝矣　蓮社寥寥寺僧無一人解此趣

落日寒林暮鳥啼　来尋慧遠旧幽棲　廬山無可同三笑　孤杖吟詩渡虎渓

芒鞋竹杖野人姿　来訪盧山遠法師　独過虎渓還独笑　更無風騒及吟詩
　余入此楽境　留連数日　二月望日　山路復到秋吉　以践前約　山路極嶮峻　然断崖絶壁　高懸氷柱　墜葉没逕踏之簌簌有声　清致可愛也　下坂則　田野曠莫亘里余　経過村落四　路全窮矣　乃傍他門墻而進　既而有呼吾者　回顧見茅屋南軒之下老婦曝背補破衣　即叔母也　趨而入庭　庭前有三児相戯謔即余従弟也　厨下炊飯煎茶者従妹也　日暮肩鋤手籠悠然帰者叔父是也　引牛従後者五郎是也　稚子走報東隣勧浴也　老翁来訪西家贈酒也　嗚呼田舎之饗客不在甘言美味而在其心　以是訥言卑辞可以服人、糲飯藜羹亦以可勝於太牢矣　簷字四豁　鴉去鐘残　岫雲横鎖　峰巒而眠　水煙広敷　翠疇而臥　妙趣清致　真可愛者寒郊之暮景也
携童向西澗　拄杖望東山　東山幽且遠　秀在白雲間　鐘声染暮色　郊原牛自還　風笛調数曲　寒月青一彎
始信真成趣　不在名利関
　居数日　風雪没径堙溝柴扃無人到　草門有犬護　榾柮加薪　団欒酌濁醪酔来陶然曲肱而眠　不亦是田家之一興乎
榾柮添薪暖益多　任他風雪没山阿　一樽幸有隣翁贈　不用煩吾典笠簑
雪没田園夜寂然　一樽待暖睡炉辺　山村却笑多君子　隣有聖人吾有賢
山村風雪夜沈々　酌酒高歌梁父吟　伯也灯前潜失笑　吾無一字帯郷音
　廿三日将辞去　叔母贐以一剣曰　是所吾兄頼以為功者吾受而蔵之久矣　今以与子冀見之如先人　且曰欲強留子至数旬又恐学事廃退往矣　勿躊躇　吾欲刮目視子成功已　余再拝謝曰不敢夙夜孜　以叔母之命是

遵乎
駆車帰巴城　先是屢趣庁　而以此日事全終矣　行李急為帰東之計　噫吾在郷未三旬　而欲明朝復辞父母之邦　豈不悵然于懐乎　灯下把杯歌焉

北馬南船万里程　明朝又自試孤征　再辞郷国何無涙　三入洛城不作名
夜雨半窓灯火暗　春風満岸柳糸軽　樽前独唱陽関曲　莫復一人送此行
対酒灯前意悵如　芒鞋待暁欲辞閭　巴城夜雨三更涙　京洛春風千里書
橋上縦期鞭駟馬　王門可是曳長裾　十年功業知何事　酔矣聖賢糟粕余

二十四日　未明発巴城　取路於旧道　薄暮至三田尻　乗亀鶴丸　経中国各港
廿七日　達大阪　鉄車一瞬入京師

（四）

過《すご》すこと数日、海を航《わた》りて仙崎港に至る。五島氏を訪《とぶら》う。氏はあらかじめ予が来訪するを知り、肴核《こうかく》を盛り陳《なら》べて待てり。至ればすなわち外伯父《そとおじ》伊藤翁と藤田某《なにがし》すでに座にいませり。ここにおいて酒杯の間、或は談じ、或は歌い、玉山倒れて後やむ。ああ余の落魄《おちぶれかた》は蘇秦よりも甚だし。しかも故旧《なじみ》余を待つことかくの如く厚し。先人の余徳にあらずして何ぞや。明日去りて湯本温泉に浴せん。湯本は深川を距《へだ》つこと里許《いちりばかり》。峰巒《ほうらん》三面を囲み、地勢は箕舌《みのした》のごとく、清渓その間に奔注《ほんちゅう》す。崖を嚙《か》む蹴石、奇態万状方《くら》べやすからざるものなり。谿左の小亭両三山に依って構えしは、すなわち浴室なり。甃石《しきいし》を槽《おけ》に作ること縦横丈余、その深さは肩壁に没す。上に一筧《いちかけい》を架け以て霊泉を引き滾々《こんこん》たること瀑布のごとし。冷温もまた適宜なり。余　波多野楼に宿る。朝に沐し暮に浴し、すこぶる霊ありと覚ゆ。渓の西数百弓に蘭若《らんにゃ》あり。扁に曰く泰寧禅寺と。けだし大内義隆その臣陶晴賢《すえのはるかた》の逐《お》うところとなり、自殺せし地なり。寺に仮粧《けしょう》の泉あり。俗伝に義隆まさに死なんとせしに、なお泉に臨みて沐浴し、粉黛《ふんたい》を施《かざ》りという。

月に吟じ花に酔い　意漫狂、知らず禍乱は　蕭墻に伏せるを。皷鼙《へいこ》地を動《どよ》もして　軍旆《ぐんはい》を投じ、激浪天を捲《ま》き　風檣《かぜほばしら》を折る。霜刃《そうじん》を操《と》るも末路を快《こころよ》しとし難《がた》く、空《むな》しく水鏡に臨み　残粧を惜しむ。離々としてただ　王孫草《つくばねそう》あるのみ、夕照影中に　恨《うらみ》を含むこと長し。（七陽韻）

曩昔《むかし》無隠禅師この寺に住し、滝《たき》鶴台輩と方外寡二の友となり、騒名一時に高く、人は以て白蓮社に比せり。如《ただ》今《いま》禅師すでに化《な》くなり、高儒もまた逝《ゆ》けり。蓮社寥々《さびさび》として寺僧の一人だに此の趣《むね》を解するものなし。

落日寒林に　暮鳥啼《な》き、来たり尋ぬ　恵遠《えおん》の旧幽棲に。廬山《ろざん》に三笑の同ずべきものとてなく、孤杖もて詩を吟じ虎渓を渡る。（八斉韻）

芒鞋《わらじ》と竹杖は　野人の姿、来たり訪う　廬山の遠《おん》法師。独り虎渓を過《よ》ぎりて　また独笑するも、さらになし　風騒《ふうそう》と吟詩と。（四支韻）

余この楽境に入り、留連すること数日。二月望日、山路にて復《また》秋吉に到り、以て前約に践《したが》う。山路《やまじ》は極めて嶮《け》峻《わし》く、然も断崖絶壁、高く氷柱《つらら》を懸け、墜葉逕《おちばこみち》を没《う》めこれを踏めば簌簌《かさかさ》として声《おと》あり、清致《すがすがしさ》　愛《いとお》しむべきなり。坂を下れば、田野曠莫《こうばく》として里余にわたる。経過せる村落四つ、路すべて窮《きわ》まれり。すなわち他の門墻《いりぐち》に傍《そ》うて進めり。すでにして吾を呼ぶ者あり。回顧《ふりかえ》りて茅屋《あばらや》南軒の下を見れば、老婦背を曝《さら》し破衣を補《つくろ》う、すなわち叔母なりき。趨《わし》りて庭に入る。庭前に三児いまして相い戯謔《たわむ》る。すなわち余が従弟《いとこ》なり。厨下《だいどころ》にて飯を炊《た》き茶を煎《い》れる者は従妹なり。日暮れて鋤《くわ》を肩にし、手に籠もて悠然として帰る者は叔父これなり。牛を引き後に従える者は五郎これなり。稚子《ちご》走りて東隣に報らせ浴を勧《すす》むるなり。老翁西家より来訪し酒を贈れり。嗚呼《ああ》田舎《いなか》の饗客《もてなし》は、甘言美味にあらずしてその心にあり。これを以て訥言卑辞《とつげんひじ》は以て人を服すべし。糲飯藜羹《れいはんれいこう》もまた以て太牢《ごちそう》よりも勝《まさ》るべし。簷宇四豁《せんうしかつ》、鴉《からす》去り鐘残り、岫雲《しゅううん》横ざまに峰巒《ほうらん》を鎖《とざ》して眠る。水煙広く翠疇《すいちゅう》を敷いて臥す。妙趣清致　真に愛すべきは寒郊の暮景なり。

童《わらべ》を攜《ひ》きて　西澗に向かえば、拄杖《しゅじょう》は　東山を望む。東山は　幽《かすか》にして且つ遠く、秀でて白雲の間にあり。鐘声は暮色を染め、郊原に　牛おのずから還《かえ》る。風笛　調べ数曲、寒月一彎《わん》に青し。始めて信ず　真に趣《おもむき》をなすは、名利《みょうり》にかかわるにあらざりしを。（十五刪韻）

居ること数日、風雪径《こみち》を没《うず》め堙溝柴扃《いんこうさいけい》人の到るなし。草門に犬の護《まもり》あり、榾柮《こっとつ》に薪《たきぎ》を加う。団欒《だんらん》して濁醪《どぶろく》を酌み、酔い来たれば陶然《とうぜん》として肱《ひじ》を曲げて眠る。またこれ田家の一興《いっきょう》にあらざるや。

榾柮《こっとつ》を薪《たきぎ》に添えれば　暖《だん》ますます多し、さもあらばあれ　風雪の山阿に没するを。一樽は幸いに隣翁より贈らる。煩を用《もっ》てせず　吾　笠簑《かさみの》を典《そな》えん。（五歌韻）

雪は田園を没《うず》め　夜寂然《ひっそり》、一樽暖《あたた》まるを待ちて　炉辺に睡《ねむ》る。山村は却笑《いがいにも》　君子の多きを、隣にも聖人ありて吾も賢なりと。（一先韻）

山村の風雪に　夜沈々《しんしん》、酒を酌み高らかに歌う　梁父《りょうほ》の吟を。伯や灯前にて　潜《ひそか》に失笑す、吾に一字だに郷音を帯ぶることなきを。（一先韻）

二十三日まさに辞去せんとす。叔母餞《はなむけ》に一剣を以てし　曰く、これ吾兄　頼《さいわい》に以て功《てがら》となせしところのもの、

吾　受けてこれを蔵すること久し。今子《いまきみ》に与《あた》うるを以て、冀《こいねがわ》くは　これを見ること先人のごとくにせよ。且つ曰く、強《し》いて子《きみ》を留《とど》めんと欲するも、数旬に至らば又学事廃退して往《ゆ》かんことを恐る。躊躇《ためらう》ことなかれ、吾刮目《かつもく》して子《きみ》の成功のみを視んと欲す。余　再拝し謝して曰く、敢えては夙夜《しゅくや》の孜《はげみ》をせざるも、叔母の命《めい》を以てこれに遵《したが》わんかと。

車を駆りて巴城に帰る。これより先きしばしば庁に趣《おもむ》く。しかして此の日を以て事すべて終わりぬ。行李を急ぎ帰東の計をなす。ああ吾《われ》　郷に在ること未だ三旬ならずして明朝ふたたび父母の邦を辞せんと欲す。あに懐《おもい》に悵然たらざらんや。灯下に杯を把《と》りて歌いぬ。

北馬南船すること　万里の程《みちのり》、明朝よりまた自《みずか》ら孤征《ひとりたび》を試みん。再び郷国を辞するに　何んぞ涙なけん、三たび洛城に入るも　名《な》を作さざらん。夜雨半窓に　灯火暗く、春風岸に満ち　柳糸軽し。樽前にて独り唱《うた》う　陽関の曲を、ふたたびは一人にて此の行を送ることなかれと。（八庚韻）

酒に対し灯前にて　意悵如《こころちょうじょ》たり、芒鞋《わらじ》もて暁を待ち　閭《さと》を辞せんとす。巴城の夜雨　三更《まよなか》の涙、京洛の春風は、千里の書《ふみ》に。橋上にてほしいままに駟馬に鞭うつことを期し、王門にこれ長裾を曳《ひ》くべしと。十年の功業　何事をか知らん。酔いたり　聖賢は糟粕《そうはく》の余《あまり》ならんと。（六魚韻）

二十四日、未明に巴城を発《た》つ。路を旧道に取り、薄暮　三田尻に至る。亀鶴丸に乗り、中国の各港を経て、二十七日に大阪に達《つ》く。鉄車にて一瞬に京師《きょうと》に入る。

〔訳〕

滞在すること数日後、海路で仙崎港に出むき、五島氏を訪問。氏は、あらかじめ私が訪れることを知り、酒肴《さけさかな》を盛り沢山《たくさん》ならべて待っておられた。参上すると、すでに母方の伯父伊藤翁と伊藤某とは着坐しておられた。さてこそ酒盃を取り交わす間、談《はなし》に花を咲かせたり歌を唄《うた》ったり、着飾った人達が、正体なく取り乱してしまった。ああ、なんとしたことか、私の落ちぶれ様《かた》は、戦国時代に合縦《がっしょう》の策を唱えて連衡《れんこう》の策を唱えた張儀に敗れた蘇秦《そしん》よりもはなはだしい。にもかかわらず親戚故旧の方々《かたがた》は、私をこのように手厚くもてなして下さる。これというのも先祖の方々の立派な仁徳の余慶でなくてなんであろう。明日、ここを発《た》って湯本温泉に入浴したい。湯本は、深川から一里ばかり離れている。山々が三方面を囲み、地勢は箕《み》の先きが広くなっている処のようで、綺麗な谷川がその間を勢いよく流れ注《そそ》いでいる。岸を噛《か》むような恰好《かっこう》をした石、さまざまな異形の石は、他に比べようのない形をしたものばかり。谷の左方に見える小亭の二つ三つは、山に依りかかって作られているが、つまり浴室である。敷石《しきいし》を浴槽に擬して作ること縦横一丈ばかり。その深さは、肩壁に没するほどである。上に一本の筧《かけい》を架けて霊泉を引き、盛んに流れること瀑布さながら。温度もほどよいようである。私は、波多野楼に投宿。朝に夕に沐浴《ゆあみ》して大そう効能があるような気がする。谷に西方数百弓(弓の測量単位は八尺)のところに蘭若《てら》がある。扁額に本師畔上楳仙《あぜがみばいせん》禅師が明治十六年に染筆された「泰寧禅寺」の額を仰ぐ。思うに此処は、室町末期の武将大内義隆が、その臣陶晴賢《すえのはるたか》に逐《お》われて自刃した処である。寺に「仮粧《けしょう》の泉」がある。ここで義隆が、死に際《ぎわ》に沐浴してお化粧を施した所であると云い伝えられている。

月を眺めては　詩歌を吟じ、花を賞《め》でては　酒肴《しゅこう》に耽《ふけ》る。だが、災《わざわい》や世の乱れは、家《うち》からの揉《も》めごとが伏線となっているということ。たとえば、唐の安禄山《あんろくさん》の変にしても、白楽天が、「漁陽の鼙鼓《へいこ》　地を動《どよも》して来たる」とうたったように、大将の旗指物《はたさしもの》も投げ捨て、激浪が天に捲《さかま》き大将の軍船の帆檣《ほばしら》もへし折れてしまう。よしんば名剣を執っても、その末路は哀れをとどめるだけが精一杯《せいいっぱい》。空しく我が身を水鏡に映《うつ》して、残りの粧《よそお》いを惜しむだけ。後に残るものといえば、ひとりすいすいと伸びるにまかせたつくばね草があるだけ。その哀れな姿が夕陽に照らされ、恨《うらみ》を含んで影を長く引いているばかりである。

その昔、無隠道費《どうひ》禅師(一六八八―一七五二)が、この寺の第二十三世として住し、服部南郭の門人で萩藩の儒臣滝鴻台などと、浮き世を絶したような無二の交りを結び、詩人(『無孔笛《むくてき》』六巻撰)としての名声が一時《いっとき》高くなったので、世間では、晋の慧遠《えおん》が盧山《ろざん》の東林寺で学者や詩人と結んだ白蓮社《びゃくれんしゃ》に比《たぐ》えたほどであった。今や、禅師はとうに遷化《なく》なり、高儒方々《おえらいかたがた》も逝《な》くなってしまった。蓮社の跡かたもなくなり、寺僧すら此処の趣《おもむき》ある風情《ふぜい》を解する者は一人すらもいなくなってしまった。

淋しい山内に陽が落ち　夕暮れを告げる鳥の啼き声を聞きながら、遠い晋代の恵遠禅師の白蓮社もどきの旧跡を尋ねてみる。その盧山《ろざん》もどきの寺を尋ねても「虎渓三笑《こけいさんしょう》」の故事で画や詩題を賑《にぎ》わした趣《おもむき》は見当らない。ひとり私は、詩を吟じながら虎渓にしつらえた渓流を渡るだけであった。

私は、この極楽境に入り数日間逗留。二月十五日、山路を辿《たど》り再び秋吉に向かう。そして前約を履行《りこう》した。山路は極めてけわしく、しかも断崖絶壁、高い処に氷柱《つらら》がぶら下《さが》り、落葉が小径《こみち》を埋めつくし、これを踏めば、がさがさと音がする。このすがすがしさは好ましい。坂を下りきると、広々とした田野《でんや》が一里

草鞋《わらじ》と竹の杖による野人の旅姿で、盧山の慧遠法師にあやかった寺を尋ね、独りで虎渓と覚《おぼ》しき地点を過《よ》ぎって、三笑ならぬ独り笑ってみたものの詩文を作る風雅もなく、詩を吟ずる情もさらさら起こらない。

余もつづく。通りすぎた村里は四つ。路は何《いず》れも行きどまり。そこで他《ひと》の家の入口に寄り添って進んだ。そうこうしているうちに私を呼ぶ者がいた。ふり返って粗末な家の軒下《のきした》を見ると老婦が背中を陽《ひ》に当て破衣《ほころび》を繕《つくろ》っていなさる、その方が叔母であった。小走《こばし》りして庭内に入る。庭前《にわさき》で三人の子が遊んでいた。つまり私の従弟《いとこ》である。台所で御飯を炊き、お茶を煎《い》れている者は従妹、夕方となり鍬《くわ》を肩に、手に籠《かご》を持ち悠然として帰ってきた者が叔父である。牛を引き後から従《つ》いてきた者は五郎その人。子供は走って東隣に来て入浴を勧《すす》める。老翁《おじいさん》は西隣よりやって来てお酒を贈ってくださる。ああ、田舎《いなか》の来客接待《もてなし》は、お上手言《じょうずごと》とか御馳走ではなくて、その心づかいにあるのだ。こうしてみると、口べたこそ他《ひと》を心服させることになる。玄米、あかざの羹《あつもの》といった粗食もまた太牢《ごちそう》よりも勝《まさ》ることとなる。のき、ひさしの四方が広いので、鳥の姿は消えても鐘の音は残る。峰に去来する雲も横ざまに峰々を鎖《とざ》して眠《ねむ》りに入る。水上に立つもやも広く翠《みどり》のうねを敷いて横になるように見える。この妙《たえ》なるすがすがしい風情《ふぜい》の真に愛《め》づるに値する様こそさびさびとした田舎の夕景である。

子供を連れて西の谷川に向かい、杖をさして東山を望み見る。東山は幽《かすか》に遠く、ひときわ高く白雲の間にある。鐘の音が夕暮の景に風情《ふぜい》をかもし、野原を辿《たど》る牛も自然と我が家に足が向く。風が数回笛の音のような調べで吹きすぎ、寒ざむとした冬の月が照らして入江に青さが増す。真に趣を感じさせてくれるものは、名聞利《みょうもんり》養《よう》という人のはからいを絶したところにあるものだと、はじめて信じることができた。

　滞在すること数日、風雪で小径《こみち》は埋められ、塞《ふさが》った溝とあばら家《や》には訪う人もない。小さな門を犬が守っており、囲炉裡《いろり》では木《こ》の葉《は》に薪《たきぎ》を加えて暖をとり、一同打ち融《と》けて濁酒《どぶろく》を酌み交わし、酔いがまわってくれば、うっとりとして肱《ひじ》を曲げて眠りに入る。これもまた田舎ならではの楽しみではあるまいか。木っぱを薪に添えて焼《く》べれば、暖かさは一段と増してくる。風雪で山の阿《くま》まで没しているが、それはそれでいではないか。幸いなことに芳醇一樽を隣の翁が贈って下さったことだ。私としては、面倒がらずに旅仕度を整えることに致しましょう。

降りしきる雪は、田園をうずめてしまい、しんしんと静まりかえる夜。樽から汲み出した酒が暖まるまで炉端《ろばた》で一睡《ひとねむり》。山村には、意外にも道理をわきまえた人が多く、隣にも聖人がおれば、吾もまた賢人たりうることになる。

山村は風雪で夜は沈々《しんしん》と更《ふ》けてゆく。酒を酌み交わし、『孝経』を著した親孝行者の曽子が雪にとざされて父母のもとへ帰れなくなった時に賦《よ》んだ「梁父《りょうほ》の吟」を高らかに歌った。すると伯父が灯前で、声を忍ばせてクスクスと笑った。それは私の発音の一字だに郷音《いなかなまり》がなかったからであろう。

二十三日、まさにいとまごいをしようとしたところ、叔母が、餞別だといって刀一本《ひとふり》を授《さず》け、〃この刀は、わたしの兄が幸運にも戦功を立てて頂いたものを長らく愛蔵していたものです。今貴方に差し上げますが、どうぞこれを見て先人(あなたのお父さん)を手本としてください〃と。その上、〃貴方にもっとここにいて欲しいと思うことはやまやまですが、何十日にもなれば、また学業がおくれおろそかになるかもしれないのが心配です。ぐずぐずしていてはなりません。私は、注意深く貴方の成功をみまもっていたいと思います〃と。私は再び拝し感謝して、あえて朝から夕まで勉めて学ぶとは申しませんが、叔母さんの仰せならば、従いたいと存じますと申しあげる。

人力車で萩に帰る。これより先き度々郡役所に参っていたが、この日に手続きがすべて完了。行李を急いでまとめ東へ帰る準備をした。ああ、故郷に滞在すること未だ三十日経《た》たないうちに明朝ふたたび父母の在《いま》した邦《くに》を去ろうとしている。どうしてがっかりしないでおられようか。火影《ほかげ》の下《もと》で独り酒を酌んで詩を吟ずる。

京都から萩まで幾山河《いくさんが》を越えて遠い道程《みちのり》を辿《たど》ってきた。その道を再び明朝から独り旅をすることになる。二度目の郷里とのお別れ、どうして涙を流さずにおられようか。三度めに京都へ行くのだが、有名人になろうとは思わない。夜雨の声を小窓越しに聴く火影《ほかげ》も暗い部屋。春風は岸に吹き、柳の枝も軽く舞う今宵《こよい》。酒樽を前にして独りで「陽関三畳の曲」を唱《うた》う。二度とは、このような旅立ちを一人で行うことはあるまい、と。酒を火影《ほかげ》の下《もと》で酌みながら、私の心中は満ち足りないものがある。草鞋《わらじ》の緒《お》をしっかりと結び、明け方を待って郷里を出ようと思う。夜雨を聴く萩での真夜中《まよなか》の涙、京洛に春風がたち初《そ》めたことは、千里の遠きから寄せられた便りにある。鴨川の橋上で四頭立ての馬車を駆《か》られるような高官に出世し、御所の門をくぐって、衣冠《いかん》束帯《そくたい》で長い裾《すそ》の尾《お》を曳《ひ》きうるような身分になってほしいと便りにもある。私も曽《かつ》て、そのようなことに現《うつつ》を抜かしたこともあったかもしれないが、今やその馬鹿らしさを思い知ることができてからりとした気分にひたっている。ということは、ここ十年間の修行は、立身出世のためなどとは、なんのかかわりもないものであったことをはっきりと自覚できた点にある。つまり聖賢の道を学ぶことは、糟《かす》の残りのように美味なものではないと思い知ることができ、からりとした気分にひたれるようになったということだ。

二十四日、明け方に萩を出発。帰路を昔の防府(南部の旧漁港は旧毛利水軍の根拠地)に通ずる旧道に定め、夕暮れ近くに三田尻《みたじり》に着き、亀鶴丸に乗船した。中国地方の各港を経て、二十七日に大阪港に着き、汽車でまたたく間に京都に着くことができた。

九六　某童子　下火《あこ》

浮雲起滅在風前　幻化空身方六年　遊戯僅終人不見　走灯竹馬尚依然
(称某童子)
階庭芳草　池塘香蓮
夙成慧達　致爺嬢鍾愛　清秀眉目　牽閭里可憐
可惜乎
一病終不起　二豎被纏綿
劫火所攻玉石倶焚　業風吹過蘭桂寧全
(一字関)
触目現成君看取　誰家竈裡火無烟

九六　某童子　下火(1)
浮雲の起滅は風前にあり、幻化《げんげ》の空身《うつしみ》は方《わず》かに六年。遊戯するも僅かに終わり　人に見られず、走灯の竹馬は　なお依然たり。

（某童子を称《とな》う）

階庭の芳草、池塘の香蓮。

つとに慧達を成《じょう》じ、爺嬢の鍾《しょう》愛を致す。清秀の眉目《びもく》、閭里の可憐《かれん》を牽《ひ》く。

可惜乎《おしむべきかな》、

一病に終《つい》に起《た》てず、二豎《じじゅ》に纏綿《てんめん》せらる。

劫《ごう》火の攻むるところ　玉石ともに焚《や》かれ、業《ごう》風吹きすぐるところ、蘭桂なんぞ全《まった》からん。

（一字関）

触目の現成　君看取せよ、誰が家の竃裡にか　火ありて烟《けむり》なきかを。（一先韻）

〔訳〕

浮き雲は、風によってたちどころに姿をかえ、その起滅は真にはかないが、それと同じく、この童子の現《うつ》し身《み》もたったの六年間であった。遊び戯《たわむ》れる時も僅かばかりで終わり、人知れずに、走馬灯のように幼い時を駆けぬけたままの一生であった。

（某童子の戒名を称う）

折しも 階《きざはし》の前には芳しい草、池のほとりには蓮《はちす》がよい香りを放っている。早くからさとりの知慧を身につけていて、お爺さんお婆さんによる愛情も一身に集めていた。眉目秀麗のため、その可愛らしさは村里で注目の視線を浴《あ》びていた。惜しんでもあまりあることよ。

一朝、病に臥《ふ》し、終《つい》に起《た》つことかなわず、病気のとりことなってしまった。

世の終末を告げるような恐ろしい劫火に襲われれば、玉も石も賢人も愚人も一緒くたに焚《や》かれ、世界の終末を告げる恐ろしい業風が吹きすぎる所にあっては、蘭や桂のような高雅な植物だとて、どうして生きのびることができましょうか。

（一字関）

目に触《ふ》れることのできる現象界の真実を皆様がたよ、よくよく御覧下さい。どなたの家の竈《かまど》の中に火だけで烟《けむり》が立たないことがありましょうか。

（1）禅宗で葬式の時、導師が遺骸に点火する意を表す儀式。下炬《あこ》・秉炬《ひんこ》ともいう。

九七　長昌寺慶讃会

敗荷残菊未萎塵　人事匆忙歳欲新　鶯夢蝶魂驚合早　梅開臘末暖於春

九七　長昌寺慶讃会（1）

敗荷残菊　いまだ塵に萎《な》えず、人事匆忙《そうぼう》として　歳《とし》新たならんとす。鶯夢《む》蝶魂　まさに早かるべきに驚き、梅は臘末に開《さ》き　春よりも暖かし。（十一真韻）

〔訳〕

うらぶれた蓮の葉、咲き残った菊、それでも俗塵にまみれずに、今歳も暮れようとしている。早くも鶯の鳴き声を夢に見、蝶の美しい舞姿に心をときめかす為体《ていたらく》。ふと見れば、年の瀬にもかかわらず梅が咲きはじめ、春よりも暖かさを感じさせる本日の慶賛会であることよ。

（1）前橋市紅雲町長昌寺三十四世後藤仙鳳は半仙の一番弟子。出自は愛知県。半仙が天王院住職中に幼児より育て上げる。学問、詩文は嫌いだが能筆で行動派。前橋市市会議員、福祉事業前橋積善会々長（病院経営）。この慶賛会は、大正十一年十二月に長昌寺本堂、庫裡の復興を紀念しての法要香語。

九八　瑩祖忌

誰使孃孃呑日光　胎中遊戯絶商量　平生且喜喫茶飯　先献斎堂粥味香

　咦（1）

曙日初輝諸嶽頂　余光漸漸遍扶桑

九八　瑩祖忌（2）

誰か孃々（3）をして日光を呑ましむる、胎中に遊戯《げ》して商量を絶つ。平生且喜《へいぜいしゃき》すらくは　茶飯《さはん》を喫するを、先ず斎堂に粥味の香りを献ず。

　咦

曙日初めて輝く　諸嶽の（4）頂《いただき》に、余光漸々《ぜんぜん》として扶桑に遍《あまね》し。（七陽韻）

〔訳〕

いったい何方《どなた》が母堂をして旭日を呑む夢を見させて禅師懐妊を果《はた》させ、胎中に遊弋《ゆうよく》している観音様の申し子にはからいごとをやめさせ、言うところの絶対境に遊化《ゆうげ》せしめたのであろうか。五十八歳で遷化された禅師様ではあられたが、生前の日常と同じくお茶やお粥を召し上って下さるものと存じ上げ、先ず食堂《じきどう》でできたてのお粥を召し上って頂くべくここに献供《けんぐ》する次第でございます。

咦

旭日が昇り初めて諸嶽山総持寺の屋上に輝き渡る。それから輝《かがや》きが次第に日本の津々浦々にまで及ぶように、禅師の徳化は、日本の隅々にまで浸透なされた。

(1) 葬儀に際し、導師が霊位にそのものずばりを指し示す起死回生、大死一番の活句。露《ろ》・喝《かつ》・咄《とつ》・聻《にい》も同じ。

(2) 年次不明。九月十五日大本山総持寺における太祖忌香語。総持寺開山弘徳円明国師、常済大師、太祖瑩山紹瑾《けいざんじょうきん》禅師は、正中二年(一三二五)八月十五日に能登の永光寺《ようこうじ》にて示寂、世寿五十八。

(3) 起句承句は瑩山禅師降誕にまつわる信心《しんじん》深かった母堂の観音信仰の賜《たまもの》であったことを賦む。嬢々《ははおや》が三十七歳のときのある夜、旭日を呑む夢をみて懐妊されたと語り伝えられている。そして胎中に遊弋《ゆうよく》しているものは観音様の申し子ゆえ早くもはからいごとをやめた絶対境に在ったと賦む。

(4) 瑩山禅師は、道元禅師が開かれた越前志比谷の永平寺よりも遙かに辺鄙《へんぴ》な能登の末端石川県鳳至《ふげし》郡門前にあった真言宗の小院諸嶽《もろたけ》寺を譲られ整備し曹洞宗総持寺を開創。山号を諸嶽山とした。かくて母堂が旭日を呑んだ夢が諸嶽山に実現し、その金の光りが次第々々に津々浦々に及び、法沢《ほうたく》が普くうるおうこととなったと。半仙は、この香語を通して瑩山禅師の過去現在未来記を端的に表現している。

九九　慶田開山海門興徳和尚忌

満目黄雲麦欲秋　筍経宿雨接籬脩　固知蔬茗多禅味　香飯和来供膳羞
　恭惟当寺開山海門興徳老大和尚
法水波濤　揜海門之険　禅林涼蔭　澄興徳之流
遺恩不尽　蓋覆及于群類　芳蹤難晦　投帰初於諸侯
覚苑之薫風　瓜嫘綿綿　祖筵之垂楊　眉毛悠悠
且道
即今応供底将什麼奉酬
　　（一字関）
青簾捲尽微風動　一縷香烟細細浮

　九九　慶田開山海門興徳和尚忌(1)
満目の黄雲　麦秋ならんとす、筍《たけのこ》　宿雨を経《へ》　籬《まがき》に接して脩《なが》し。まことに知る　蔬茗に禅味多しと、香飯を和《あ》え来たり　膳羞《しゅう》に供《そな》う。
　恭しく惟《おもんみ》れば当寺開山海門興徳老大和尚
法《はっ》水の波濤、海門の険を揜《おさ》う。禅林涼蔭《おん》にして、興徳の流れを澄《すま》せり。

遺恩尽きず、蓋覆《がいふ》して群類に及ぶ。芳蹤《しょう》は晦《くらま》し難く、衍《りょう》を諸侯に投帰す。
覚苑《かくおん》の薫風に　瓜蝶《かゆ》綿々。祖筵の垂楊に　眉毛悠々。
且《しばら》く道《い》え、
即今応供底《そっこんおうぐてい》、什麼《なに》を将《もっ》てか酬《こた》え奉らん。

（一字関）
青簾《せいれん》を捲《ま》き尽くして微風《そよかぜ》動き、一縷《る》の香烟　細々と浮かぶ。（十一尤韻）

〔訳〕
見渡すかぎり黄雲がたなびくように見えるのは、麦の取り入れ近い初夏の風景。筍《たけのこ》も梅雨が明けて籬《まがき》に接して長く伸びている。時季と自然のめぐりで、山野で採《と》れた野菜やお茶には禅味が多い。それらと清浄な御飯を和《あ》えて美味しい御馳走として供え奉ります。

つつしんで思い奉りますれば当寺開山海門興徳老大和尚尊位
仏法の海水の波は、海門の険《けわ》しい関をおさえつけ、ために禅林も涼しく開祖興徳和尚の法流は清澄そのものでございます。
後代に遺された法恩は無窮で、法孫に功徳を及ぼすばかりでなく広く多くの人達にも徳化を及ぼしていなさる。立派な跡かたは晦《くらま》しがたく、昔、諸大名が素襖《すおう》を着用した時の小袴《ばかま》のようなものとして名残りをとどめております。
さとりの園に吹き渡る初夏の風は、瓜の実が蔓《つる》に多く成り綿々と続いて絶えないようなもの。

それは送別の宴席にかかる枝垂《しだ》れ柳のように和尚の眉毛が悠々と伸びているさまに似ております。

さて、

ただ今、人天《にんてん》の供養に一体なにをお供え申し上げたならばお受けしていただけましょうか。

（一字関）

青い簾《すだれ》をすっかり捲き上げると微風《そよかぜ》が通り、ひとすじの香煙も細々と流れてゆき、さわやかさそのものである。

（1）半仙が大和の桜井市芝慶田寺の末寺運川寺（奈良県吉野郡川上村）に金弐百円の恩金で首先住職を命ぜられ、都落ちさせられた（曹洞宗第一中学林――今の世田谷学園――教授・学監就任中）のは、明治二十九年八月より三十年六月まで。これはその間における開山忌香語である。

一〇〇　雄峰開山忌拈香

南詢七百里程鞋　踏破当初値活埋　諸仏本源通自性　妙高施設堕安排

咦

老杉響起知風渡　古澗流清覚月佳

一〇〇　雄峰開山忌拈香（1）

南詢七百　里程の鞋《わらじ》、当初を踏破し　活埋《まい》に値《あたい》す。諸仏の本源は　自性《じしょう》に通じ、妙高の施設を　安排に堕《だ》す。

咦
老杉に響《ひびき》起こり　風の渡るを知る、古澗の流れ清《す》み　月の佳《うつく》しきを覚《さと》る。（九佳韻）

〔訳〕
開山了庵は七百の里程を踏破し通幻禅師に参じ、生きるか死ぬかのぎりぎりの世界を問う。いうところの諸仏の本源は、自己に本来そなわっている仏性に通じ、通幻禅師が総持寺五世となったとき五院の一つとして妙高庵の開山ともなったが、その妙高庵の施設を勘案設計して大雄山最乗寺を建立したものである。

咦《いい》
開山以来、亭々として生い立っている老杉に颯《さつ》々たる響きが起こり、風の渡るのがわかる。昔からの渓《たに》川の流れは清《す》み、その流れに映る月光の美しさはえもいわれない。

（1）大雄山最乗寺開山了庵慧明は応永十八年三月二十七日に示寂。世寿七十五。法祖父畔上楳仙は、江戸期以降、一年交替の輪番制住職を改め独住一世となり、明治八年三月より十三年二月まで勤めて総持寺に晋住。半仙が大雄山開山忌に上山して拈香された年時不明。なお起句と承句は、開山了庵慧明が、通幻寂霊に参ずべく丹波の永沢《ようたく》寺の門を敲《たた》いた時の問答を記す。通幻「何処より来《きた》りしや」、了庵「相州より」。通幻「路多少《いかばかり》ぞ」。了庵「七百里」。通幻「草鞋《わらじ》　若干《なんぞく》雙を踏み破りしや」。了庵「数を記《おぼ》えず」と。

一〇一　竜海院周道和尚大祥忌

瞻仰七旬老比丘　垂眉売水在河頭　波高剣気化竜去　愁殺三年空刻舟

咦

是字山頭無夏色　松陰冷味爽松秋

一〇一　竜海院周道和尚大祥忌(1)

瞻仰《せんごう》す　七旬の老比丘《びく》、眉を垂らし　水を河頭に在りて売れり。波高く剣気　竜と化し去りぬ。愁殺《さい》の三年は　空しき刻舟なりき。

咦

是字《ぜじ》山頭には　夏色なく、松陰《かげ》に冷味あり　爽松の秋。（十一尤韻）

〔訳〕

七十二歳になられた周道老漢は、眉を垂らし、名利を超越して仰ぐに足るお方であられた。また剣の殺気にたとえられる老漢の気力は、高い波を起こし、竜と化するほどの偉才の持主でもあられた。喪中のこの三年間は、愚か者が、船中で物を海中に落とし、舷側に印《しるし》をつけておくといった愚かしい行為にも似た日々でございました。

咦《いい》

竜海院是字寺には、赫《かく》々たる夏気色は影をひそめ、山門より一丁も続く松並木はひんやりとしていて、爽松の秋といった感じがする。

（1）前橋市紅雲町大珠山是字寺竜海院三十二世普済寺二十八世慶雲周道和尚（堀口）。天保九年生、明治四十三年七月二十四日示寂。世寿七十二。

一〇二　長善寺洞伝和尚秉炬

長者高風沙界称　善根徳種心田収　如今背手転身処　雲樹何山不帯愁
　恭惟当山二十五世本宗洞伝大和尚
　　禅林梁木　法水名流
　修証没蹤　道無罣礙　承継沂名　学有源由
手腕辣辣　久揮数寸筆開張門戸
心迹悠悠　夙拈一茎草経営箕裘
是以　檀信常瞻仰　竜象斉低頭
適来　四大不安商量　与馬祖打著日月
　八旬入寂作略　比世尊嬴得春秋
這是　老和尚過去行実　即今　方向火焔裏転大法輪満地舎利如何把捜　諸大徳試著一点語不
（著語了）
列位尊宿各下語　片言隻語如玉壺無瑕　正好　遺身舎利向這裏収
雖然与麼山僧亦有一著供贅疣
　咄

帰去来兮楓菊老　風残雨敗不勝秋

一〇二　長善寺[1]洞伝和尚秉炬

長者の高風　沙界に称《たた》えられ、善根の徳を種《う》え　心田に収《おさ》む。如今手を背にして　身を転ずる処、雲樹《うんじゅ》何れの山か愁《うれ》いを帯びざらん。

恭しく惟《おもんみ》るに当山二十五世本宗洞伝大和尚

禅林の梁木、法水《はっすい》の名流。

修証蹤《あと》を没し、道《どう》に罣礙《けいげ》なし。沂名《ぎめい》を承継し、学に源由あり。手腕辣々《しゅわんらつらつ》、久しく数寸の筆を揮《ふる》い門戸を開張せり。心迹《しゃく》悠々、夙《つと》に一莖草《きょうそう》を拈《ねん》じ箕裘《ききゅう》を経営せり。

ここを以て、檀信常に瞻仰《せんごう》し、竜象斉しく低頭《ていず》せり。

適来《せきらい》、四大不安の商量、馬祖と日月を打著す。

八旬入寂の作《さ》略、世尊に比《くら》べ春秋を贏《か》ちえたり。

これは是れ、老和尚の過去の行実。即今、方向を火焔裏に大法輪を転ず。満地の舎利如何《いかん》が把捜《はそう》せん。諸大徳試みに一点語を著《つ》くるや否や。

(著語了)

列位の尊宿おのおの下語《あぎょ》あり。片言隻《せき》語、玉壺に瑕《きず》なきがごとし。正《まさ》に好《よ》し、遺身の舎利　這裏《このうち》に向いて収《おさ》めん。然も与麽《よも》なりといえども山僧もまた一著《じゃく》あり、贅疣《ぜいゆう》を供《そな》えん。

咄

帰りなんいざ　楓菊老《な》えればなり、風に残り雨に敗け　秋に勝《た》えざればなり。（十一尤韻）

〔訳〕

洞伝和尚の高風は、三千大千世界という大宇宙において称賛され、そこへ善根《ぜんごん》功徳を積み、その人に備わっている自己本来の面目《さとり》を得られた。今般、遷化致されるや、高い木にかかる雲、遙かなる山々ですら愁傷をおびないものはない。

恭しく拝察いたしますに当山二十五世本宗洞伝大和尚におかせられては、禅門の梁《はり》に使われるような大事な人物で、宗門の名だたる法系、月舟宗胡下の至山白淳の流れを汲む逸材であられた。

修行からさとりへの跡を残さず、臭みのない人物で、仏法をさわりなく会得《えとく》しておられた。また孔子の学統を継いだ儒学も勉強なされた。

手腕並《なみ》々ならぬものがあり、長らく寺を開放して、書道、詩文、和歌をも教えられた。心だてがゆったりとして、早くから一本の草《さとり》をねじりとり、父祖伝来の家業を承け継がれていた。

それゆえに、檀信徒がいつも仰ぎみるとともにすぐれた禅人たちも一様に頭《こうべ》を下げておられた。

今に及んで、生老病死の四大苦について思いめぐらしますと、唐の馬祖道一禅師は、法を問う人達に日や月の光りを打ち消して絶対境《さとり》を示したというが、老和尚が病になくなられたということによっていたことをも知る。

八十四歳の遷化《せんげ》は、釈尊に比べると長生きされたことになる。

以上は、これ老和尚の過去の行《ぎょう》実《じつ》。ただ今は、方向を転じ、火焰の中で仏法を説く次第と相成った。地面いっぱいに撒《ま》かれたお舎利をどのように探《さが》し求めたものであろうか。御列席の諸尊宿方《がた》よ、ためしに御参会の皆様がたが、はっとするようなお言葉を賜りとう存じますが如何《いかが》なもので御座いましょうか。

(お言葉を賜り得まして多謝の至り)

列座の尊宿方よりお言葉を頂戴できました。ごく短いお言葉は、あたかも瑕《きず》のない美しい壺のようなもの。丁度よい塩梅《あんばい》に、荼毘《だび》に付されたお骨をば、このようにしてお納《おさ》め致そうと存じます。さはさりながら拙僧もまた一言申し上げたいことが御座います。それはこぶやいぼのように無用の他愛《たわい》もない言葉にすぎませんが。

咄《とつ》

晋の陶淵明は、さあ帰ろう、故郷の田園の楓《かえで》や菊が老《な》えてきた上に、雨風にさらされ、秋の美しさに勝《た》えられなくなったがためにであると。拙僧も、老和尚に先立たれ、秋の風情《ふぜい》を眺めるにつけ淋しさにたえられません。

(1) 前橋市青松山橋林寺の末寺、勢多郡大胡町豊国山長善寺二十五世本宗洞伝和尚。明治三十九年十一月十日遷化、世寿八十四。本香語は、措辞(頌、称号、八字称、四六対、重隔句、短対、散句、一字関、脚句)と行《ぎょう》切りの見本を示すとともに内容も宗乗(宗門が依って立つ宗義、宗学)、余乗(他宗の宗義、宗学)に基づき故人の業績遺徳を表現して余すところがない。正に洞門文学の雄なる一篇として五山文学はいうまでもなく古今の絶唱といえよう。

一〇三　太祖献粥

閑田地上手親耕　無限霊苗繁茂萠　十利即今計来処　曽従乃祖钁頭生

一〇三　太祖献粥(1)

閑田の地上に　手親《てずか》ら耕さば、無限の霊苗　繁茂して萠《も》ゆ。十利即今　来処を計《はか》り、曽て乃祖《だいそ》より　钁頭《くわ》生《は》えぬ。

（八庚韻）

〔訳〕

曹洞禅未開拓の地を瑩山禅師が営々として布教すると、さとりを開きうるような人物が続々と育ってきた。今朝、禅師にお供え致しますお粥には十種の功徳がございますが、食膳に上がりますまでの径路を考えてみますと、禅師が曽て荒田に下《お》ろした鍬《くわ》の先から人物が出て曹洞宗を隆盛に導いた様《さま》さながらで御座います。

（1）永平高祖四世の法孫総持寺開山常済大師、弘徳円明国師瑩山紹瑾《けいざんじょうきん》大和尚。正中二年（一三二五）八月十五日示寂。世寿五十八。両祖忌として毎歳九月二十九日に行なう。献粥とは、忌日の朝、仏祖の真前にお粥を供える儀式。この太祖忌香語は昭和三年作か。

一〇四　安盛寺真哉和尚鎖龕

黄鳥飲声花帯愁　春寒二月苦於秋　鶴林千古泥洹日　最後道場相似不
(称挙)
迷途指針　業海慈舟
雨笠烟蓑　傲嘯五湖天地　草鞋竹杖　添得一段風流
撥展教化機輪　調御竜象　掌握宗綱権柄　超脱寃讎
何図
閃電光裏　挙着日面月面　撃石火中　接得牛頭馬頭
即今　拈却金鎖如何挙一籌
(一字関)
大鵬展翅蓋十州　籬辺燕雀空啾啾
一〇四　安盛寺真哉和尚鎖龕(1)
黄鳥声を飲み　花も愁《うれ》いを帯《お》ぶ、春寒の二月　秋よりも苦《さえ》たり。鶴林に千古　泥洹の日、最後の道場は　相い似たるや不《いな》や。
(称挙)

　迷途《めいと》の指針、業海の慈舟。
雨笠烟蓑《うりゅうえんさ》、五湖の天地に傲嘯《ほうしょう》す。草鞋《あい》竹杖、一段の風流を添い得たり。
教化の機輪を撥展し、竜象を調御《じょうご》す。宗綱の権柄《けんぺい》を掌握し、寃讎を超脱す。
何《なん》ぞ図《はか》らん、
閃《せん》電光裏に、日面月面を挙着《こじゃく》せり。撃石の火中に、牛頭馬頭《ごずめず》を接得せり。
即今、金鎖を拈却《ねんきゃく》し如何《いかん》が一籌《ちゅう》を挙《こ》せん。

（二字関）

大鵬翅《はね》を展《ひろ》げて十州を蓋《おお》い、籬辺の燕雀　空しく啾《しゅう》々たり。（十一尤韻）

〔訳〕

　鶯も声をひそめ、花も憂愁を帯びるかのよう。春寒の二月というのに、秋よりも月光が冴《さ》えわたる。釈尊が入滅なされた大昔のこと、沙羅双樹の林の木が枯れて白鶴のように白く変わったと伝えられているが、真哉和尚の亡くなった安盛寺の情景は如何《いかが》であったろうか。

（称挙）

　この娑婆世界の生きる上での指針であり、娑婆の荒波を乗り切る助け舟のようであった真哉和尚。
　真哉和尚は、雲水の行脚《あんぎゃ》姿で全国津々浦々に布教の教線を布《し》かれた。草鞋《わらじ》に竹の錫杖、その姿は今の世では、ひときわ風流を添えて雅《みや》びやかであった。
教化の大法輪を大いに転じ、将来に期待できるような人物を鍛《きた》えあげられた。宗門の肝腎な宗旨と生殺与奪の権ともいうべき宗議会の権力を掌握して、越山能山（永平寺・総持寺）という対派的な妄執を超越されておられた。

全く予期していなかったことに、

またたくまに、日や月といった相対世界を止揚して絶対境に遊化《ゆうげ》しておられた。火うち石の閃《せん》光のひらめきのようにわずかな間、たちまちにして朝日は東に、月は西にと、万有は流転して増減はあらずという真理を教え導かれた。

ただ今、龕前に対し金の鎖《くさり》をねじり取り、さてこそ一本の矢を伽藍《がらん》の棟《ぐし》を目がけて放ち出棺の合図《あいづ》に致したいと思う。

（一字関）

真哉和尚の遷化は、大鵬が羽《はね》を展《ひろ》げて全土を蓋《おお》いかくしてしまうほど哀《かな》しく、また垣根のあたりに囀《さえず》る小鳥すら淋しそうに啼く有様である。

（1）　埼玉県上里町安盛寺二十二世魯堂真哉（保坂）和尚。昭和八年二月十一日示寂。曹洞宗々会議員、教学部長。半仙は、人物を高く評価していた。次に「鎖龕」とは、尊宿葬法の五仏事（起龕・鎖龕・奠茶・奠湯・秉炬）のうち霊棺の蓋《ふた》を鎖《とざ》す役、鎖龕師の香語。

一〇五　真応誠諦禅師鎖龕

満城無処不鮮妍　人在華蔵香海辺　截断春風絶通塞　六稜穏鎖涅槃円
勅特賜真応誠諦禅師　尊位
昏衢慧日　苦海慈船
瑞泉流清　新月影現潭底　諸岳峰秀　斜日返照山巓
荷担正法太密密　宣揚宗風転綿綿
笑裏直下露鋒　喪身失命　舌頭従来無骨　呼地為天
標格爰出人天之表　玄機不堕仏祖之辺
這箇是老大禅師八十年来消息也
即今　鎖子却了也随驢年
鶴林不要伸双蓮現　葱嶺何許携隻履旋
如何瞻仰末後老禅
（一字関）
猿抱子帰青嶂後　鳥舭花落碧巌前

一〇五　真応誠《じょう》諦《たい》禅師(1)　鎖龕

満城　処として鮮妍ならざるはなく、人は華《け》蔵香海のあたりに在り。春風を截断《せつだん》して通塞《つうそく》を絶《た》ち、六稜を穏《おだ》やかに鎖《とざ》さば　涅槃円《まどか》なり。
勅特賜真応誠諦禅師　尊位

昏衢《こんく》と慧日、苦海と慈船。

瑞泉の流れ清く、新月の影　潭底に現ず。諸岳の峰秀で、斜日返りて山巓を照らす。

正法を荷担し、太《はなは》だ密々、宗風を宣揚し　うたた綿々。

笑裏に直下《ただち》に鋒《ほこ》を露《あらわ》し、喪《そう》身失命す。舌頭に従来は骨なく、地を呼んで天となす。

標格ここに人天の 表《ひょう》を出《いだ》し、玄機　仏祖の辺に堕《お》ちず。

這箇《しゃこ》はこれ老大禅師八十年来の消息なり。

即今　鎖子《さし》驢年に随うを却了せり。

鶴林には双蓮を伸《の》ばし現ずるを要せず。葱嶺《そうれい》に何許《いかばかり》か隻履《せきり》を携《たずさ》えることを旋《めぐ》らし、如何《いかん》が末後の老禅を瞻仰《せんごう》せん。

（一字関）

猿は子を抱《いだ》いて帰る　青嶂の後に、鳥は花を銜《くわ》えて落つ　碧巌の前に。（一先韻）

〔訳〕

道山禅師葬送の境内はどこもかしこも鮮やかに美しい。そのうえ会葬者も盧遮那《るしゃな》仏の願行で荘厳《かざら》れた世界そのものである。さわやかな春風をも切りとって通《とお》せんぼうをしてしまい、六角のお厨子《ずし》の棺を静かに鎖《とざ》せば、安らかな涅槃《ねはん》の境にお入りになられることであろう。

勅特賜《ちょくとくし》(宮内省より下賜される禅師号)真応誠諦《じょうたい》禅師　尊位

暗く不安な娑婆の相《すがた》と仏の智慧が照らす光。苦しみに充ちた娑婆の大海とそれを済度して下さる慈悲の船。

瑞《ずい》泉より流れ出る流れは清《す》み、新月の影もその深い底に透るほどである。本山の峰も秀出し、夕陽の照り返しが山頭を照らす。

正伝の仏法を伝えるべき責任を重々に感じとっておられたので、その宣揚をずっと続けられた。

笑顔《えがお》のうちにも鋭い鋒先《ほこさき》をあらわしておられたが、遷化してしまわれた。舌頭《したさき》には元より骨などないが、地を呼んで天だと主張するほどの硬骨漢であられた。

風采、人品が人間界、天上界の手本となしても異存がなく、言葉では表現できない玄妙なはたらきは、その機能を喪失しない仏祖と同じはたらきをなしている。

　以上は、これ老大禅師八十年このかたの実状である。

ただ今、鎖龕師仙馨は、未来永劫《ごう》かけての老禅師の行方《ゆくえ》までも見守ることができた。

沙羅双樹の林には、萎《しお》れた二つの蓮の葉を伸ばしてみせる必要もなくなった。達磨さんは遷化されてから、片方の履《くつ》をはいてヒマラヤ山を越え祖国のインドへ帰られたとも伝えられていることを思うと、如何にしたならば遷化後の老禅師を伏し拝《おが》むことができましょうか。

（一字関）

唐の夾山善会《かっさんぜんね》の境地は、師の船子《せんす》徳誠《とくじょう》和尚の法を嗣ぐことができたので、もうことさら力《りき》む必要もなくなった。その様子は、いわば山中の猿が夕暮れて子を抱いて　青山に帰る姿、鳥が花をくわえて碧巌の前に落《お》とす情景さながらに、杉本禅師の境地も生前ありのままによくあらわれておられた。

（1）　大本山総持寺独住六世杉本道山禅師は、五歳にして愛知県鳴海町瑞泉寺で得度。二十五歳で瑞泉寺住職。昭和三年に総持寺独住六世。翌年十月十九日示寂。世寿八十三。これよりさき大正十三年四月、橋林寺授戒会の教授師(戒師新井石禅禅師)として来臨。授戒会《え》啓建《けいけん》(初日)に当たり、私は戒弟(授戒会で戒法を受ける者)五百人と戒師様方の賁《ひ》臨のもと得度式を行ない一法の法号を授かる。時に十三歳。杉本禅師は曽て楳仙禅師の監院職(大寺の一切の事務を監理する役)を勤められたが、奇《く》しくも松代の長国寺、大雄山最乗寺、そして総持寺へと後を辿られた。人柄も楳仙禅師に似て温厚篤実、行持綿密の徳望家として知られた。

一〇六　某和尚奠茶

趙州喫去尚留香　陸羽煎来不減量　無柄杓兼無底椀　満盆酌得奠師嘗

(称挙)

鋼鋼鉄漢　鋒鋒元良

仏魔両般窺不得底　巾侍綿密　緇素一等　接不余処　慈悲蘊蔵

徳淩潤玉　威迫蕭霜

齢歯八十　大小釈尊　難兄難弟　鈯斧五旬　幾多児孫　有幼有長

雖然恁麼　(一字関)

(散文)

牢牢惺惺恁麽去　壺中消息弄風光

一〇六　某和尚　奠茶(1)

趙州《じょう》喫し去るも　なお香を留め、陸羽《りくう》煎じ来《きた》るも　量を減ぜず。無柄の杓《しゃく》と無底の椀、満盆に酌みえ　師に奠《そな》えて嘗《あじわ》わしめん。

（称挙）

鋼々たる鉄漢、鋒々たる元良。

仏魔両般、窺えども底を得ず。巾《きん》侍綿密、緇《し》素一等　接すれども処を余《あま》さず、慈悲蘊蔵《おんぞう》。

徳は潤玉を凌《しの》ぎ、威は蕭霜に迫る。

齢《よわい》歯八十　釈尊と大小《どれほど》か、兄たり難く弟たり難し。錙斧《とっぷ》の五旬に　幾多の児孫、幼あり長あり。

然も恁麽《いんも》なりといえども、

（散文）

（一字関）

牢《ろう》々惺《せい》々として恁麽《いんも》に去《ゆ》き、壺中の消息は風光を弄《もてあそ》ぶ。（七陽韻）

〔訳〕

唐の南泉普願の弟子趙州従諗は、尋ねてくる雲水に接する毎に、開口一番「まぁお茶を一服（喫茶去）」の公案《もんだい》を示されたというが、後味《あとあじ》がよろしい。また唐の陸羽《りくう》（茶道の開祖）は、お茶を点《た》てるが、その量は一定していたと伝えられる。差別を絶した絶対境にあった御両人のように、その境地にあやかって遷化の和尚にお茶をお供え申し上げたい。

(称挙)

和尚は焼きの入った強力なはがねのような硬骨漢であり、鋭利な鋒《ほこさき》のようによく切れる大きな善徳を備えておられた。

仏力と魔力と両方備えておられたが、その奥底は窺《うかが》い知ることができない。お傍《そば》に仕えて用意周到。僧俗ともに同じように面接して欠けるところがない。それは奥深い慈悲心のあらわれであったからである。

その人徳は、うるおいある玉を凌《しの》ぐほど。威光は、厳《きび》しい朝の霜に迫るようでもあった。

年齢八十、釈尊とどれほどか。兄たり難く弟たり難しであった。禅機のみなぎる人物として、五十三次のような順繰《ぐ》りの修行に徹し、長幼を問わず多くの弟子たちを養成された。

さて、

(散文)

(一字関)

堅い堅い心の惺《さ》めた老和尚は、このようにして生きておられた。その生き方の別天地の様子は、ただ自然の風光を楽しんでおられるだけのように見受けられた。

(1) 仏事葬僧法において茶をお奠《そな》えする奠茶師の香語。

一〇七　竜門寺智正和尚奠湯

曹渓一脈作淵源　洞水分流支派繁　信手酌来湯和蜜　細嘗法味涅槃門

（称挙）

緇門標格　人天幢幡

撥草瞻風　一葦掉天海　随波逐浪　双角露竜門

開拓心田　資助般若浄業　沾被法雨　長養菩提道根

拈出鈯斧子　伽藍極輪煥美　竪起眉毛也　檀越仰瞻煦暄

倏忽撃石火　偶尓視雷奔

（散文）

（一字関）

慇懃為説西来意　暮楼鐘鼓月黄昏

一〇七　竜門寺智正和尚[1]　奠湯

曹渓の一脈　淵源となり、洞水流れを分かち　支派繁《しげ》る。手を信《の》べて酌みきたり　湯《とう》を蜜に和《あ》え、細《こま》やかに法味を嘗《あじわ》う　涅槃の門。

（称挙）

緇《し》門の標格、人天の幢幡《どうばん》。
撥草瞻風《はっそうせんぷう》、一葦《いちい》もて天海を掉《わた》る。随波逐浪、双角を竜門に露《あらわ》す。
心田を開拓し、般若の浄業を資助す。法雨を沾被《てんぴ》し、菩提の道根を長養す。
鈯斧子《とっぷす》を拈《ねん》出し、伽藍は輪煥の美を極む。眉毛を竪《じゅ》起するや、檀越《だんのつ》　煦暄《くけん》を仰ぎ瞻《み》る。
倏忽《しゅっこつ》として石火を撃《う》ち、偶尓《ぐうじ》として雷の奔《はし》るを視る。

（散文）

（二字関）

慇懃《おんごん》に為に説く　西来の意を、暮楼の鐘鼓　月黄昏《こうこん》。（十三元韻）

〔訳〕

曹渓山宝林寺の六祖慧能より出た一脈が、曹洞宗の起源となり、曹洞宗の流れが、中国より日本へと分かれてきた。その流れから手を伸べて汲んだ水で湯を蜜に和《あ》えてお供え致します。なにとぞ涅槃の門で甘露の味がする仏法の妙味、おさとりの味を充分に味わっていただきたい。

（称挙）

仏教界における風格ある人物、それは地上界、天上界で飾る幟旗《のぼり》のように人目につく人であられた。修行に際しては、草を撥《はら》い風を瞻《み》るといわれる苦心を重ねられ、また葦上の達磨のように木っ葉舟で大海を渡るといった遍歴。波に随い浪を逐《お》うように学人の接得にも意を尽くし、若くして大刹《だいせつ》竜門寺の住職となられた。教田を開拓して耕す布教を施し、般若の智慧による立派な僧職を全うされた。仏法のめぐみの雨をうるおし、さとりへの糧《かて》となる仏法の信心《しんじん》を大事に育てられた。
禅機のみなぎる人材を選び出し、立派な伽藍を建立された。眉毛《まつげ》をぴくつかせるや、檀家の方がたは、さなが
ら春の温かさを感ずるといって仰ぎみる。
けれども石火の光のようにたちまちのうちに、思いがけなく雷電の走るを見る。

（散文）

（一字関）

達磨さんが、はるばると西方のインドから東方の中国に来てねんごろに禅を説いた真意は、たそがれ時に鐘
楼から響いてくる無常の真意を説くためであったのだ。

（1）　群馬県箕郷町竜門寺二十五世喜美候部《きみこうべ》智正和尚。前永平寺副貫首継宗師の尊父。

一〇八　橋林寺奇岳仙馨和尚　遺偈

定準持満　六十六年
七札翳眼　豁然離弦

一〇八　橋林寺奇岳仙馨和尚　遺偈

準を定めて満《まん》を持《じ》す、六十六年。
七札《しちさつ》眼《まなこ》に翳《えい》じ、豁然《かつぜん》として弦を離る。

〔訳〕

私の六十六年の生涯は、的《まと》にねらいを定め弦《つる》を張りつめたようなものであった。が、矢を放つ瞬間に、ふと七札を橋上で捨てた温光の故事――宋の司馬光が、勉学のため蜀《しょく》の故郷を出て都長安を目ざした折《お》り、七札(鎧《よろい》の小さね)を橋上で捨ててその決意を示したが、司馬光は、のちに王安石の新法に反対した大政治家となり司馬温公と称《たた》えられた――が、私の眼にちらっと映ったが、すでに満を持《じ》していた私の矢は弦《ゆづる》から放たれてしまったような一生であったことよ。

あとがき

このたび不立文字《ふりゅうもんじ》を通して以心伝心を可能にした「禅の世界」の宝典を選び、『洞門禅文学集《とうもんぜんぶんがくしゅう》』第一期全七巻にまとめ、第一回配本「道元」をお届けし、引き続いて第二回配本「世阿弥・仙馨」をお届けすることができる。

もとより、私の拙《つたな》い解説文字では、宝典の真意を的確にお伝えできるかどうか心もとない。ただ私も釈尊以来、嫡々《てきてき》と相承《そうじょう》されてきた正法の荘重《そうちょう》な「嗣法」の儀式を体験し、さらに毎晨《まいあさ》の「朝課諷経《ちょうかふぎん》」によって、三国伝東歴代祖師名を朗唱《おとなえ》し、「嗣法」の確認をしている仏子ゆえ、誰憚《はばか》ることなく、委曲《つぶつぶ》と法悦の一端を文字に籠《こ》めて紹介することにした。

昨今、伝統の漢字文化の崩壊《くずれ》が顕著《あらわ》となり、憂慮される事態となった。ここに提供する禅文学の理解には、禅門独特のいわゆる俗語《にちじょうご》に対する理解を必要とする。そればかりではなく、宝典には言葉を媒介《なかだち》とするが、字面《じづら》を越えた伝達ともいうべき「不立文字《ふりゅうもんじ》」を挿頭《かざ》した世界がその背後《うしろ》に広《ひろ》がっている。これらの理解には、体験に裏打ちされた「禅の世界」が要請されることになる。私は、七十余年の参禅を通し、いささかなりともその「禅の世界」に近づき得たと思っている。

今から四年ほど前、一読者が国書刊行会佐藤今朝夫社長を訪れ、

「臨済宗には『五山文学全集』がありますが、曹洞宗にもそれに類したものがありますか」

との質問に及び、社長からの問い合わせに私は、

「曹洞宗には、残念ながら無い」

と伝えたところ、社長は、私にそれを提供してほしいと言われた。これが、本『洞門禅文学集』発刊のきっかけとなった。

本叢書出版に際しては、国書刊行会佐藤今朝夫社長、佐藤丈夫氏には格別のご高配を得た。また編集担当の国書サービス割田剛雄氏、洞門の坐作清規《ざさしんぎ》の検証に松本雍親老師、校正・装幀には飯島秀子女史等のご協力を得て、ご要望に応えることができた。まことに感謝にたえない。

本叢書編集中(平成十二年)に、はからずも道元禅師御誕生八百年祭、示寂《じじゃく》七百五十回遠忌《おんき》を迎え、また私の法祖父大本山総持寺独住二世畔上楳仙《あぜがみばいせん》禅師百回忌を迎えた。法乳《ほうにゅう》の慈恩の万分の一にも添《そ》い奉ることが出来たことを謹んで報告するものである。

なお、本『洞門禅文学集』は第二期・第三期を目指《めざ》している。余命あらば、余生を賭《か》けて遂行《すいこう》したいと念願している。そしてこの思いが次代に引き継がれ、あとに続く者をして全一〇〇巻を目指す「稽古照今《けいこしょうこん》」の宝庫たらんことを切に希《ねが》うものである。

平成十三年六月

東京都四谷全長寺東堂にて

飯　田　利　行　識す。

編訳者紹介

飯田　利行（いいだ・りぎょう）

略歴

明治四四年　群馬県に生まれる
昭和一一年　東京文理科大学漢文学科卒、駒沢大学専任講師
昭和一五年　京都東方文化研究所助手
昭和一六年　駒沢大学教授
昭和二九年　文学博士学位授与（東京教育大学）
昭和四一年　専修大学教授
昭和五五年　二松学舎大学大学院教授
平成　七年　仏教伝道協会文芸文化賞受賞
現住所　〒一六〇‐〇〇〇五　東京都新宿区愛住町二〇　全長寺東堂

主要著書

『日本に残存せる支那古韻の研究』（冨山房）
『日本に残存せる中国近世音の研究』（飯田博士著書刊行会／名著出版覆刊）
『正法眼蔵の研究』（広文館）
『良寛詩集譯』・『良寛髑髏詩集譯』・『良寛語釋大智偈頌訳』（大法輪閣）
『学聖無著道忠』（禅文化研究所覆刊）
『禅林名句辞典』・『漱石詩集譯』・『漱石・天の掟物語』・『定本湛然居士文集譯』（第二十二回日本翻訳文化賞受賞）・『畔上楳仙禅師遺稿』・『大智偈頌譯』・『大愚良寛の風光』（国書刊行会）
『新選禅林墨場必携』（柏書房）
『漱石・天の掟物語』　朗読テープ九巻（調布市立図書館）
『半仙遺稿傳』・『高校生と正法眼蔵随聞記』（邑心文庫）　その他

【現代語訳　洞門禅文学集】
世阿弥・仙馨

平成一三年　六月一五日　印刷
平成一三年　六月二五日　発行

編訳者　飯田　利行
発行者　佐藤今朝夫
発行所　株式会社　国書刊行会
〒一七四―〇〇五六
東京都板橋区志村一―一三―一五
TEL　〇三（五九七〇）七四二一
FAX　〇三（五九七〇）七四二七
http://www.kokusho.co.jp
e-mail:info@kokusho.co.jp

印　　刷　（株）エーヴィスシステムズ
製　　本　（有）青木製本
編集協力　飯島秀子・割田剛雄
装　　幀　飯島秀子

落丁本・乱丁本はお取替え致します。
ISBN 4-336-04355-8

《洞門禅文学集／第１期・全７巻》

1
道　元

▼曹洞宗の開祖道元禅師（一二〇〇～一二五三）の珠玉の漢詩文を収録。『正法眼蔵』中で文学的評価の高い「山水経」。中国の文人・貴顕達を驚嘆させた漢詩文の傑作『宝慶記』。日本的心情を吐露した『永平広録』中の「偈頌」などを、わかりやすい現代語訳で伝える。

2
瑩　山

▼曹洞宗の太祖瑩山紹瑾（けいざんじょうきん、一二六八～一三二五）。『伝光録』は釈尊以来の仏法を、師資相承を通して連綿と伝える禅僧列伝の金字塔。文学的香気に満ちた列伝を抄録。

3
洞　山

▼中国曹洞禅の開祖洞山良价（とうざんりょうかい、八〇七～八六九）。達磨大師より伝えられた禅の正統を受け継いだ洞山良价の真面目を示す語録『洞山録』。ここに、曹洞禅の原点がある。

4
懐奘・大智

▼永平寺二世孤雲懐奘（こうんえじょう、一一九八～一二八〇）。『正法眼蔵』をわかりやすく説いた懐奘禅師。『光明蔵三昧』は漱石が絶賛してやまない禅文学の傑作。

▼若き日、一一年間中国元に学んだ大智（だいち、一二九〇～一三六六）。道元禅師の宗意を踏まえ、格調ともに本朝第一と称された『大智偈頌』。

5
世阿弥・仙馨

▼室町初期の能役者世阿弥（ぜあみ、一三六四～一四四三）。深く洞門禅の影響を受け、能楽もまた伝統を伝えるには師資相承でなければならないと説く『花伝書』——曹洞禅を軸として世阿弥の世界を新たに評価。

▼仙馨（せんけい、一八六八～一九三三）。豊富な語彙、巧みな造語など中国の詩人にも劣らず、さらに禅に裏打ちされた表現は、日本漢詩界に見られなかった名篇。

6
良　寛

▼江戸後期の禅僧良寛（一七五八～一八三一）。形式的な「型」を排し、深い禅の境地を自由形式で、自在に表現し切った「漢詩」の世界。

7
耶律楚材

▼蒙古の太祖チンギス汗の宰相・耶律楚材（やりつそざい、一一九〇～一二四四）。本師万松行秀著『従容録』（曹洞宗行持の宝典）の出版に尽力したり、「東方の神人」と称された耶律楚材（湛然居士）の志操高き詩の世界。

▼造本・体裁　菊判（二二〇×一五〇㎝）・上製・貼函入・各巻二四〇～三六〇頁